L'Impatient

Données de catalogage avant publication (Canada)

Nadeau, Pierre, 1936-

    L'impatient

    Autobiographie.

    ISBN 2-89077-222-5

    1. Nadeau, Pierre, 1936-   . 2. Journalistes de télévision - Québec (Province) - Biographies. 3. Animateurs de télévision - Québec (Province) - Biographies. I. Gosselin, Jean-Pierre. II. Titre.

PN4913.N32A3 2001   070.1'95'092   C2001-941377-7

La photo en page couverture a été prise, en 1963, par le photographe Patrice Habans, à Paris, où se trouvaient Pierre Nadeau, Pierre Paquette et Richard Garneau.

Conception de la page couverture et des cahiers photos : Olivier Lasser
Photo de l'auteur : Josée Lambert
Révision linguistique : Diane Martin

© 2001, Flammarion Québec

Tous droits réservés
ISBN 2-89077-222-5
Dépôt légal : 4ᵉ trimestre 2001

Imprimé au Canada

Pierre Nadeau

L'Impatient

*avec la collaboration
de* Jean-Pierre Gosselin

Flammarion
Québec

Avant-propos

J'ai vécu six mois dans la peau de Pierre Nadeau
par Jean-Pierre Gosselin

J'avais vingt ans et j'entrais à l'université quand ma mère m'a prédit que je succéderais un jour à Pierre Nadeau. Cette prédiction m'a un peu accablé. Le manteau me semblait lourd à porter : je n'avais rien du personnage, ni la prestance, ni la voix, ni le front impérial. J'ai donc tout fait pour éviter de me conformer à la prophétie maternelle.

Vingt ans plus tard, j'ai cru que le destin m'avait quand même rattrapé. Pierre Nadeau m'a téléphoné un matin, de sa belle voiture allemande quelque part sur la route de l'aventure, pour me demander si cela m'intéresserait de travailler avec lui. Je suis passé le voir à son bureau de la rue Sainte-Catherine le lendemain : je m'attendais à passer une entrevue, il voulait seulement savoir quand je pouvais commencer. Deux jours plus tard, il m'a dit d'arrêter de le vouvoyer.

Au fil des jours, j'ai constaté que, contrairement à la plupart des vedettes de la télévision, il était vraiment aussi grand qu'à l'écran. Il était en outre plus rigolo que son image. Je suis de nature taquine et il n'aimait rien tant que le fait que je le taquine. Nous avions également beaucoup de plaisir à parler de sujets d'homme. Parfois, il lui arrivait d'avoir un sale caractère, mais cela lui passait vite, et en général il s'excusait le lendemain.

Avec une belle candeur, je l'avais mis au courant de la prédiction de ma mère. Pour moi, c'était maintenant clair : un dimanche soir, juste avant d'entrer en ondes, il tomberait brusquement malade. N'ayant personne d'autre sous la main, il accepterait de se faire remplacer par moi. Mais il s'est arrangé pour ne jamais être malade au point de devoir me céder la place. Finalement, mon destin ne s'est pas accompli.

Au bout de cinq ans, nos chemins se sont séparés quand il est parti à Boston. Quelques jours après la naissance de mon fils, il m'a appelé de là-bas : « Et alors ? Tu deviens père et je suis le dernier à en être informé ? » Revenu à Montréal, il appelait fréquemment pour me proposer ceci ou cela : des textes à écrire pour une émission, un projet à peaufiner, une donnée à confirmer. Prudent, il demandait toujours : « Tu es sûr d'avoir le temps ? » Je ne l'avais pas nécessairement, mais je m'arrangeais pour l'avoir.

Parfois, il disait : « Un jour, tu verras, on finira par écrire ma biographie ensemble. » C'était une blague rituelle à laquelle ni l'un ni l'autre ne croyait vraiment. Lui encore moins que moi : Pierre est une vedette modeste, qui ne se prend pas trop au sérieux. Et il fait partie de ces hommes pudiques qui n'aiment pas beaucoup parler d'eux-mêmes, au fond.

L'automne dernier, il a eu une nouvelle stupéfiante à m'annoncer : Louise Loiselle, de chez Flammarion Québec, voulait qu'il raconte sa vie et il avait envie d'accepter. « Est-ce que tu embarques avec moi ? »

J'ai embarqué. Nous avons passé six mois à échanger des courriels. Au début, il écrivait deux paragraphes et me les envoyait tout de suite tellement il était enthousiaste. Après, il attendait au moins d'avoir terminé son chapitre. Pierre a l'habitude d'écrire, mais cette fois il fallait que ce soit spontané, comme s'il parlait à la caméra. La matière était là, dense, vivante, elle lui brûlait presque les doigts. À l'autre bout du cyberespace, je laissais refroidir un moment, puis me mettais au boulot : je réorganisais, ajoutais des détails, en enlevais, le faisais revenir sur un événement. Comme il le disait lui-même : je cosmétisais.

Au début de l'été, c'était terminé.

Du haut du ciel, ma mère devra me pardonner : je ne serai jamais le prochain Pierre Nadeau. Mais l'espace de quelques mois, je me suis glissé dans sa peau, j'ai revécu ses aventures avec lui. Honnêtement, je ne sais pas si j'aurais pu faire tout ce qu'il a accompli en quarante ans de carrière. Et il prétend être paresseux...

*À Clarence,
Sylvain, Pascale et Candice
et à France, la mère de mes enfants*

Chapitre I

J'ai treize ans et je ne veux pas que mon père devienne chef du Parti libéral.

C'est une journée magnifique comme elles peuvent l'être à Montréal au début de l'été. Il fait chaud, mais ce n'est pas tout à fait le temps des cigales. Dans cette rue du quartier Côte-des-Neiges où je roule à vélo, tout est étrangement calme. Pas une voiture ne circule. Le seul son qui parvient à mes oreilles est celui de la radio, et partout on écoute la même émission. Impression étrange : la voix que j'entends ainsi, relayée d'une maison à l'autre, est celle de mon père.

Deux ans après avoir subi une cuisante défaite contre l'Union nationale, les libéraux du Québec sont en congrès pour élire un nouveau chef, celui qui devra mettre fin à la suprématie de Maurice Duplessis. Trois candidats se font face, dont mon père, Jean-Marie Nadeau.

En cet après-midi où je me balade à la recherche d'un copain ou l'autre, la province entière écoute mon père dénoncer la corruption du gouvernement Duplessis.

Le petit bonhomme que je suis appréhende le résultat du congrès. Ce résultat risque de bouleverser sérieusement ma vie.

Je serais fier que mon père soit élu chef du Parti libéral. Mais alors il nous faudrait, j'imagine, déménager à Québec. Or, je n'ai aucune envie de quitter mes amis du quartier, non plus que ma grand-mère maternelle que j'adore. Et mon collège, je l'aime bien, j'y ai ma place, même si je suis un élève plus que moyen.

Je ne m'en cache pas : je déteste les études. Elles sont une étape pénible et inutile sur un chemin que je veux le plus court possible, le chemin qui mène à cette carrière que j'ai déjà choisie : la radio. Je veux devenir une voix connue et respectée comme celle de Jean-Paul Nolet, qui décrit en ce moment même l'ambiance régnant au Palais Montcalm à Québec. Mon père vient de terminer son discours.

Un discours que je l'ai vu préparer et répéter pendant des semaines... et qu'il aura finalement prononcé en vain. Les congressistes n'auront pas l'occasion d'élire un chef. Au moment du vote, en effet, coup de théâtre : deux des trois candidats, dont mon père, se retirent de la lutte et proposent que le troisième larron soit élu à l'unanimité.

Georges-Émile Lapalme devient ainsi chef du Parti libéral, un choix, dira-t-on plus tard, qui comble d'aise Maurice Duplessis. Dans sa stratégie d'affirmation de l'autonomie du Québec face au fédéral, Lapalme, ancien député à Ottawa, constitue une tête de Turc idéale. Mon père se présentait justement comme l'homme capable de faire du PLQ un authentique parti québécois, qui ne serait plus une succursale du Parti libéral du Canada.

En cette journée de juin 1950, je suis loin de ces considérations politiques. La décision de mon père me comble et me déconcerte en même temps. Bien sûr, je suis satisfait parce que nous n'allons pas changer de vie. C'est ce que je voulais, non ? Mais, en même temps, je ne comprends pas pourquoi mon père s'est retiré de la lutte. Franchement, je lui en veux d'avoir refusé l'affrontement. Pourquoi le combat annoncé depuis des mois n'a-t-il pas eu lieu ?

Dans les jours qui suivront, j'entendrai toutes sortes d'explications. Les partisans de Lapalme étaient beaucoup plus bruyants, dit-on, ils donnaient l'impression d'être les plus nombreux. Pour éviter la division dans le parti, mon père et l'autre candidat, Horace Philippon, un avocat de Québec, ont choisi de se retirer.

Cette décision a été critiquée plus tard. Il s'en est trouvé plusieurs pour affirmer que, si un vote secret avait été tenu, Jean-Marie aurait fort bien pu l'emporter. Cela, on ne le saura jamais.

Ce que l'on sait cependant, c'est que Georges-Émile Lapalme a été un chef de parti remarquable, même s'il n'a jamais pu vaincre Maurice Duplessis, même s'il a dû céder sa place à Jean Lesage en 1958. Mon père lui a été très lié pendant les dix années qui ont suivi le congrès de Québec et préparé la victoire libérale de juin 1960.

Cette période a été celle au cours de laquelle on a jeté les bases de la Révolution tranquille. Même si l'Histoire a peu retenu son nom, mon père, Jean-Marie Nadeau, a été l'un des grands architectes de ce changement.

En octobre 1960, le premier ministre Jean Lesage le nommera procureur chef de la commission Salvail, chargée d'enquêter sur les méthodes administratives de l'Union nationale. Après avoir tant dénoncé la corruption de l'ère duplessiste, il disposait enfin des moyens de la faire disparaître de la face du Québec.

Il n'aura pu aller au bout de sa démarche. Le 5 octobre 1960, quelques heures à peine après sa nomination à la commission Salvail, il se tuait dans un accident d'automobile en revenant de Québec. La route 9 — « la sale route 9 », comme devait dire René Lévesque en apprenant la nouvelle — n'avait à cette époque que deux voies.

Chapitre 2

Pour ceux qui, dans les années cinquante, aspiraient à moderniser le Québec, Jean-Marie Nadeau a été une sorte de gourou politique. René Lévesque l'a décrit comme un visionnaire, « mélange insolite d'idéaliste, d'intellectuel et de paysan ».

Pour moi, il était… mon père, un modèle que je n'avais pas nécessairement envie de suivre.

Son parcours ressemble à celui de beaucoup de Canadiens français nés au début du XXe siècle, des ruraux devenus urbains, et même un peu plus qu'urbains. À travers son histoire personnelle, on lit la transition que le Québec a connue, pendant ce XXe siècle, du monde rural à la société industrielle.

Avant d'être un influent avocat montréalais, mon père fut d'abord un fils de cultivateurs. Ses parents, Rodolphe et Georgiana, possédaient deux terres à Saint-Césaire, en Montérégie. Ces terres, Rodolphe les avait acquises avec l'argent rapporté du Montana, où il avait été chercheur d'or dans sa jeunesse. Vérité ou légende ? Personne n'en était sûr dans la famille. Ce qui était sûr, par contre, et qui me rendait très fier de lui, c'est qu'il était l'homme le plus fort du canton.

Mes grands-parents n'étaient pas riches, mais ils disposaient de revenus suffisants pour donner à leurs enfants une bonne instruction. Ce qui, à cette époque, incluait forcément le cours classique, que mon père fit au collège Saint-Laurent. Il y eut ensuite l'Université de Montréal, où il s'inscrivit en droit, la voie royale pour les apirants-petits-bourgeois à cette époque — ce qu'il n'était pas lui-même.

Pour aider son père à payer ses études, Jean-Marie passait ses étés dans les trains du CN. Il parcourut ainsi le Canada de long en large, mais sans jamais apercevoir ni les Prairies ni les

Rocheuses, ce fondement de l'identité canadienne. Pas de vue panoramique au fond de la cantine où il pelait les pommes de terre, complément indispensable de l'agneau hyper-cuit, voire bouilli, qui faisait l'orgueil de la table du CN dans les années vingt.

Et pas beaucoup de gentillesse non plus, de la part de ses supérieurs immédiats, les aides-cuistots. Ils apprenaient l'anglais au petit Canadien français mais le traitaient plutôt froidement. Bizarrement pour moi, il semblait n'en avoir gardé aucune amertume. Mon père n'était pas une poule mouillée, mais je crois sincèrement qu'il n'aimait pas la bagarre. Et puis, il avait ce sens inné du devoir qui lui dictait de se la fermer, de peler consciencieusement ses patates... et de garder le cap sur un horizon qui valait bien les Rocheuses : l'Europe, qu'il brûlait de découvrir.

C'est ainsi que, fraîchement reçu au Barreau, Jean-Marie partit pour la France au début des années trente. Il devait y rester quatre ans, à faire des études en sciences politiques et économiques à Paris, sans compter un détour par l'Université de Rennes pour y étudier l'archéologie. Vers la fin de son séjour, il vécut aussi à Londres, où il étudia en sciences économiques.

Jean-Marie n'était pas que fort en thème, il était aussi un bon vivant, malgré l'apparence austère que lui conféraient son physique costaud et sa moustache. Ce n'est pas offenser sa mémoire que d'écrire qu'il était amateur de jolies femmes et de bonne chère. Ce côté de lui devait trouver à s'exprimer dans une ville à mille lieues du puritanisme de la société canadienne-française de l'époque. Mon père jouissait particulièrement de l'effervescence de Saint-Germain-des-Prés, ce microcosme où pullulaient écrivains, artistes et créateurs de toutes tendances et nationalités. C'est là qu'il se lia d'amitié avec Léon-Paul Fargue, le poète et auteur des *Piétons de Paris*, lui-même ami de Gide et de Valéry.

Le grand ami de mon père à Paris fut cependant un autre poète, québécois celui-là, Alain Grandbois. Il conservera précieusement les lettres de Grandbois, qu'enfant je devais découvrir dans un recoin de la maison familiale. La boîte contenait aussi des photos de jolies dames en longs et pudiques maillots de bain, portant ce qui semblait être des rivières de perles. Amies de cœur? Rencontres de passage? Je n'ai pas osé interroger mon père là-dessus. Il me suffisait de savoir qu'il avait eu une vie avant la mienne.

Mais dans les vieux pays, mon père ne faisait pas qu'étudier et batifoler. Il était peu fortuné, et on était en pleine crise économique. L'été, il s'employait donc à gagner un peu d'argent, mettant à profit son expérience de fils de fermiers pour faire les récoltes dans le sud de la France. L'espace de quelques semaines, il retrouvait ainsi l'atmosphère de son enfance.

Au cours d'un de ces étés bucoliques, il échappa de justesse à la sinistre morsure d'une vipère. Cette anecdote banale, lorsqu'il la raconta à mes frères et à moi, prit l'allure d'une véritable épopée et en fit un héros à nos yeux. Dans notre imaginaire d'enfant, une vipère valait bien un python royal ou un boa constrictor. Plus tard, il nous est apparu que cette aventure avait été en fait inventée pour notre plaisir. Ce qui ne devait pas m'empêcher de la raconter à mes petits camarades avec force détails supplémentaires et spectaculaires : « Mon père s'est jeté sur le serpent juste au moment où il allait mordre la jolie paysanne, mais le serpent a alors tourné la tête vers lui, et... »

Entre deux virées à Saint-Germain et une journée à la fac, mon père absorbait tout ce qu'il pouvait de la France. C'était un « bolé », qui pigeait vite et savait réfléchir sur ce qui se passait autour de lui. On était encore à quelques années du déclenchement de la Deuxième Guerre mondiale, mais il sentait que l'insouciance allait bientôt faire place à autre chose...

Cette conscience aiguë de son milieu allait de pair avec un désir profond de s'engager. À son retour à Montréal en 1934, il était fauché comme les blés, et l'évidence lui dictait d'ouvrir au plus vite son bureau d'avocat. Mais la défense de la veuve et de son orphelin délinquant ne pouvait pas lui suffire.

Féru d'histoire, formidablement intéressé par les questions sociales et politiques, il devait bientôt attirer l'attention d'Olivar Asselin et d'Édouard Montpetit. Asselin était un des plus grands journalistes de l'époque, et Montpetit, sur le point de créer la première Faculté de sciences politiques de l'Université de Montréal.

C'est ainsi que Jean-Marie Nadeau allait devenir non seulement avocat de pratique, mais aussi professeur de sciences politiques à l'Université de Montréal, et collaborateur d'Asselin à *L'Ordre* et à *La Renaissance,* journaux dans lesquels il signait une chronique de politique internationale.

Ses triples revenus permettaient à Jean-Marie d'envisager de fonder une famille. Il fit alors la connaissance d'une jolie brune au sourire irrésistible, fille d'un médecin spécialiste des poumons, l'un des tout premiers au Québec ; il venait d'ailleurs de fonder l'hôpital du Sacré-Cœur de Cartierville, qu'on appela d'abord le Pavillon des tuberculeux. Un des médecins traitants à cet hôpital était Norman Bethune, dont l'image de communiste lui valait de sérieuses critiques de la part du milieu médical. Mais à Sacré-Cœur, il avait un défenseur, Georges-Étienne Mignault, mon grand-père. Bethune quittera par la suite le Québec pour s'engager dans la guerre d'Espagne aux côtés des républicains, avant de suivre Mao Zedong dans sa Longue Marche.

C'est ainsi qu'un beau jour d'été 1935 Pauline Mignault épousa Jean-Marie Nadeau. Le mariage eut lieu à l'église Saint-Germain, chemin de la Côte-Sainte-Catherine, en présence du gratin d'Outremont et de Saint-Césaire, deux municipalités qui n'avaient pas grand-chose en commun *a priori*. Le fils du cultivateur des bords de la Yamaska avait su séduire sa jolie princesse.

Ma future mère était un pur produit de la haute bourgeoisie outremontaise. Elle avait fait de bonnes études mais n'était pas allée à l'université. À cette époque l'idée aurait été saugrenue. Elle s'adonnait au piano et jouait remarquablement bien, en particulier la *Marche turque* de Mozart, ma préférée parmi les pièces de son répertoire. Combien de fois l'ai-je suppliée de l'interpréter, le soir après le repas !

Avant son mariage, Pauline menait une vie sociale intense. Elle ne ratait pas un bal, ce qui lui valait d'être souvent mentionnée dans les chroniques mondaines de *La Presse*, où on vantait son élégance et sa beauté. Elle était abondamment courtisée par plusieurs jeunes hommes qui représentaient certainement de beaux partis, mais c'est Jean-Marie qui allait faire sa conquête.

Il faut dire qu'il avait ramené de France des habitudes qui lui donnaient, comment dire, un certain cachet exotique. Notamment une prédilection pour les vins de Bordeaux et les cigarettes au tabac noir, en l'occurrence les Gitanes. Il était aussi devenu amateur de fromages au lait cru, à une époque où, au Québec, le fromage ne se déclinait guère qu'en deux variétés, le jaune et l'orange.

De cette union allaient naître quatre fils, Pierre, l'aîné, puis Jacques, Jean et Michel. Mes parents s'installèrent sur le chemin de la Côte-des-Neiges, à la frontière d'Outremont. C'est là que j'ai passé mon enfance et mon adolescence, dans l'ombre de la tour de l'Université de Montréal.

Mes frères Jacques, Jean et moi étions passablement indisciplinés, d'incorrigibles garnements, et notre pauvre mère avait parfois de la difficulté à imposer son autorité. La formule « Je vais le dire à ton père » revenait souvent dans sa bouche quand elle était à court de moyens pour nous calmer. Les retours à la maison de notre père étaient donc souvent agités. L'œil noir, le sourcil en bataille, Jean-Marie écoutait patiemment les doléances de sa femme avant de décider s'il fallait ou non sévir. La sentence était généralement une mise aux arrêts dans notre chambre, avec obligation d'étudier. Même si c'était moi qui écopais la plupart du temps, je demeurais le fils rebelle. Je montais à ma chambre, mais c'était pour y écouter la radio ou lire en cachette, en prêtant l'oreille aux pas de mon père qui venait vérifier si l'on obéissait.

Le lendemain, tout était oublié, nous faisions de nouveau le désespoir de notre mère.

Mes frères et moi n'étions pas seuls à animer la demeure familiale, devenue au fil des ans le lieu de rendez-vous de toute une petite société. Mes parents avaient un vaste cercle d'amis et de connaissances, des gens qui venaient de tous les horizons, les arts, la politique, l'enseignement, et même le sport. Toutes ces relations passaient un jour ou l'autre chez nous.

Ces allées et venues étaient parfois étonnantes. Anne Hébert, une cliente de mon père, pouvait ainsi croiser Yvon Robert, qui était à la lutte ce que Maurice Richard était au hockey. Yvon était une de mes idoles, et je l'admirais d'autant plus qu'il était notre cousin du côté de mon père. De quoi me remplir de fierté et rendre mes petits camarades verts de jalousie ! Il venait parfois demander conseil à son cousin l'avocat, d'ailleurs lui-même amateur de lutte. Dans les années trente et quarante, Jean-Marie s'entraînait au camp Maupas, centre de lutte gréco-romaine réputé de Sainte-Adèle.

L'image renvoie au côté européen de mon père : on peut dire qu'il tenait salon. Il recevait chez nous des clients qu'il n'avait pu voir à son bureau, des amis du Parti libéral avec qui il discutait de stratégies pour défaire Duplessis et, surtout, le plus intéressant à mes yeux, tout un aréopage d'authentiques vedettes : des gens qu'on entendait fréquemment à la radio, les Miville Couture, François Bertrand, Pierre Dagenais, Jean Desprez et, plus tard, Judith Jasmin, René Lévesque, Janette Bertrand et bien d'autres...

René Lévesque était un de ceux qui m'impressionnaient le plus, d'autant qu'au moment où je l'ai connu, il rentrait tout juste de Corée où il avait couvert la guerre pour le compte de Radio-Canada. Il était l'aventurier international que je rêvais de devenir.

Un autre visiteur que je voyais avec plaisir était Jean-Louis Gagnon. Il m'intéressait principalement parce qu'il avait travaillé pour l'Agence France-Presse à Washington pendant la guerre, mais aussi parce que les duplessistes le traitaient de communiste : à mes yeux d'enfant, pour qui Duplessis était une sorte de Bonhomme Sept Heures, cela paraissait un compliment. Il venait souvent avec Bob Giguère, Maurice Lamontagne et d'autres, justement pour comploter contre Duplessis.

Mon père avait connu la plupart d'entre eux dans les studios de Radio-Canada international. Présenté par René Lévesque ou Judith Jasmin, il y lisait des chroniques sur la situation politique et économique au Canada. Il faut dire qu'entre ses occupations de journaliste, d'avocat et de professeur il avait trouvé le temps d'écrire deux livres bien documentés dont les titres en disaient long sur leur sérieux : *Horizons d'après-guerre* et *Entreprise privée et socialisme*.

L'influence de mon père ne s'est jamais traduite sur le terrain. Au cours de toute sa vie, il n'a remporté qu'une élection, comme président de l'Association des étudiants en droit à l'Université de Montréal. En 1948, il s'est présenté à l'élection provinciale dans le comté de Rouville et il a été défait par le ministre de l'Agriculture de Duplessis, Laurent Barré, par trois cents voix seulement.

Après sa défaite au congrès libéral de 1950, il ne se représenta plus aux élections. Il resta cependant l'un des piliers du PLQ, en tant qu'organisateur et membre de la Commission politique du parti, dont il fut président.

Une idée-force l'anima tout au long de ces années : l'influence négative de l'argent sur la politique. Le pouvoir véritable, écrivit-il, était celui de la trésorerie des partis et, au delà, celui des bailleurs de fonds. Il fallait libérer la politique de cette tutelle.

Parce qu'il voulait que ça change, il militait, mais il se méfiait de ceux qui, même au sein de son propre parti, visaient uniquement à obtenir des prébendes, comme un poste de juge ou un contrat de voirie. Il avait une plus haute idée de l'engagement.

Quelque temps avant sa mort, il écrivait dans ses *Carnets politiques* que le Parti libéral avait le cœur à gauche mais le portefeuille à droite. Il redoutait de devenir le juge de ceux qu'il avait contribué à élire. Le parti vivait à ce moment-là une mini-crise opposant les partisans du «bon» patronage à ceux qui le refusaient sous toutes ses formes. Mon père était évidemment du deuxième groupe.

Pour ceux qui l'ont connu, Jean-Marie Nadeau était un homme droit, sans compromis. Un homme libre, ainsi qu'il expliquait dans ses *Carnets* en 1957, quand il envisageait de tout lâcher et de quémander un quelconque emploi à Ottawa : «Accepter un poste équivaudrait à un reniement de mes pensées les plus intimes ; ce serait renoncer à ma condition d'homme libre...» Il refusa toutes les offres qu'on lui fit au cours des ans, même quand il fut question qu'il devienne ambassadeur quelque part en Europe.

■ ■ ■

En traçant ce portrait de mon père, je réalise à quel point mon enfance a baigné dans un climat d'effervescence intellectuelle. Dans le Québec d'avant la démocratisation de l'enseignement, ce n'était pas si fréquent.

J'aurais pu en bénéficier au maximum, grandir en aspirant à marcher sur les traces de mon père. Mais ce chemin-là ne m'attirait pas. Au grand chagrin de Jean-Marie, éternel premier de classe, son fils aîné n'était pas vraiment intéressé par les études. Je n'étais pas un cancre, mais je me voyais ailleurs, là où la vie semblait plus excitante. Et cette vie plus excitante, j'ai su très jeune où elle était...

Chapitre 3

La passion du micro m'est venue en même temps que j'apprenais à marcher.

Je suscite souvent l'incrédulité quand je raconte cette anecdote. Elle est pourtant authentique. Il y avait sur le comptoir de la cuisine familiale une petite radio de couleur beige, une Baby Champ je crois, d'où sortaient des sons enchanteurs. Musique classique, chansons romantiques, comptines? Non: ma musique à moi, c'étaient les voix graves des annonceurs de Radio-Canada. À l'heure des repas, j'exigeais d'être installé tout à côté de l'appareil, et il paraît même que j'essayais de l'ouvrir pour voir qui pouvait bien s'y cacher.

Quand est venu le moment de me faire faire mes premiers pas, ma mère a usé d'une stratégie inédite, voire révolutionnaire, en se postant près de la boîte magique. Avec crainte et enthousiasme, j'ai finalement marché vers les bras maternels… mais aussi vers cette radio qui m'attirait comme un aimant.

Un jour, surprise: c'était la voix de mon père qui s'échappait de la radio. Il participait à ce qu'on appelait à l'époque une « causerie radiophonique », qui devait porter sur l'économie. Le propos n'était d'aucune importance: j'étais seulement émerveillé que Jean-Marie ait pu entrer dans la boîte en plastique. En même temps, un déclic se produisait en moi: faire de la radio, c'était donc possible pour tout le monde!

À trois ans, je manifestais déjà mes ambitions en apprenant le répertoire de Rina Ketty, que je chantais devant un Jean-Louis Gagnon étonné de tant de précocité.

Cet intérêt mis à part, j'ai eu une enfance comme celle de bien d'autres garçons, avec un imaginaire surtout meublé d'aventures héroïques. Au début des années quarante, il y avait peu de maisons dans notre quartier, et encore beaucoup de champs et de boisés. Ces boisés devenaient d'inextricables jungles dans lesquelles mes frères et moi jouions à nous perdre, sur la piste de nos idoles Robinson Crusoé et Mowgli, l'enfant-loup du *Livre de la Jungle*.

Nous nous construisions des cabanes dans les arbres et c'était pour moi l'occasion de rêver à quelque aventure dans des pays lointains, en Afrique par exemple, continent que je connaissais surtout parce que je dévorais les bandes dessinées dans l'édition du samedi du journal *La Patrie*. J'ignorais à ce moment ce que l'avenir me réservait, mais je savais que je ferais un métier qui m'amènerait loin de la forêt bordant l'université. Chasseur de lions, chercheur d'or, explorateur, peu importe : un jour, je verrais du pays.

Plus tard, entre dix et quinze ans, je me suis mis à lire beaucoup, mais sans éprouver le moindre intérêt pour les doctes traités d'économie signés par mon père. Mes auteurs préférés étaient ceux qui nourrissaient mes fantasmes de voyages et d'aventures : Paul Féval, Léon Ville, Alexandre Dumas et Fenimore Cooper.

J'ai commencé à donner corps à mes ambitions radiophoniques à l'adolescence. Je pris l'habitude alors d'emprunter le magnétophone de mon père et de transformer ma chambre en studio de radio. Les bandes magnétiques n'existaient pas encore, et les voix s'enregistraient sur un fil de métal. La qualité sonore était médiocre, mais qu'importe : mes amis et moi pouvions nous entendre et nous imaginer annonceurs, nous aussi.

Dans cette production maison, il y avait des radio-romans, mélodramatiques à souhait mais bien dans le ton de l'époque, où il était question de pères ivrognes et d'enfants battus. Nous imitions aussi les lecteurs de nouvelles, les Albert Duquesne, Roger Baulu et Miville Couture. Comme mes amis, j'éprouvais un plaisir fou à ce jeu. Mais pour moi, c'était bien plus qu'un jeu...

Je rêvais de me retrouver dans un pays lointain, micro en main, comme Marcel Ouimet que j'avais entendu pendant la Deuxième Guerre mondiale, comme René Lévesque qui venait tout juste de raconter un épisode de la guerre de Corée. Je ne voulais pas être journaliste de presse écrite, comme mon père et ses amis Jean-Louis Gagnon et Willie Chevalier. Je voulais être sur le terrain, là où ça se passait, et le raconter en ondes.

Avant d'arriver à cela, j'ai d'abord vécu une autre passion, qui m'a en quelque sorte préparé à réaliser mes rêves : le théâtre.

J'avais autour de seize ans quand je suis monté sur les planches pour la première fois. Je dois cette chance à Yves Massicotte, un voisin qui fréquentait lui aussi le collège Brébeuf, à dix minutes de marche de chez nous.

Yves avait trois ans de plus que moi et il était passionné de théâtre. Au collège, il montait des pièces dont il assurait la mise en scène et interprétait les grands rôles. Mais pour lui, faire du théâtre ne consistait pas seulement à triompher sur scène ; cela consistait surtout à participer à toutes les activités d'une troupe, à y exercer tous les métiers. Il y avait dans cela une sorte de mystique, qu'il savait transmettre comme pas un. Il était le centre d'une bande d'amis fervents de théâtre comme lui et dont il était le mentor, le guide.

Il était devenu l'homme de confiance du père Émile Legault, dont la troupe, Les Compagnons de Saint-Laurent, avait fait les belles soirées de Montréal pendant une dizaine d'années. Le père Legault avait formé la plupart des grands comédiens de Montréal, ceux qui devaient par la suite briller au Théâtre du Nouveau Monde.

Sur le chemin du collège, je faisais souvent route avec Yves Massicotte, et nos conversations portaient naturellement sur le théâtre. Un jour, il m'a proposé d'assister à une répétition de *L'Annonce faite à Marie*, de Claudel, que le père Legault montait avec sa nouvelle troupe, Les Jongleurs de la montagne. Se consacrant à un théâtre que je pourrais qualifier de « para-religieux », la troupe était logée dans une jolie salle de trois cents places au pied de l'oratoire Saint-Joseph.

Avec ma passion pour le mélodrame hyperréaliste, j'aurais préféré faire mes premières armes dans un théâtre de boulevard comme l'Arcade ou, pourquoi pas, au Nouveau Monde, la troupe la plus prestigieuse de l'époque ! Au lieu de cela, je me retrouvais au milieu de jeunes comédiens, à l'ombre de l'Oratoire, dans le monde austère et mystique de Claudel.

« Quelle est donc, Violaine, cette fleur d'argent dont votre chair est blasonnée ? » Mon ami Yves était admirable dans cette tirade. Il tenait le rôle principal de la pièce, celui de Jacques Hury, amoureux d'une Violaine interprétée par Monique Normandin.

Quant à moi, mes débuts dans le monde du spectacle furent plutôt modestes. J'étais un porteur de fagots rudoyé par Aimé Major, celui-là même qui s'illustrerait plus tard avec sa reprise du fameux *Cet anneau d'or* de Georges Guétary. Littéralement, c'est à coups de pied au derrière que j'ai appris les rudiments du métier d'acteur. Une méthode qui valait bien celle de l'Actor's Studio !

Ce n'était pas très glorieux, mais c'était tellement plus exaltant que les cours de mathématiques. Je côtoyais des vedettes en devenir et j'allais même partir en tournée avec la troupe. Pour un jeune de seize ans, c'était une expérience grisante.

Les Jongleurs me permirent aussi de participer à un jeu impressionnant présenté sur les flancs de la montagne, dans les escaliers de l'Oratoire où l'on avait érigé des tréteaux. Il était en partie mis en scène par Jean Bissonnette, qui en assurait aussi la régie — une expérience qui l'a préparé à *Moi et l'autre* et à bien d'autres succès. Encore aujourd'hui, nous ne nous rencontrons jamais sans parler du *Grand Attentif*, et chaque fois je lis dans ses yeux l'admiration profonde qu'il me voue pour mon interprétation de saint Joseph.

Plus tard, ayant pris du galon, j'ai pu monter une petite pièce moi-même, sous l'œil bienveillant du père Legault et de mon ami Yves Massicotte. Censure opérée par la mémoire, sans doute, j'ai oublié le titre de cette piécette de Noël, dont les deux acteurs principaux étaient Claude Léveillé et Louis de Santis. Avec le recul, je soupçonne qu'ils ne prenaient pas très au sérieux mes indications de mise en scène. Comment les blâmer !

Mes débuts théâtraux coïncidaient avec la tournée québécoise du TNP (Théâtre national populaire) dirigé par Jean Vilar. Quel choc ! Imaginez sur une même scène les Gérard Philipe, Sylvia Monfort, Jean Vilar, Philippe Noiret, Daniel Sorano et autres, dans *Le Cid* de Corneille, *Ruy Blas* de Victor Hugo et *Lorenzaccio* de Musset !

Cette année-là, j'ai vu tout ce que le TNP a présenté au Théâtre Saint-Denis. Pendant les premiers actes, j'étais debout au fond du dernier balcon, mais après l'entracte, je profitais de l'inattention des placiers pour me glisser dans quelque rare fauteuil inoccupé au premier rang ou pas loin derrière. Et là, je me laissais posséder par la musique sublime des vers de Corneille :

« Ainsi vous l'emportez, et la faveur du roi vous élève en un rang qui n'était dû qu'à moi.

Il vous fait gouverneur du prince de Castille.

— Cet honneur qu'il met dans ma famille. »

Voir et entendre Gérard Philipe déclamer Victor Hugo : « Je ne suis qu'un ver de terre amoureux d'une étoile » valait bien tous les *Notre-Dame de Paris* d'aujourd'hui.

Parallèlement au théâtre, j'étais devenu l'élève d'une admirable dame doublée d'une merveilleuse pédagogue, Mme Audet. Chez elle, rue Saint-Hubert, elle inculquait à de jeunes filles et à de jeunes garçons des notions de diction et de lecture à haute voix. C'était mon ami Yvon Turcot qui m'avait amené là, car il connaissait mon ambition profonde de faire de la radio.

Yvon était et est demeuré un personnage hors du commun. Pour Mme Audet, il était comme un fils. Intelligent et perspicace, il devenait à seize ans, s'étant vieilli un peu pour l'occasion, éditorialiste à CKAC sous la férule de son idole Jean-Louis Gagnon. Plus tard, à même pas vingt-cinq ans, il sera directeur et rédacteur en chef du premier quotidien tabloïd de Montréal, *Métro Express*.

Dans notre classe, il y avait entre autres Ronald Corey, le futur président des Canadiens de Montréal. Comme Yvon et moi, Ronald devait déclamer les fables de La Fontaine devant une Mme Audet qui corrigeait nos erreurs de prononciation.

Outre cet apprentissage, les cours de Mme Audet offraient la possibilité de côtoyer de fort jolies filles. Mais pour moi, il y avait surtout cette occasion incroyable : faire de la radio, de la VRAIE radio. Et pas n'importe où : dans les studios de Radio-Canada. Cela se passait le samedi matin, quand, à tour de rôle ou de concert, nous lisions de courts textes au micro. À mon tour, enfin, j'entrais dans la « Baby Champ » de la cuisine familiale...

À ces émissions de Radio-Canada devaient s'ajouter d'autres expériences, les jeux-questionnaires pour étudiants à CKAC et des radio-théâtres à CJMS, en compagnie d'étudiants de l'Université de Montréal. À CKAC, j'ai même chanté un duo avec un camarade, Louis Lemieux, *Rita de Panama*, le grand succès d'une chanteuse française maintenant oubliée, Tohama. Nous nous sommes partagé un prix de dix dollars, vite dépensés au chic Casino Bellevue.

Entre le théâtre, la radio et les cours de Mme Audet, j'avais eu de multiples possibilités de me rendre compte que ma vie allait se passer près d'un micro, et nulle part ailleurs.

Plus je vieillissais, plus j'étais décidé à donner chair à mon rêve. J'ai franchi le pas à dix-neuf ans, au moment où j'aurais dû entrer en Philo 1 à l'institut Mongeau-Saint-Hilaire. Les études m'intéressaient moins que jamais, et je sentais que le moment était venu de larguer les amarres.

La métaphore maritime est justifiée: c'est face au grand fleuve, à Rimouski, que ma carrière a débuté, par un emploi d'été. CJBR, une affiliée de Radio-Canada, y sollicitait les services d'un annonceur pour ses stations de radio et de télévision. Recommandé par notre voisin Pierre Paquette, un ancien de la boîte devenu vedette au canal 2, j'ai réussi l'audition, emprunté un peu d'argent, et pris un soir L'Océan limité, le train à destination de Rimouski.

Tout cela à l'insu de mon père, avocat, penseur, stratège politique, qui croyait naturellement que son fils aîné suivrait ses traces...

Chapitre 4

MY THO, VIÊTNAM, 4 OCTOBRE 1966

Il est six heures du matin. Le long de la route qui traverse le delta du Mékong, une cinquantaine de soldats vietnamiens attendent dans un champ. La plupart ont la cigarette au bec : par petits groupes, l'arme à l'épaule, ils discutent à voix basse. Dans quelques instants, des hélicoptères vont les amener vers leur corvée quotidienne : une opération militaire dans les rizières, à une vingtaine de minutes de là. Le jour se lève à peine, et il fait déjà suffocant.

Impressionnés, le cameraman Daniel Fournier et moi-même essayons de nous concentrer sur notre propre mission. On nous a proposé d'accompagner les ARVN, les soldats de l'armée régulière sud-vietnamienne. « Vous verrez comme ils n'ont pas le cœur à l'ouvrage », nous ont dit les G.I. qui nous hébergeaient la nuit dernière. « *They don't give a damn.* » Beaucoup d'Américains sont amers vis-à-vis de ces gens qu'ils doivent défendre mais qui mettent si peu d'enthousiasme à se battre eux-mêmes. Les *boys* ne comprennent pas toujours ce qu'ils sont venus faire ici, alors si les Vietnamiens eux-mêmes s'en fichent...

Et moi, suis-je bien sûr d'avoir le cœur à l'ouvrage ? Des pensées contradictoires m'assaillent. Ai-je vraiment envie d'aller filmer ce topo pour un téléjournal diffusé à des milliers de kilomètres ? J'imagine très bien Jean-Paul Nolet le présentant un soir prochain, avec sa voix parfaite et sa belle sobriété amérindienne. Mais à part lui, qui attend vraiment ces images chez nous ? Qui s'intéresse à cette guerre idiote que les Américains ne pourront gagner à moins d'utiliser l'arme atomique, ce qu'ils ne feront évidemment pas ?

Et j'ai un peu peur aussi. Hier soir, dans la cafétéria où nous avons mangé ce qui aura peut-être été, qui sait, notre dernier repas — un hamburger arrosé de Budweiser — les Américains nous ont raconté des histoires d'horreur. Le soldat sud-vietnamien y apparaissait invariablement sous les mêmes traits : sans motivation, inefficace, reculant plus vite qu'il n'avance. Exactement celui aux côtés duquel on ne voudrait pas se retrouver sur un champ de bataille, canardé par les Viêt-côngs qui, eux, sont des combattants redoutables et motivés.

Et c'est cette vaillante armée que j'ai décidé de couvrir pour *Le Téléjournal*. Tout cela pour satisfaire mon côté matamore : je veux faire un *stand-up*, un commentaire à la caméra, avec les balles sifflant autour de moi. T'es vaniteux, Nadeau.

Mais à la peur se mêle l'excitation. Ce tournage, c'est quand même autre chose que d'être assis dans un studio de télévision à Montréal. C'est de cela que je rêvais depuis longtemps.

Chop, chop, chop. Une dizaine d'hélicos apparaissent soudain au-dessus de nos têtes. Ils arrivent de l'aéroport de Biên Hòa, en banlieue de Saigon. Six transports de troupes Huey se posent dans le champ. On a retiré leurs portes latérales, de façon à permettre une entrée et une sortie rapides aux soldats. Dans chacune de ces ouvertures, un mitrailleur, les deux mains campées sur son arme.

Pendant que les Huey atterrissent, d'autres hélicoptères restent en vol stationnaire, formant un cercle à une centaine de pieds d'altitude. Les Cobra sont des Huey transformés en engins de combat, truffés de mitrailleuses et de lance-roquettes. Leur mission est de protéger le convoi.

Enfin, je vois atterrir un énorme hélico, ventru et balourd, qui restera sur le terrain quand nous serons partis. Un conseiller militaire américain qui a senti notre nervosité nous explique qu'il s'agit là d'un Chinook, appelé à jouer éventuellement le rôle de remorqueuse ou d'ambulance. Si un Huey tombe en panne ou est descendu en vol, le Chinook peut le soulever comme une grue et le ramener à la base. Il peut aussi se transformer en ambulance et rapatrier les morts et les blessés. Nous voilà tout à fait rassurés !

Daniel s'affaire à prendre les premières images.

Un colonel de l'armée sud-vietnamienne nous fait signe de grimper dans un des hélicoptères. Aux commandes, deux Américains, casqués et revêtus de combinaisons pare-balles. Derrière les pilotes, deux mitrailleurs, le doigt déjà crispé sur la détente de leurs énormes engins. Durant toute la durée du vol, ils ne cesseront de scruter le sol, prêts à répondre à des tireurs viêt-côngs qui nous prendraient pour cible.

Chop, chop, chop : le bruit des rotors et des moteurs accompagne l'ascension de l'escadrille. Les hélicoptères semblent faire du surplace un moment puis, lentement, l'un derrière l'autre, ils commencent à s'éloigner de la base. Les Huey sont conçus pour emporter six Marines, mais comme les militaires vietnamiens sont plus petits et moins lourds, on en loge d'habitude huit par hélicoptère. Cette fois, ils ne sont que cinq. Métier oblige, je suis tenté de leur parler, mais c'est difficile de faire copain-copain, avec ce vent qui hurle par les deux portes grandes ouvertes. De toute façon, personne ne semble avoir envie de causer... ce qui m'arrange, parce que je ne me sens pas très bavard non plus. Tous, nous sommes concentrés sur ce que nous aurons à faire dans les prochaines minutes. L'hélicoptère doit se poser près d'un point de ralliement viêt-công.

À cinq cents pieds nous survolons un paysage de rizières constellé de boisés. Une image d'Épinal, l'Asie paysanne, immuable et sereine. Tapie au fond d'un de ces boisés, la guerre nous attend.

En quelques secondes, les Vietnamiens ont sauté des hélicos et couru vers les arbres. Nous les suivons aussi vite que nous le pouvons. Daniel a sa caméra à l'épaule, je porte l'enregistreuse, ainsi qu'une autre caméra pour tourner des images d'appoint si besoin est. Daniel m'a donné un bref cours sur le fonctionnement de l'appareil, qu'il faut remonter aux trente secondes. Pratique, sous le feu viêt-công ! Je réalise que je m'en suis mis beaucoup sur les épaules, au propre et au figuré. Je ne m'en cache pas, j'ai la trouille.

Pendant notre course folle, les hélicoptères ont redécollé, pour éviter de servir de cibles. Nous sommes laissés à nous-mêmes, les soldats avec leurs armes, les deux Canadiens avec leur matériel de tournage. À cette période de l'année, les rizières sont remplies d'eau, et nous devons serpenter sur une étroite bande de terre battue, qui ne facilite pas les mouvements. C'est qu'il faut au plus vite quitter cette zone complètement dégagée, où nous sommes des cibles idéales pour un tir au pigeon. J'imagine que la forêt pullule de Viêt-côngs.

Enfin, le couvert des arbres. Les militaires sud-vietnamiens avancent au pas, nous leur collons au train. Je perçois que je n'ai plus peur. Ce que je ressens est un peu étrange, tout à fait nouveau. Il me faut un moment pour mettre des mots dessus. C'est une sorte de stress que j'éprouve, intense mais pas désagréable du tout parce qu'il est mêlé d'excitation.

Daniel filme les soldats qui bougent très lentement, le doigt sur la détente de leur M-16. J'ai mis le Nagra en mode d'enregistrement automatique. Pour l'instant, il n'enregistre rien, sinon le bruit de nos pas. Je sens la sueur couler sur mon visage et dans mon dos. Il fait moite, tellement moite.

Nous continuons d'avancer. Rien ne se passe. Où est le Viêt-công ?

Tout à coup, la colonne s'arrête. Un officier vietnamien nous fait signe : il faut repartir dans la direction d'où nous sommes venus. En un instant, l'adrénaline tombe. Quoi ? L'ennemi n'est pas au rendez-vous ? Il nous attend ailleurs ? Pas un mot d'explication. Les soldats retournent au pas de course vers la rizière. Chop, chop, chop. J'entends les hélicoptères revenir.

Les soldats courent sur la digue et sautent dans les Huey stationnés à trois pieds du sol. Daniel me précède. Plusieurs hélicoptères sont déjà repartis avec leurs contingents de soldats. Il n'en reste qu'un, le nôtre. Les pilotes ont visiblement envie de repartir, et vite. Daniel a réussi à sauter dans l'appareil. Au moment où je m'apprête à le suivre, je trébuche et tombe la tête la première dans la rizière. En une seconde, j'ai un choix à faire. Un des équipements de tournage va aller dans l'eau boueuse, c'est sûr. Ce sera la petite caméra Bell and Howell. Je me relève, le Nagra est resté sec. Quand l'hélico redécolle, j'ai encore les jambes qui pendent à l'extérieur. Un des mitrailleurs me hisse à bord d'une manière rien moins qu'amicale.

Nous repartons vers My Tho. Mission accomplie ?

Il n'y aura pas eu d'affrontement avec le Viêt-cộng aujourd'hui. Ou bien il s'était replié avant notre arrivée, ou bien les renseignements sur sa présence étaient faux.

Daniel et moi avons raté notre baptême du feu. Je suis déçu et soulagé à la fois. Je me sens aussi un peu con. Le reportage ne sera pas aussi excitant que nous l'aurions voulu, c'est la première pensée qui me vient. Ensuite seulement, je réalise que nous avons peut-être échappé à la mort. Nous, les journalistes, mais aussi ces jeunes hommes que nous accompagnions. Pour Daniel et moi, le travail est fini. Eux, ils retournent au combat demain ou après-demain, et cette fois l'ennemi sera peut-être présent.

Le soir, sur mon lit de camp, abruti de tension, de fatigue et de bière, je repense aux émotions intenses vécues au cours de la journée. C'est de cela que je rêvais, enfant, en écoutant René Lévesque sur les champs de bataille en Corée. Il avait sans doute peur, lui aussi, mais comme chez moi, la passion du métier était finalement plus forte.

Je me dis que j'ai un peu raté mon premier rendez-vous avec la réalité de cette guerre. Pourtant, pour la première fois, j'ai éprouvé ce que mon vieux complice, le rélisateur Pierre Castonguay, appellera plus tard « ton plaisir de jouer dans le trafic ». J'aurai bien l'occasion de me reprendre.

Chapitre 5

« Pierre, ce que je vais te dire va te sembler dur... Mais, crois-moi, la mort de ton père va te permettre de prendre ta place au soleil. C'est maintenant que tu vas t'épanouir... »

Malgré l'affection et l'admiration que Judith Jasmin m'inspire, la colère monte en moi. Mon père est mort il y a quelques jours à peine, et c'est tout ce qu'elle trouve à dire pour me consoler. Je ne mâche pas mes mots : même venant d'une amie, ces propos sont inacceptables. Et, de toute façon, elle n'a rien compris.

Mais je sais, moi, d'où lui vient cette conviction. Judith fréquentait la maison familiale, elle me connaît donc depuis longtemps. Elle sait que cette carrière de journaliste que je mène depuis quatre ans, je m'y suis lancé contre la volonté de mon père.

■ ■ ■

Pourtant, Dieu sait s'il avait été prévenu de longue date ! Depuis, en fait, ma toute petite enfance, depuis mes premiers émois « radiophoniques »...

Au début, oui, c'était charmant, la passion du petit Pierre pour tout ce qui sortait de la Baby Champ. Et plus tard, les imitations de bulletins de nouvelles, les radio-romans avec les amis, c'était sympathique... sauf quand Jean-Marie devait monter récupérer le magnétophone que j'avais oublié de lui rendre.

Quand j'ai commencé à faire l'acteur et à y prendre goût, mes parents, mais surtout mon père, ont commencé à s'inquiéter. Au milieu des années cinquante, les possibilités étaient limitées pour un jeune homme de bonne famille : le droit, la médecine, le génie... la prêtrise à la rigueur. Informatique et biotechnologie étaient des mots qui ne figuraient même pas au dictionnaire. Tout naturellement, mon père souhaitait que je devienne avocat, comme lui.

Mon manque d'intérêt pour l'école le chagrinait. S'il fallait en plus que je choisisse un métier de misère comme acteur ou journaliste ! Des métiers de « saltimbanque », disait-il avec mépris, lui qui pourtant avait été un collaborateur d'Olivar Asselin et qui comptait plusieurs comédiens parmi ses clients.

Dans cette quête bien personnelle, j'avais quelques appuis, comme celui de Jean-Louis Gagnon. « Si Pierre veut faire du *broadcast*, qu'il fasse du *broadcast* », disait-il à mon père. « Il sera plus heureux qu'au prétoire. »

J'avais aussi l'appui des femmes de la famille, surtout de mes deux grands-mères, qui comprenaient l'importance de réaliser ses rêves. Yvonne, ma grand-mère maternelle, m'encourageait depuis toujours à suivre ma voie, à vivre ma passion. Georgiana, mon autre grand-mère, me défendait auprès de son fils :

« Si Pierre veut faire de la radio et de la télé, rien ne l'en empêchera ». Jean-Marie était hors de lui. Sa famille vivait en totale sédition.

Mais mon père avait beau argumenter et tempêter, il était hors de question que je marche dans ses pas. Le droit ne m'intéressait pas, c'était la principale raison de mon refus. Mais j'avais aussi besoin d'échapper à son emprise, à sa présence parfois écrasante, à sa façon d'avoir toujours raison et de donner le bon exemple. Je ne voulais surtout pas d'un métier qu'il avait choisi pour moi.

Quand, à dix-neuf ans, j'ai eu cette offre d'emploi à Rimouski, je n'ai pas hésité une seconde. En même temps, je ne voulais pas d'affrontement ouvert. Quelques mois plus tôt, mon père avait été victime d'un infarctus, et je redoutais une crise de colère fatale.

Je suis donc parti en catimini, avec de l'argent donné par Yvonne, ma vieille complice. J'adorais ma grand-mère, une maîtresse femme qui n'hésitait jamais à prendre ma défense dans mes nombreux différends avec mon père. Quand je suis parti à Rimouski, elle m'a donné cinquante dollars, une petite fortune à l'époque, onze dollars pour le billet de train, le reste pour attendre ma première paie.

J'ai attendu d'être à Rimouski pour téléphoner à mon père et lui annoncer que j'étais embauché à CJBR pour l'été. Ajoutant le mensonge pieux que je comptais bien reprendre les études en septembre.

Ce que j'aurais fait, sans doute, si mes premiers pas dans le métier avaient été un échec. Mais c'était là une possibilité que je n'envisageais même pas. Ma confiance en moi était sans limites. Je n'avais aucune expérience réelle, mais il était tout simplement exclu que je rate mon entrée dans la Vie.

Il n'y a finalement jamais eu de véritable affrontement avec mon père. Sans l'avouer, il avait déjà jeté l'éponge. Difficile de lutter contre cette obsession qui m'habitait depuis l'enfance. Après la colère initiale, le sentiment de trahison suscité par ce départ à la sauvette, il s'est résigné.

Au fil des mois, la résignation s'est transformée en un sentiment plus positif. À Rimouski, puis à Montréal, j'ai fait mes classes et connu mes premiers succès. Mon père a dû admettre en lui-même que j'avais fait le bon choix. J'étais doué pour ce métier et j'y avais un avenir. Ses amis du milieu, comme Miville Couture et René Lévesque, le lui garantissaient. Tout à coup, il était fier de son grand.

Deux autres choses ont changé la qualité de nos rapports et contribué à nous rapprocher. De mon côté, il y a eu la découverte de l'importance et de l'influence de mon père, que j'ai commencé à mesurer après mon départ de la maison familiale. Au cours de ces premières années dans le métier, il ne se passait pas beaucoup de journées sans que je rencontre quelqu'un qui ne me parle de lui. « Vous êtes le fils de Jean-Marie ? Votre père est un homme formidable. Vous devez être fier de lui. »

Et de fait j'étais fier de lui, et de plus en plus. En 1960, par exemple, après la victoire des libéraux sur l'Union nationale, René Lévesque devait me dire l'influence que mon père avait eue dans sa décision d'entrer en politique. Peu de temps avant les élections, en effet, Jean-Marie avait écrit pour *Le Devoir* deux articles dans lesquels il résumait de façon éloquente les raisons pour lesquelles il fallait se débarrasser de l'Union nationale et du duplessisme. Pour René Lévesque, la lecture de ces articles avait été déterminante.

Parfois, ce rappel constant était agaçant. Je commençais à me faire un nom et je n'aimais pas passer pour « le fils de... » Mais, en même temps, mon père n'avait joué aucun rôle dans mes premiers succès : la place que j'étais à me tailler, je savais que je la méritais pleinement.

En 1958, Jean-Marie Nadeau est devenu grand-père. Entre mon fils Sylvain et lui, ce fut le coup de foudre. Dire que mon père adorait cet enfant est un euphémisme : il en était totalement fou. La chimie qui les liait était parfaite, quasi magique. À tel point qu'au moment où Jean-Marie s'est tué, entre Québec et Montréal, Sylvain a fait une crise de convulsions comme jamais il n'en avait eu. Le lien entre eux était de l'ordre de la télépathie.

Grâce à cette complicité, mon propre lien avec mon père devait se transformer. Je n'étais plus le fils rebelle, le déserteur, j'étais un homme, à travers qui mon père, une deuxième fois, se prolongeait.

De mon côté, je n'avais plus besoin de m'opposer, plus besoin de prouver ma valeur. Nous pouvions traiter d'égal à égal.

Jusque-là, j'avais eu l'impression de connaître mon grand-père mieux que mon père. J'entrevoyais maintenant que Jean-Marie et moi allions enfin commencer à nous parler.

■ ■ ■

En ce soir d'octobre 1960 où mon père vient tout juste de mourir, Judith Jasmin m'a surpris et fâché avec cette phrase qui se voulait réconfortante.

Je suis fâché parce qu'elle n'a pas compris que mes rapports avec mon père ont changé depuis l'époque où elle nous a vus nous opposer sur mon avenir.

Mais je suis surtout en colère contre lui. Au moment où nos rapports devenaient plus vrais, plus riches, il est parti, bêtement. J'ai goûté à quelque chose qui ne sera jamais.

Quarante ans plus tard, cette colère ne m'a pas tout à fait quitté.

Chapitre 6

J'aurai bientôt vingt ans et la journée s'annonce belle.

Début juin 1956, six heures du matin. Je viens de descendre de l'Océan limitée.

À Rimouski, il fait encore un peu frais, mais on sent la promesse d'une journée lumineuse.

De la gare à la station de radio, une centaine de mètres que je parcours en deux enjambées. Je n'ai pas beaucoup de bagages et j'ai hâte de voir ce qui m'attend.

Je suis accueilli dans le contrôle par des éclats de rigolade. Voilà qui augure bien. J'entends mon nom dans les haut-parleurs qui diffusent l'émission en cours. Le temps de me présenter et je me retrouve assis dans le studio avec l'animateur, la gigantesque vedette locale Jean Brisson. Hilare et chaleureux, il prend à témoin ses auditeurs que j'imagine innombrables : « Mesdames et messieurs, tout frais débarqué de Montréal, tout feu tout flamme, voici notre nouvel annonceur Pierre Nadeau. Nadeau, les patrons dorment encore, tu n'as donc pas à t'en faire. Il est six heures trente, c'est l'heure des nouvelles. Voici ce qu'il y a à lire... »

Et il me tend une pile de dépêches découpées du téléscripteur de la Presse canadienne. « Vas-y ! »

J'y vais. Tout cela s'est passé tellement vite que je ne me sens même pas nerveux. En tout cas, pas assez pour m'empêcher d'attaquer.

« Mesdames, messieurs, bonjour. Voici les informations de six heures trente. Selon le chef du Parti libéral du Québec, Georges-Émile Lapalme... »

Je me suis mis à lire. Heureusement, le ruban du téléscripteur vient d'être remplacé, et ma copie est bien lisible. Tout ce que j'ai appris avec Mme Audet me revient sans problème. La pose de voix, la pause, l'accent tonique...

À Rimouski et autour, les gens se réveillent à ce moment-là. J'imagine la cuisine, le coup d'œil vers le fleuve que l'on jette par la fenêtre, l'odeur du café, et cette voix nouvelle qui sort de la boîte en plastique sur le comptoir. Ma voix. « Tiens, qui c'est, celui-là ? » se demandent certains.

Dans ma tête, j'entends les Miville Couture, Jean-Paul Nolet et François Bertrand. Ceux que j'imitais dans le magnétophone de mon père, et à qui je me suis maintenant joint. Enfin... disons que je me suis immiscé discrètement dans leur groupe !

J'aurais peut-être dû en vouloir à Jean Brisson de m'avoir ainsi précipité dans la piscine. Mais non : il a eu tout à fait raison. *Fabricando fit faber*, ai-je retenu des cours de latin de mes professeurs jésuites : « C'est en forgeant qu'on devient forgeron » ! Journaliste, c'est pareil, cela s'apprend dans le feu de l'action bien mieux que sur les bancs d'école.

Je le croyais en 1956, je le crois encore aujourd'hui, n'en déplaise à tous les estimables profs de communication des universités. Leurs cours ne sont pas inutiles, c'est certain, mais c'est au « marbre », comme disait Jean-Louis Gagnon, que l'on apprend à être journaliste. Je ne donnerai qu'un exemple, celui de Pierre Foglia, qui écrit avec une aisance que tous ses confrères envient, moi le premier, et qui a commencé comme linotypiste.

Une heure après ce premier bulletin de nouvelles, je rencontre les patrons de la station. Leurs paroles sont encourageantes : non seulement je n'aurai pas à reprendre le premier train pour Montréal, mais en plus on me demande d'assister à la diffusion du téléjournal local en début de soirée. Cela me servira de répétition : pas plus tard que demain soir, c'est moi qui vais le présenter.

Ce n'est pas dans la piscine qu'on m'a jeté, c'est dans le fleuve, c'est dans la mer !

Juin 1956, j'aurai bientôt vingt ans, et la journée s'annonce radieuse.

...

J'ai eu plusieurs patrons à CJBR, à commencer par le propriétaire de la station, Jacques Brillant. Avec sa femme Louise, il savait organiser d'agréables soirées, des balades en forêt, des parties de pêche, toutes sortes d'activités qui rendaient la vie plus douce à ses employés. Il y avait aussi André Lecompte et François Raymond, des gens formidables, des amoureux de leur métier.

Sandy Burgess était un peu à part : plus qu'un patron, il fut un guide, un conseiller, un mentor. Tous les annonceurs qui sont passés par Rimouski à cette époque ont profité de sa générosité, de son intelligence, de sa culture, et de son amitié aussi.

Cela a été le cas pour Pierre Paquette, qui était là un peu avant moi, pour Michel Garneau et Pierre Beaudoin, qui y étaient en même temps, et pour Bernard Derome et plusieurs autres, qui vinrent après. Sandy Burgess a joué un rôle déterminant dans nos carrières. Il était le *coach* parfait, qui écoutait fidèlement nos prestations, et trouvait les mots et les trucs pour corriger nos défauts. Sa philosophie était claire : « Je considère que notre tâche à nous, à CJBR, est de vous former pour que vous puissiez retourner le plus rapidement possible à Montréal. Vous voulez être annonceurs à Radio-Canada, vous le serez. » Et il tenait parole.

C'était un homme très drôle, à l'humour fin. À Montréal, il aurait été une star, mais il avait choisi de vivre à Rimouski. Il est décédé d'une crise cardiaque il y a une quinzaine d'années, dans la jeune cinquantaine.

Sous l'aimable férule de Sandy Burgess et des autres, je fus donc bombardé lecteur de nouvelles. Comme débutant, cela faisait mon affaire, même si lire les nouvelles, ce n'était pas tout à fait du journalisme.

De toute façon, la couverture des événements locaux était minimale à cette époque à Rimouski. À la télévision, un cameraman enregistrait des images muettes illustrant des nouvelles sur les assemblées de clubs sociaux, comme le Club Richelieu. À la radio, cependant, il y avait un bulletin de nouvelles locales, sous la responsabilité d'un bon journaliste doublé d'un homme de qualité, Guy Ross.

Mais faire du reportage, micro en main, comme René Lévesque ou Judith Jasmin, il n'en était pas question pour moi. Cela viendrait plus tard. En attendant, j'avais l'occasion d'apprendre toutes les possibilités et subtilités du micro.

Je présentais les bulletins de nouvelles, bien sûr, mais aussi des palmarès de chansons à succès, des émissions pour enfants, et même des radio-théâtres, au cours desquels j'interprétais différents personnages — après tout, n'avais-je pas triomphé sur les scènes de Montréal dans *L'Annonce faite à Marie*?

Le pire — et le plus drôle, il faut bien le dire — c'était la lecture quotidienne de la rubrique nécrologique. Il me fallait y adopter un ton de croque-mort des ondes, solennel avec un zeste d'empathie, un style dans lequel je me débrouillais somme toute pas trop mal.

Mais la tâche devenait une épreuve quand mon collègue Michel Garneau, assis à mes côtés, s'employait à me faire pouffer de rire. Je me concentrais de toutes mes forces sur la liste des « chers disparus », pendant que Michel parodiait mon air funèbre jusqu'à la caricature ou se mettait tout à coup à diriger un semblant de *Requiem* de Mozart. Cela ne ratait pas : je perdais ma retenue et j'éclatais de rire... à micro fermé, car j'avais heureusement le réflexe rapide. Mais, de l'autre côté des ondes, les auditeurs s'inquiétaient : pourquoi ce long silence au milieu des renseignements sur le service funéraire de Paulin Lamarche d'Amqui ? Le lecteur venait-il de tomber raide mort ?

J'étais mort, oui, mort de rire. Les patrons nous grondaient gentiment. Et la fois d'après, c'était à mon tour de déconcentrer l'ami Garneau...

À Rimouski, Michel Garneau avait déjà cette voix exceptionnelle qu'on lui connaît, une voix faite pour le conte, pour le poème, pour la proclamation. Il est cependant devenu plus qu'une voix : on connaît bien aujourd'hui Michel Garneau l'écrivain, le poète et le dramaturge.

Mais pour moi, Michel a d'abord été un maître à penser et à vivre, une figure clé de mes années d'apprentissage. Dès mon arrivée à Rimouski, nous nous sommes liés d'amitié : je lui dois mon initiation au jazz et à la littérature américaine, notamment à JD Salinger et à Henry Miller. Michel aimait les auteurs un peu sulfureux, ceux dont la vie s'accordait avec les écrits.

Avec lui, j'ai fréquenté les quelques marginaux que l'on trouvait à Rimouski à cette époque, des peintres comme Pierre-Paul Rioux et d'autres encore. Mais si je prenais plaisir à les côtoyer, je ne m'identifiais pas à leur marginalité voulue et assumée. J'étais et je demeurais le fils de Pauline et de Jean-Marie Nadeau de Côte-des-Neiges-à-la-lisière-d'Outremont, *straight* par essence et par choix. Une seule chose m'intéressait vraiment : faire mes classes, retourner le plus vite possible à Montréal, y devenir reporter-journaliste.

En attendant, je travaillais avec mon ami Sandy à améliorer mes prestations, et je fréquentais quelques collégiennes et serveuses de restaurant, que ma nouvelle renommée me permettait d'aborder sans difficulté. Dans l'attente du destin que je me souhaitais, j'étais déjà une vedette à Rimouski.

Et je gagnais du poids. Au restaurant Monaco où j'avais pris pension, je m'offrais quatre repas par jour : œufs et bacon le matin, repas complets le midi et le soir, et, vers vingt-trois heures, une sérieuse collation arrosée d'une ou deux bières. Je travaillais depuis tôt le matin jusqu'à tard le soir, et il fallait bien nourrir la bête. En quatre mois, je suis passé de cent soixante-cinq à deux cent dix livres. Sorte de rançon du succès, j'avais de plus en plus l'allure d'un Bouddha.

Je suis ainsi resté un an à Rimouski, à apprendre les ficelles de mon métier, mais aussi à vivre seul. J'ai déménagé trois fois durant cette période, allant jusqu'à occuper une sorte de loft où avait vécu le célèbre journaliste Olivar Asselin, dont mon père m'avait tant parlé. Je ne me doutais évidemment pas qu'un jour, beaucoup plus tard, on me décernerait le prix de journalisme qui porte son nom...

À cette époque, un annonceur débutant en région ne gagnait pas lourd : dans mon cas, quatre-vingts dollars par semaine, plus une vingtaine de dollars en publicités. À coups de cinq dollars, je faisais par exemple les ouvertures et fermetures publicitaires d'émissions commanditées par l'embouteilleur local de Pepsi-Cola. Avec ce pécule, je payais tout juste mes frais de logement et mes quatre repas quotidiens au Monaco.

Et un jour est venue enfin la chance que j'attendais depuis mon arrivée : celle de réaliser un reportage.

...

Novembre 1956 : porté par une vague d'anticommunisme dans la population, le gouvernement d'Imre Nagy proclame la neutralité de la Hongrie et son retrait du pacte de Varsovie. En réponse, les chars soviétiques entrent à Budapest.

La répression fait plus de deux mille morts dans le pays, cependant que des milliers de personnes fuient la Hongrie à travers le rideau de fer. Elles se retrouvent pour la plupart en Autriche, d'où elles gagneront des pays occidentaux comme le Canada.

Les réfugiés acceptés par le Canada arrivent par bateau à Halifax ou à Montréal. Ceux qui se rendent à Montréal doivent faire une courte halte au large de Rimouski : c'est en effet à Pointe-au-Père, juste à côté, que s'embarquent les pilotes chargés d'amener les bateaux jusqu'à Québec.

Un soir de novembre est annoncé le passage prochain d'un paquebot transportant des réfugiés. À CJBR, on voit là une rare occasion pour Rimouski d'être dans l'actualité nationale. Et c'est à moi qu'on confie le mandat d'accompagner le pilote jusqu'au navire : j'aurai une quinzaine de minutes pour interviewer quelques Hongrois avec l'aide d'un interprète.

Le topo doit être diffusé le soir même sur l'ensemble du réseau de Radio-Canada. À moi l'auditoire ! Je vais faire mon entrée par la grande porte, être entendu, sinon écouté, d'un océan à l'autre.

Me voilà donc sur la navette en compagnie du pilote. Nous fonçons vers le paquebot qui nous attend au milieu du fleuve. Appuyé au bastingage, je me tiens bien droit, l'air d'une figure de proue qui aurait un magnétophone en bandoulière. Mais nous sommes en novembre, et en novembre, je le découvre, le fleuve est un brin plus méchant qu'en été... Notre petit bateau est même sérieusement ballotté, à la surprise inquiète du marin d'eau douce que je suis. Je commence à ressentir un malaise sur

lequel je suis bien obligé de mettre un nom : la nausée. Non !
Pas là, pas maintenant !

Il faut que je tienne le coup, il faut que je tienne le coup...

Mais le destin a décidé que ma naissance comme journaliste se ferait au forceps. J'ai beau braquer mon regard sur l'horizon, le navire des réfugiés, ma terre promise, semble ne jamais se rapprocher. Mon estomac, lui, monte et descend au rythme des vagues.

Finalement, adieu dignité, adieu enthousiasme du premier reportage : tout cela s'envole par-dessus bord avec mon repas du midi, cependant que, dans un éclair de lucidité, je comprends que je suis fait pour le confort et la bonne humeur des chroniques de décès. Michel Garneau, mon ami, où es-tu ?

Quand, enfin, nous atteignons le navire, j'ai cette pâleur « intéressante » si appréciée par les romantiques du XIXe siècle. Dieu merci, le pilote, lui, a gardé sa bonne gueule rougeaude de loup de mer. Je le remercie silencieusement de rassurer nos nouveaux compatriotes à propos de la santé des Canadiens.

Sur le paquebot, le mouvement est moindre que sur le frêle esquif qui m'y a amené. Le micro que je promène sous le nez de quelques Hongrois ne tremble donc pas trop. Les réfugiés me semblent fatigués par leur périple et anxieux de ce qui les attend dans cette terre d'Amérique où ils vont poursuivre leur vie. Mais aucun d'entre eux n'envisage de retourner dans son pays. Quelques-uns ont vécu l'entrée des chars soviétiques dans Budapest, dont j'ai encore les images à la mémoire pour les avoir vues dans *Paris-Match*, le grand magazine d'informations de l'époque.

Quelques minutes, le temps de recueillir la traduction de leurs propos, et je retrouve la navette pour trente autres minutes de navigation houleuse. Le voyage de retour, heureusement, sera plus facile. Le pied marin, déjà, et peut-être aussi l'estomac vide...

Sitôt débarqué, je fonce vers les studios pour faire le montage de ces entrevues arrachées à l'océan déchaîné. L'enthousiasme m'est revenu, et je suis sûr, toute modestie mise à part, d'avoir produit là un petit bijou. Le fin du fin de l'information radio. Comme prévu, le topo sera diffusé le soir même à vingt-deux heures.

La réaction de Montréal arrivera un peu plus tard. Elle est plus près de l'accusé de réception que du commentaire flatteur espéré, mais qu'importe ? J'ai fait mon premier reportage, en souffrant comme parfois les grands journalistes doivent souffrir, et, surtout, j'ai été entendu au radio-journal de vingt-deux heures, que tout le monde ou presque écoute dans le pays.

Parmi mes auditeurs, qui sait, il y avait peut-être René Lévesque, Judith Jasmin, mon père...

Chapitre 7

« Attention, gens de Rimouski, voici un message d'une importance capitale : Pierre Nadeau veut encore passer la fin de semaine à Montréal. Y a-t-il quelqu'un qui pourrait l'amener là-bas ? »

Une fois par mois, Jean Brisson lançait un appel comme celui-là à son émission du matin. Et toujours il se trouvait des auditeurs pour offrir de me véhiculer. Généralement, je faisais l'aller-retour dans un poids lourd de la firme Rimouski Transport qui assurait quotidiennement le transport de marchandises entre le Bas-du-Fleuve et Montréal.

Je profitais au maximum de mes week-ends à Montréal. Je revoyais bien sûr ma famille et mes amis, comme Yvon Turcot et Aubert Pallascio, qui deviendrait un excellent comédien de théâtre et de télévision, par exemple dans la série *L'Héritage* de Victor-Lévy Beaulieu.

La majeure partie de mon temps, je la passais cependant avec une jeune comédienne rencontrée peu avant mon départ pour Rimouski, et qui commençait à se faire un nom au théâtre et à la télévision : France Johnson, de la famille qui allait donner au Québec trois premiers ministres en trente ans. Pour le fils d'un libéral notoire, elle n'était peut-être pas du bon parti, mais les sentiments n'avaient rien à voir avec la politique. Un an plus tard, je lui demanderais sa main. Sous le nom de France Nadeau, elle poursuivra sa carrière comme comédienne d'abord, puis par la suite comme journaliste à la radio et à la télévision.

Mes séjours à Montréal avaient aussi une fonction stratégique : faire mousser ma cause à Radio-Canada. Régulièrement, j'y signalais mon intérêt pour un emploi d'annonceur, lequel ne se présentait cependant pas assez vite à mon goût. Il fallait attendre qu'une place se libère ou qu'un nouveau poste s'ouvre. J'étais assisté dans mes démarches par Pierre Paquette, qui avait décidé de me prendre sous son aile.

Il réussit finalement à me faire passer une audition devant le patron des annonceurs, Miville Couture. Je fis ce jour-là la connaissance du responsable des affectations, quelqu'un qui allait rester un bon camarade : Jean-Pierre Ferland.

L'examen d'entrée commençait par la lecture de quelques pages bourrées de pièges, des noms qu'un annonceur de Radio-Canada se devait de prononcer correctement, comme Léo Delibes (il ne faut surtout pas prononcer le *s*) ou Anton Dvorak (il faut dire Dvorjak). Sans trop de nervosité, et parce que Pierre Paquette m'y avait préparé, je pus éviter la plupart des chausse-trappes.

Cette étape franchie, Miville Couture me demanda d'improviser deux ou trois minutes sur un sujet de mon choix. Pris au dépourvu, je me mis à parler de Rimouski, pas tant du travail que j'y effectuais que de ce que l'expérience m'apportait sur le plan humain. Je parlai des gens rencontrés, de la nature, de la mer, de la forêt. Rien de bien exceptionnel, mais cela sortait d'abondance. Au milieu de ce flot de paroles, je réalisai qu'en bon fils de stratège politique j'avais habilement choisi mon thème : Miville avait lui aussi fait son apprentissage à Rimouski, et il était resté attaché à l'endroit. On m'avait d'ailleurs beaucoup parlé de lui là-bas.

Comme je sortais du studio pour remercier ces messieurs Couture et Ferland, mon ami Pierre me fit un clin d'œil qui me parut positif. Il me le confirma après leur départ : cela s'était très bien passé.

De fait, quelques jours après mon retour à Rimouski, je recevais un coup de téléphone de Montréal. Jean-Pierre Ferland m'annonçait que, si je le voulais, je pouvais entrer au service des annonceurs de Radio-Canada en juin.

Si je le voulais ? Quelle question !

. . .

C'est ainsi qu'en juin 1957, après une année à peine à Rimouski, je fis mon entrée à Radio-Canada.

Être annonceur, à cette époque, c'était toucher un peu à tout, et c'est donc comme homme à tout faire que j'ai commencé ma carrière. Fréquemment, par exemple, je « fermais le poste », c'est-à-dire que je lisais les nouvelles du grand bulletin de vingt-deux heures, pour ensuite présenter deux heures de musique classique.

Cette pratique n'était pas réservée qu'aux débutants comme moi. La polyvalence était exigée de tout le monde. Aujourd'hui, on verrait mal un animateur passer de la musique classique aux actualités puis aux sports. À la fin des années cinquante, pareille performance n'avait rien d'extravagant.

C'était à une équipe prestigieuse que je me joignais. Le service des annonceurs regroupait quelque vingt-cinq personnes. Il y avait les aînés, ceux que les jeunes comme moi avaient imités quand ils rêvaient de faire le même métier : Miville Couture, Raymond Laplante, François Bertrand, René Lecavalier, Jean-Maurice Bailly, Jean-Paul Nolet et Henri Bergeron. Une deuxième génération comptait les Raymond Charette, Gaétan Montreuil et Gaétan Barrette, arrivés au milieu des années cinquante, et puis il y avait les jouvenceaux Richard Garneau, Guy Sanche, Raymond Lebrun, Jacques Fauteux, Gérard Lachance et Pierre Paquette.

L'équipe comptait quelques femmes, comme Lizette Gervais, qui devait connaître beaucoup de succès dans l'animation de séries d'interviews et d'émissions « féminines », comme on disait à l'époque. On retrouvait aussi Janine Paquet, Diane Giguère et Yolande Champoux, qui nous annonça un jour qu'elle plaquait tout pour aller ouvrir une auberge en Angleterre.

Tous, nous avions été engagés d'abord pour la qualité de notre voix, pour notre capacité à lire intelligemment des textes écrits par des scripteurs professionnels. Un annonceur était au service des textes, c'était ainsi depuis toujours.

À l'époque où je suis arrivé, cependant, le noble lecteur avait commencé à descendre de son Olympe et devenait également un animateur. Un des tout premiers à avoir fait le saut était Miville Couture lui-même, quand, avec Jean Mathieu et

Lorenzo Campagna, il avait lancé *Déjeuner chez Miville*, l'ancêtre des émissions du matin d'aujourd'hui. Mêlant humour et information, elle a connu pendant des années un gigantesque succès.

Mes débuts coïncidaient avec l'amorce d'un autre changement, beaucoup plus important celui-là : la démocratisation de l'accès à la parole, portée par l'arrivée de la télévision.

On peut en effet dire que jusqu'en 1960, c'était une sorte de privilège de passer à la radio et à la télé. Et pour pouvoir jouir de ce privilège, il fallait bien parler.

Le fin du fin, c'était le modèle radio-canadien, que Miville Couture et ses collègues incarnaient parfaitement. Leur langue était belle, même si elle nous semblerait aujourd'hui précieuse et empesée. L'élocution était parfaite, l'accent à la bonne place, chaque mot bien détaché, les liaisons sonores à souhait. Le vocabulaire était souvent ampoulé, un peu langue de bois, et le ton un rien solennel. La chaleur n'était pas exclue, mais la familiarité était absolument inimaginable.

Même dans les stations privées comme CKAC, CHLP, et ensuite CKVL et CJMS, les annonceurs, comme Mario Verdon, Guy D'Arcy, Roger Lebel et autres, parlaient un français élégant qui aurait pu, l'eussent-ils voulu (voyez comme cela m'est resté), leur permettre de faire carrière à Radio-Canada. Après tout, le « Prince des annonceurs » n'était autre que Roger Baulu, de CKAC, un ancien collègue de Miville Couture dans la « Grande Maison ».

Vers la fin des années cinquante, cette langue commença à laisser place à la langue de la rue, une tendance qui devait s'accentuer avec le lancement de la télévision privée. À Télé-Métropole, au canal 10, on se piquait de parler comme « le monde », et le monde, ça ne « perlait » surtout pas.

Quarante ans plus tard, je peux seulement constater que la tendance s'est accentuée. Le contraste avec l'époque où j'ai commencé ma carrière est saisissant. S'il y a eu saut qualitatif, il est plutôt vers l'arrière. Sous le règne de l'animateur-humoriste, la vulgarité triomphe. S'il avait fallu que les Fauteux, Barrette, Lebrun et Sanche parlent comme certaines de nos vedettes contemporaines, Miville Couture leur aurait personnellement montré la porte.

De l'écrire me fait peut-être passer pour un pisse-vinaigre. Tant pis, je persiste et signe ! Entre la préciosité et le délabrement, il y a pour moi autre chose : une langue médiane, qui peut être élégante, juste, riche en nuances et compréhensible pour tous ceux qui l'écoutent... même si elle respecte les règles de grammaire !

Et je pense aussi que les animateurs et journalistes ont le devoir de coller le plus possible à cette langue-là. Passer à la télévision ou à la radio est un privilège, qui commande certaines responsabilités.

Mais peut-être est-ce facile pour moi de l'affirmer. À l'époque où j'ai commencé dans le métier, notre responsabilité première était de produire des émissions de qualité. Pas des cotes d'écoute...

■ ■ ■

À la fin des années cinquante, Radio-Canada était installée boulevard Dorchester Ouest, entre les rues Bishop et MacKay, près de Crescent, dans un quartier vibrant d'activités, riche en bars et restaurants fréquentés par tout ce que la radio et la télévision naissante comptaient de vedettes. Bien avant la vogue des rues Saint-Laurent, Saint-Denis et Mont-Royal, c'était là le quartier branché de Montréal.

La Régence, l'Indian Room, Chez Desjardins, le Paris et surtout le Café des Artistes étaient autant de points de ralliement pour les comédiens, annonceurs et journalistes qui venaient de se croiser dans les studios. Au Café des Artistes, où officiait une Elizabeth aimée de tous, on rencontrait Paul Dupuis, Denise Pelletier, Jean Coutu, René Lévesque, Henri Deyglun et tant d'autres, qui buvaient un verre, discutaient le coup, jouaient aux cartes... Tout le monde était jeune, les filles étaient belles et les hommes faisaient le paon.

À Radio-Canada, nous étions tous plus ou moins en concurrence les uns avec les autres. Surtout depuis l'avènement de la télévision, pour laquelle l'équipe des annonceurs de la radio constituait un vivier naturel. Chacun rêvait d'avoir sa chance à la télé.

Malgré cela, nous formions un groupe très uni. J'ai vite sympathisé avec un certain nombre de mes collègues, comme Richard Garneau, Pierre Paquette et Jean-Pierre Ferland.

Richard Garneau était un animateur d'une rare polyvalence, même dans ce milieu où il fallait toucher à tout. On le connaît aujourd'hui comme une autorité dans le domaine sportif, mais il était bien plus que cela au début de sa carrière. En ma compagnie, il fut animateur d'émissions de jazz, puis « disc jockey », expression que même à Radio-Canada on employait pour désigner un présentateur de chansons françaises. À l'occasion, il était également lecteur de poèmes, un rôle dans lequel il était moins convaincant.

Notre amitié venait peut-être de ce que nous avions tous les deux flirté avec une carrière théâtrale dans notre adolescence. Carrière qui fut chez lui, comme chez moi, assez modeste. Il débuta comme figurant dans une pièce à grand déploiement présentée au Palais Montcalm de Québec, et dont le titre était, je crois, *L'Honneur de Dieu*. Vêtu d'une lourde cuirasse et armé d'une longue lance, il devait rester debout un long moment sans prononcer un mot.

Mais comme il ne voyait rien sous sa cuirasse, il lui arrivait souvent d'accrocher ses interminables jambes dans son arme ou encore de trébucher contre un élément de décor, ce qui l'amenait à s'écrouler avec fracas à l'entrée des coulisses. Un beau moment de comédie involontaire, pour le plus grand plaisir du public... et la colère des vrais acteurs et du metteur en scène.

Pierre Paquette, si on a un peu oublié son nom aujourd'hui, fut une des premières vedettes « jeunesse » de la télévision québécoise. On n'a pas idée de ce qu'était sa popularité à l'époque du *Club des autographes*, qu'il animait en direct le samedi soir. À la sortie du studio 42, des centaines d'adolescents, des filles surtout, pouvaient attendre Pierre et les chanteurs et chanteuses qu'il venait de présenter. À l'occasion, il fallait faire venir la police. Il est même arrivé que la foule fasse voler en éclats les baies vitrées à l'entrée de l'immeuble.

Un autre ami qui m'est resté de cette époque est Peter Jennings, aujourd'hui la grande vedette de l'information à la chaîne ABC, qui venait alors d'être embauché comme annonceur au service anglais. Il était le fils de Charles Jennings, le premier lecteur de nouvelles à la radio canadienne, à Toronto, dans les années trente. Peter, lui, a fait ses premières armes dans une émission pour enfants à l'âge de neuf ans.

Nous avons sympathisé d'autant plus vite que, pendant un certain temps, nos heures de travail coïncidaient. Chacun dans notre studio au même étage de l'immeuble, nous étions de service le soir, moi à CBFT et lui à CBMT. Nos soirées entières étaient consacrées à donner des indicatifs, « Ici Radio-Canada » et « This is the Canadian Broadcasting Corporation ». Après, nous nous retrouvions souvent à boire un verre dans une boîte du quartier.

Peter n'a pas séjourné longtemps à Montréal, qui a été pour lui l'équivalent de Rimouski pour moi, une école. Une année tout au plus, au cours de laquelle il a appris un peu le français, ce qui était rarement le cas de ses collègues annonceurs de la CBC. Ils étaient une vingtaine, parlant exclusivement l'anglais, à l'exception d'un ou deux, dont Jeff Hogwood, né en Angleterre mais qui avait appris notre langue en quelques mois. Les autres, les Sheridan Nelson, Lee Fortune, etc., avaient vécu toute leur vie au Québec sans apprendre deux mots de français.

Peter et moi discutons souvent de ce métier de reporter que nous voulions faire. Être annonceur était pour lui, comme pour moi, une simple entrée en matière. Il voyait bien plus loin. J'étais à mille lieues de croire que mon copain Jennings deviendrait non seulement un grand reporter, mais surtout l'*anchorman* vedette de *ABC World News Tonight*.

■ ■ ■

Deux ou trois mois après mon entrée à Radio-Canada, Jean-Pierre Ferland m'annonce que mes vœux sont exaucés : je vais pouvoir m'intégrer à l'équipe d'une émission. Qui plus est, une émission qui s'annonce comme une révolution dans le paysage de la radio. Il s'agit d'un quinze minutes destiné à un auditoire totalement négligé jusque-là : les automobilistes. Depuis les débuts de la radio, en effet, les émissions sont conçues pour des auditeurs sédentaires regroupés autour de l'appareil dans leur salon ou leur cuisine. Les automobilistes, personne n'y avait encore pensé.

Personne, jusqu'à Lorenzo Godin, le réalisateur, et Carl Dubuc, le journaliste (père d'Alain, aujourd'hui éditeur du quotidien *Le Soleil*, de Québec). Ils ont imaginé une émission où les experts entendus seraient des mécaniciens, appelés à régler des problèmes de batterie, de carburateur ou de pression d'air dans les pneus. Une émission de service tout ce qu'il y a de plus banal aujourd'hui, mais qui, à l'époque, était proprement révolutionnaire.

Il faut dire que Lorenzo est alors un jeune réalisateur qui veut faire bouger les choses et qui y arrive. Il a d'autant plus de latitude que la haute direction de Radio-Canada est prioritairement intéressée par la télévision naissante. Et Carl Dubuc est un personnage hors du commun, un journaliste doublé d'un commentateur à l'humour fin et subtil, qui va séduire de plus en plus d'auditeurs.

Convaincu que cette formule est gagnante, j'accepte la proposition de me joindre à l'équipe d'*Auto-suggestion*. Mon rôle est de présenter l'émission et de dialoguer avec Carl, dont je suis un peu le *straight man*. Chaque jour, il se pointe en studio avec de nouveaux textes absolument hilarants, qu'il a souvent écrits sur un coin de table juste avant d'entrer en ondes. Cette maestria ne l'empêche pas d'être aussi un intervieweur impeccable, qui sait tirer profit de ses invités sans aucune arrogance. Ses entretiens avec M. Lauzon, propriétaire d'une célèbre école de conduite automobile, restent de véritables morceaux d'anthologie.

À l'occasion, je réalise aussi des entrevues sur la pression d'huile ou les bougies d'allumage. Ce n'est pas tout à fait du grand reportage, ce n'est pas la guerre de Corée aux côtés de René Lévesque, mais j'apprends beaucoup à travailler quotidiennement avec Lorenzo et Carl. De plus j'ai un plaisir fou à les côtoyer.

Au cours de ces quelques mois à *Auto-suggestion*, ma conviction s'affirme : mon avenir est dans l'information, nulle part ailleurs.

L'émission remportant beaucoup de succès, la direction de la radio décide d'élargir le mandat de l'émission et de porter cette dernière à une heure. Un autre réalisateur s'amène, Jacques Lalonde. Sa réputation le précède : technicien attitré de René Lévesque, c'est lui qui montait ses fameux reportages radio. J'apprécie d'autant plus de travailler avec lui qu'il se comporte avec moi comme le plus patient des enseignants. L'ex-collégien réticent s'est transformé en disciple fiévreux. Je n'ai pas assez de deux oreilles pour entendre tout ce qu'il y a à apprendre sur le journalisme radiophonique.

Pendant ce temps, Lorenzo met la dernière main à un ambitieux projet : *Le Lendemain de la veille*, une émission qui sera diffusée de six heures à neuf heures le matin. Une imposante équipe est mise sur pied. L'animateur sera Raymond Charette, le premier annonceur à avoir agi comme journaliste à la radio. René Lévesque aura une chronique quotidienne, et René Lecavalier et Jacques Languirand seront de la partie. Il y a même une place pour moi dans la distribution : Lorenzo me propose de faire de courts reportages et de lire des textes à l'occasion. Cette fois, je sens que ma carrière est sur les rails.

Mais je ne participerai pas au *Lendemain de la veille*. Par mon propre choix.

En décembre 1957, sur un coup de tête, je prends une décision qui apparaît insensée à ma famille et à mes amis : celle de demander un congé sans solde à Radio-Canada et de partir quelques mois en Europe. Personne ne comprend. Pourquoi quitter cet emploi dont j'ai rêvé si longtemps, risquer de ne pas le retrouver à mon retour ?

C'est une sorte de pari que je fais. Je suis tout à fait heureux à Radio-Canada, mais je veux voir du pays. Paris est un autre vieux rêve, et je sais qu'il est possible de travailler comme journaliste à la radio française. Jacques Languirand, Jean Ducharme et quelques autres l'ont fait avant moi. Ce voyage me permettra d'acquérir plus rapidement une solide expérience du métier.

France, que je vais bientôt épouser, vient d'obtenir une bourse pour étudier en théâtre ; avec quelques économies et un emprunt que je pourrais contracter, nous disposerions de deux à trois mille dollars. En 1957, c'est largement nécessaire pour passer un an à Paris, croyons-nous.

Mon père est étonnamment calme. Peut-être a-t-il lancé l'éponge. Ou peut-être se dit-il que, compte tenu de la façon dont mes six premiers mois se sont passés, j'ai quand même un avenir à Radio-Canada.

Ce n'est pas si sûr. J'ai fait le tour des réalisateurs de la radio pour leur proposer mes services comme reporter pigiste en Europe. Je n'ai eu que des réponses vagues. Jean-Pierre Ferland s'y est mis aussi, il a tout fait pour m'obtenir une promesse de réembauche à mon retour. Sans succès. « Pars toujours, me dit-il, on verra par la suite. »

C'est ainsi qu'au début de janvier 1958, après un mariage aux aurores béni par le père Paul-Émile Legault — auquel assistaient les membres de nos familles, dont ma grand-mère Yvonne, qui m'a toujours tellement encouragé dans mes ambitions et que je devais voir pour la dernière fois ce matin-là — France et moi prenons le train à destination de New York. Là-bas, ce sera le bateau pour la France, où nous allons passer une dizaine de mois.

J'ai fait ce pari. Je tiens absolument à le gagner.

Chapitre 8

AU-DESSUS DE LA MÉDITERRANÉE, 10 OCTOBRE 1973

L'avion de Beyrouth est presque vide. Pas étonnant : la capitale du Liban peut être bombardée à tout moment.

Je suis trop épuisé pour me sentir anxieux. C'est un long voyage qui a commencé hier soir à Montréal, quand j'ai pris *in extremis* l'avion pour Paris. Je venais tout juste de présenter *Le 60* en studio.

À Orly, même galopade. Quarante minutes seulement pour attraper le vol de la Middle East Airways. J'espère que mes bagages auront suivi. Heureusement, mes amis Paul Gobet, cameraman, et Georges Romanoff, preneur de son, en poste à Paris, n'ont pas raté l'avion et ils sont assis avec moi, verre de champagne à la main.

Samedi dernier avait lieu la fête juive du Yom Kippour. Les Égyptiens en ont profité pour traverser le canal de Suez et foncer vers Israël sur leurs chars. Ils veulent, entre autres, reconquérir le désert du Sinaï perdu en 1967. Cet épisode de la guerre des Six Jours m'est familier. J'étais là en 1967, c'était mon premier reportage de guerre dans ce Moyen-Orient qui n'a pas connu la paix depuis 1945.

Depuis, j'ai souvent eu l'occasion de revenir dans la région. Cette fois, c'est plus sérieux que jamais. Les Israéliens, pris par surprise, ont vu leurs lignes de défense bousculées par les blindés égyptiens. Mais la riposte n'a pas tardé, et les Mirage marqués de l'étoile de David sont déjà maîtres des cieux, y compris au-dessus du Liban.

Sur l'horizon de la Méditerranée, les côtes libanaises sont d'ailleurs en vue. À travers mon hublot, je ne serais pas surpris de voir aussi surgir un Mirage. Pourvu seulement qu'il se retienne de nous prendre dans sa mire.

L'avion se pose sans incident. Dans la cabine où chacun se lève, pressé de sortir, le soupir de soulagement collectif couvre presque le sifflement des moteurs en train de s'éteindre.

Il est dix-huit heures et il fait déjà nuit quand nous descendons de l'avion. Il y a dans l'air un peu moite un calme inhabituel ici. Je connais bien Beyrouth, où j'étais encore il y a trois mois. Depuis l'aéroport, on entend habituellement la rumeur de la ville, qui passe avec raison pour la plus animée du Moyen-Orient. Mais ce soir, on entend à peine quelques voitures au loin. C'est un peu troublant.

La mine grave de Georges, le chauffeur habituel des équipes de Radio-Canada, me confirme que les Beyrouthins sont inquiets. Le Liban n'est pas en guerre, du moins pas officiellement. Mais la présence de milliers de réfugiés palestiniens garantit quelques étincelles... et des représailles israéliennes.

De toute façon, le Liban n'est qu'une escale. Pour observer le conflit du côté arabe, nous avons choisi de nous rendre en Syrie, qui est, comme l'Égypte, ouvertement en guerre avec Israël.

Sitôt hors de l'aéroport, Georges nous emmène au bureau de la ABC, où Peter Jennings, le correspondant de la chaîne au Moyen-Orient, nous donnera les visas syriens qu'il a obtenus en notre nom. Peter a des contacts partout dans la région. Dès le déclenchement des hostilités, nous nous sommes parlé au téléphone, et il a offert de nous aider à obtenir ces précieux visas, distribués au compte-gouttes jusqu'ici.

Avec Peter, la décision est prise de partir de Beyrouth en convoi vers quatre heures du matin. Cela nous laissera le temps de déposer nos bagages à l'hôtel Saint-Georges et, surtout, de dormir quelques heures.

À quatre heures, Peter et son équipe sont devant l'hôtel où nous sommes déjà prêts. La nuit a été courte, et mon sommeil agité. Dans une heure et demie, si tout va bien, nous serons à la frontière syrienne. Il fera jour et nous serons en mesure, pensons-nous, de capter nos premières images de guerre.

Sur la route de Damas, à travers la montagne du Liban puis la plaine de la Bekaa, presque pas de circulation. Comme prévu, nous arrivons à la frontière à cinq heures trente. Une vingtaine de journalistes nous ont précédés, qui prennent d'assaut le petit bureau de la police syrienne. Certains attendent depuis la veille leur visa d'entrée en Syrie.

Nos confrères nous regardent avec envie et frustration. Guy Sitbon, grand reporter au *Nouvel Observateur*, croisé ici et là au fil des ans, n'en revient pas : « Nadeau, il faut que tu m'expliques, c'est quoi, ces passe-droits ? Les Canadiens sont tombés dans l'œil des Syriens ou quoi ? » Je suis trop heureux de pouvoir le piquer dans son orgueil national : « Que veux-tu, mon cher, il y a longtemps que la Syrie n'est plus sous mandat français ! »

Mais cette petite passe d'armes n'ira pas plus loin : un bruit infernal nous fait sortir précipitamment du bureau des douanes. Au-dessus de nous, trois avions : un israélien, à ce qu'il semble, et deux Mig syriens qui l'ont pris en chasse. Des traînées blanches jaillissent sous les ailes des Mig, des roquettes, que le Mirage évite par une vrille ascensionnelle suivie d'un piqué à couper le souffle. Tout cela, juste au-dessus de nos têtes. Nous n'avons pas encore mis les pieds en Syrie, et c'est déjà la guerre. Le spectacle est presque irréel.

Quelqu'un hurle en arabe, et trois policiers courent se jeter dans un fossé. Les journalistes étrangers ignorent ces précautions. Pendant que Paul Gobet tourne ses premières images, Georges Romanoff brandit le micro de son Nagra. Sans vraiment réaliser ce que je fais, je bondis sur Georges pour lui arracher le micro : aux côtés de Peter Jennings qui a eu le même réflexe, je me retrouve sur la ligne de frontière, à essayer de décrire cette scène d'enfer. Sous la charge d'adrénaline qui me fouette, les mots se bousculent.

À dix mille pieds, l'avion israélien se rétablit de son piqué. L'instant d'après, l'air tremble : il a largué ses bombes près de la route de Damas, celle-là même que nous allons emprunter. L'incident, comme on dit en termes militaires, a duré un peu plus d'une minute. Le silence retombe sur l'Anti-Liban, la chaîne montagneuse qui longe la frontière.

Quelques minutes plus tard, nous roulons vers la capitale syrienne, ABC et Radio-Canada soudés l'un à l'autre. Georges conduit si vite que j'ai bien peur de ne pas arriver à destination. Si nous échappons aux bombardements, c'est une fausse manœuvre qui causera notre perte.

Des bombes tombent près de nous. Personne ne dit mot, sauf Georges : « La route vibre », énonce-t-il sur le ton d'un guide touristique un peu blasé. Sa main est sûre sur le volant, mais je devine qu'il a très hâte d'arriver à Damas lui aussi. Par intervalles, je jette un coup d'œil derrière nous : Peter et son équipe sont toujours là.

Nous arrivons enfin à Damas. Notre hôtel est en plein centre-ville, sur une sorte de promontoire d'où l'on aperçoit un aéroport situé pas très loin. Une cible toute désignée pour un prochain bombardement israélien. Nous serions aux premières loges.

À peine débarqués à l'hôtel, nous recevons la visite d'un fonctionnaire du ministère de l'Information. Il nous invite à l'accompagner dans un hôpital qui viendrait d'être bombardé. Le genre d'invitation qui tient de l'ordre : en Syrie, nous devons bien sûr servir la propagande syrienne. Mais il y aura certainement des images importantes à tourner.

Sitôt arrivés à l'hôpital, nous constatons que de bombardement, il n'y a pas eu. Mes collègues et moi ne sommes pas très contents : pourquoi nous a-t-on amenés là ? La vraie raison, nous la découvrons bien vite, au bout d'un long corridor qu'on nous fait parcourir au pas de course : celui qui nous attend est un pilote israélien abattu ce matin même. Il vient d'être opéré.

Nous sommes une douzaine à nous bousculer dans la salle d'opération. Si elle était stérile, elle ne l'est plus. Le médecin, sans doute un chirurgien, arrache le masque d'oxygène du visage de l'Israélien. D'une voix forte, il lui demande en anglais de s'identifier. Micros et caméras se tendent vers le visage tuméfié. Il a peut-être trente ans, le teint clair d'un Juif d'origine européenne. Seuls ses yeux parlent. Il va mourir.

Écœurés, Jennings et moi sortons de la pièce avec nos équipes. Le fonctionnaire du ministère de l'Information se précipite à notre suite. Il n'apprécie pas du tout notre mauvaise volonté. Il pointe un doigt vers moi : « *Why you leave? Why?*

This man comes to kill arab children. You must tell the truth to your people! »

De retour à l'hôtel, nous mangeons rapidement et gagnons nos chambres de bonne heure. La nuit risque d'être courte.

Elle sera courte et bruyante. Les canons tonnent sans relâche, comme si la bataille était livrée aux portes de la ville. En cas de bombardement, nous a-t-on dit la veille, il nous faudra gagner illico les abris anti-bombes à la cave. Mais personne ne vient nous chercher.

Le matin, brouhaha dans le hall de l'hôtel. Trois ou quatre militaires accompagnent notre guide d'hier soir. Il vient nous faire payer notre insolence. En toute logique, il s'en prend au correspondant de la télévision américaine, à l'allié de l'entité sioniste, comme les Arabes désignent Israël. Peter Jennings doit aller répondre à quelques questions au ministère de l'Information. Ce n'est pas une arrestation, mais il y a quand même lieu de s'inquiéter.

« Pierre, appelle l'ambassade de Grande-Bretagne ! » me crie Peter par-dessus les soldats qu'il domine d'une bonne tête. C'est ce que je fais sur-le-champ. Peter est canadien, mais comme le Canada n'a pas de représentation diplomatique à Damas, c'est l'ambassadeur de la mère patrie qui doit s'occuper de son cas. Mon ami sera rapidement libéré. Il est huit heures et des sirènes se déclenchent partout dans la ville, annonçant un bombardement imminent. Les employés de l'hôtel nous crient de descendre à la cave. Pas question. Romanoff et Gobet empoignent leur matériel et nous courons vers l'ascenseur, direction le toit de l'immeuble. C'était bien là qu'il fallait aller. De la terrasse qui surplombe la ville, nous avons une vue imprenable sur cette guerre que nous sommes venus filmer.

Damas est adossée aux derniers contreforts de l'Anti-Liban. Du haut des crêtes, trois chasseurs israéliens surgissent. Dans un bruit d'enfer, ils passent au-dessus de nos têtes à très basse altitude, avant de piquer vers l'aéroport voisin.

Tout se déroule très vite. En quelques secondes, les trois avions ont largué leurs bombes. Un virage sec, à la limite de l'éclatement, les ramène vers nous, vers la montagne d'où ils ont surgi il y a un moment à peine. Dans leur sillage, des missiles antiaériens russes, les redoutables Sam 7. Un appareil est atteint. On entend nettement le bruit de l'impact, sourd et clair à la fois.

Juste avant d'être touché, le pilote s'est éjecté. Son parachute l'amène paisiblement vers Damas silencieuse, où tout s'est arrêté pendant le bombardement. Presque tout le monde est dans les abris, il n'y a aucune circulation dans les rues. Une ville morte.

Une ville morte sur laquelle descend ce soldat perdu par son courage. Je pense à celui d'hier soir à l'hôpital. Est-il mort? Et celui-là, que Paul filme maintenant, à quoi pense-t-il? À qui?

Je prends le micro pour décrire cette étonnante scène. Paul inscrit la corolle du parachute dans l'image derrière moi.

Tout à coup, des applaudissements crépitent des toits des maisons voisines. La ville semble se réveiller. Ceux qui s'étaient réfugiés dans les abris sont revenus à la surface. Ils ont vu dans le ciel cet homme seul qui n'en finit pas de tomber vers eux. Il les libère presque magiquement de leur peur. La mort est passée au-dessus de leurs têtes, le temps de les imprégner de son haleine chaude, et maintenant, bras tendus, poings fermés, ils hurlent à la vie. Joie et haine entremêlées.

Le parachutiste va bientôt se poser, près de la rivière, je crois. Il sera cueilli par des militaires, que l'on voit foncer vers le lieu du rendez-vous.

Cette guerre n'est pas la nôtre, elle ne nous concerne pas. Les bombes ne sont pas pour nous. Nous ne serons jamais abattus en plein vol.

Nous repartons ce soir pour Beyrouth. Demain matin, je reprendrai l'avion pour Paris et serai à Montréal samedi. Le film sera développé le même soir et dimanche, avec Pierre Castonguay, nous en ferons le montage. Le reportage sera présenté mardi. Je serai alors dans l'avion qui me ramènera à Beyrouth. Dans six jours, le Sud-Liban, ce que l'on appelle le Fatahland, avec les fedayin.

Chapitre 9

Je n'oublierai jamais notre premier dîner à Paris.

C'était à Saint-Germain-des-Prés, comme il se doit. Pour cause de finances serrées, nous n'étions pas au restaurant mais dans une petite chambre d'hôtel, rue du Bac, au troisième étage sans ascenseur avec toilettes au fond du couloir — le genre de détail qui était furieusement romantique pour deux Québécois de vingt ans. Le festin tenait sur deux assiettes : une baguette, un peu de beurre, des viandes froides. La bouffe avait été achetée chez le boulanger et le charcutier en face de l'hôtel, les assiettes chez le marchand de couleurs, comme on appelait la quincaillerie à cette époque. Nous étions jeunes, frais mariés, et résolument insouciants.

Cette chambre, nous l'ignorions, était la première d'une longue série. En dix mois, France et moi allions déménager neuf fois, toujours pour des raisons financières.

Mon objectif, en arrivant à Paris, était de trouver un travail dans une station de radio ou l'autre, rémunéré si possible. Radio-Luxembourg ? Radio-Monte-Carlo ? Quel que soit l'endroit où j'irais en premier, j'étais certain d'être accueilli à bras ouverts : on n'attendait que moi !

Je devais apprendre la dure loi de Paris, comme des milliers de jeunes gens qui montaient chaque année de la province. Laquelle province était, dans mon cas, encore plus lointaine, encore plus obscure. Venir du Canada ne me conférait aucune plus-value exotique, bien au contraire. C'était tout juste si on ne s'étonnait pas que je parle français. De toute manière, on n'avait besoin de moi nulle part.

Il n'était pas question de désespérer, et ce n'était pas non plus dans ma nature. En continuant de frapper aux portes, je finirais par en trouver une qui s'ouvrirait. En attendant, France avait fait son entrée au théâtre-école Marigny, sur les Champs-Élysées, et je décidai de l'y suivre.

Je n'ambitionnais plus de devenir comédien : mes prestations avec les Jongleurs de la montagne m'avaient démontré que ce chemin-là ne me mènerait nulle part. Je me disais cependant que monter sur scène et travailler de bons textes ne pouvait pas être du temps perdu. J'espérais que le contact de comédiens et d'enseignants très cotés atténuerait deux handicaps qui pouvaient m'entraver dans mon métier de journaliste : la timidité et une certaine raideur.

Parmi les élèves de l'école se trouvaient deux compatriotes : Réjean Chartier, qui ferait par la suite de la radio dans les Bois-Francs, et Jean Besré, qui manifestait déjà le talent qui lui a valu cette si belle carrière au Québec. Il aurait pu tout aussi bien briller en France : les professeurs lui assuraient qu'il avait tout ce qu'il fallait.

France aimait beaucoup Marigny. Elle avait d'autant plus de mérite à suivre les cours qu'elle était enceinte. Cela ne se voyait pas encore, et on appréciait la grâce qu'elle apportait aux jeunes premières de Molière et de Marivaux.

Mes qualités étaient moins évidentes, surtout pour qui m'avait vu commettre quelques tirades d'*On ne badine pas avec l'amour*, de Musset. Il faut dire que je ne raffolais pas de la méthode Stanislavski que l'on pratiquait à l'école. Il me manquait le brin de poésie nécessaire pour être capable de personnifier pendant trente minutes un caillou qui sèche au soleil ou un ruisseau qui coule dans la montagne. Je m'y plaisais, mais je sentais que je n'étais pas à ma place.

Un jour, André Voisin, le directeur de l'école, me fit venir dans son bureau. « Nadeau, me dit-il sans ambages, je vous observe depuis quelque temps et j'ai quelque chose à vous dire. » Je me crispai : j'étais cuit, il allait m'annoncer que j'étais à la porte.

C'était tout autre chose ! « Savez-vous, poursuivit-il, qu'un bel avenir vous est peut-être réservé ? Mais permettez-moi d'être franc, ce ne serait pas nécessairement au théâtre. » Une pause. « En fait, je vous verrais plutôt au cinéma. »

Au cinéma ? L'espace d'un moment, mon plan de carrière prit le champ. Journaliste à Radio-Canada, quelle petite ambition ! Ma place était aux côtés de Gérard Philipe dans *Fanfan la Tulipe*, ou avec cet acteur de mon âge qui débutait dans le métier, un certain Alain Delon...

Mais Voisin d'enchaîner : « Il y a de la place pour des jeunes comme vous, avec beaucoup de présence. Et en plus, je vais vous confier un secret : certaines personnes ici, des dames surtout — vous m'excuserez de ne pas les nommer — aiment beaucoup votre physique à la Eddie Constantine. Moi-même, d'ailleurs, je vous verrais très bien lui succéder... »

Vlan ! Venant du directeur d'une école de comédiens, le message était clair.

Peut-être ai-je eu tort de me sentir vexé. Peut-être aurais-je pu reprendre avec succès le rôle de Lemmy Caution. Me payer, moi aussi, plein de petites pépées, entre deux whiskies et un coup de revolver nonchalant...

Mais même si j'avais eu quelque velléité de remplacer Eddie Constantine, un incident me fit comprendre que j'avais peut-être le look mais pas l'étoffe.

À cette époque, Paris était en proie à la psychose de l'attentat. Depuis 1954, les nationalistes contestaient la présence de la France en Algérie. L'insurrection du début était devenue une véritable guerre. En 1958, deux mouvements de libération prétendaient représenter les intérêts des Algériens musulmans, le Front de libération national et le Mouvement national des Algériens. Ils s'affrontaient partout, s'entretuaient littéralement, même à Paris, qui comptait déjà une importante population arabe.

On rencontrait donc des CRS (Compagnies républicaines de sécurité) dans toutes les grandes rues de la ville, et des rafles avaient lieu périodiquement dans le but de mettre la main sur les militants algériens. Un soir, alors que nous sortions de l'école avec des camarades, des policiers nous demandèrent nos papiers. Parmi nous se trouvait justement un étudiant d'origine marocaine, que l'on pouvait prendre pour un Algérien. Pour la police française, qui a inventé le délit de sale gueule, c'était bien suffisant. Notre ami se vit emmener au commissariat d'en face.

Nous étions sidérés. Avec deux de mes camarades, je décidai d'aller voir les policiers pour leur dire qu'il y avait méprise. Je me fis poliment éconduire, avec menace à la clé : ce n'était pas parce que j'étais Canadien que je pouvais me mêler des affaires de l'État français. J'avais intérêt à rentrer chez moi, sinon... je reprenais le premier bateau pour l'Amérique.

Compris ! Mon physique à la Eddie Constantine impressionnait peut-être les nymphettes du théâtre-école Marigny, mais pas les durs de durs des Compagnies républicaines de sécurité...

Après cette conversation avec André Voisin, je me désintéressai de l'école. Encore une fois, pensera-t-on, mais je sentis qu'il était temps d'être sérieux et de reprendre le chemin des studios de radio.

Un peu plus haut que l'école, sur les Champs-Élysées, se trouvaient les studios de la radio nationale française, l'ORTF, devenue plus tard Radio-France.

Un matin, peu après ma rencontre avec les CRS, je me présente de nouveau devant des policiers, mais cette fois pour entrer à l'ORTF. J'ai en main mon passeport et la carte de séjour émise par la Préfecture de Paris, que l'on examine longuement avant de m'autoriser à entrer.

Je suis très impressionné de me retrouver entre les murs de cette prestigieuse maison de la radio. J'en ai même le cœur battant. Mais c'est aussi qu'il me faut absolument cet emploi de reporter que je viens solliciter. J'ai besoin de gagner un peu d'argent. La naissance de notre premier enfant approche, je vais devenir chef de famille. Notre vie de bohème commence à m'angoisser, je me prends même à regretter la sécurité de mon emploi à Montréal, si cavalièrement balancé par-dessus bord.

Sur le chemin du service où l'on me dirige, je longe des studios de radio. À travers les vitres insonorisées, j'aperçois des journalistes qui me semblent bien affairés. J'entends des voix familières, comme celle de Roland Dordain, un présentateur-vedette. J'ai beau avoir connu les couloirs de Radio-Canada, je me sens comme n'importe quel fan qui rencontre son animateur préféré. Je m'étonne que son physique corresponde si peu à sa voix.

Me voici au Service Amérique de l'ORTF. Une petite pièce, cinq mètres carrés à peine, dans laquelle tiennent quatre personnes qui ne regardent que moi quand j'entre et me présente. « Asseyez-vous là », me dit l'un d'entre eux, le patron sans doute.

C'est Pierre Emmanuel, l'un des dix plus grands poètes de France : dans quelques années, il sera à l'Académie française. Il me présente à ses collègues. Il y a Albert Aycard, qui est en train de mettre la dernière main à un livre qui connaîtra un grand succès, *La réalité dépasse la fiction*. Puis Léon Zitrone, qui sera deux ans plus tard, et pour longtemps, une super-vedette de la télévision française. Enfin, tout au fond, devant une machine à écrire, il y a un homme pas très grand, à l'abord chaleureux, Charles Témerson.

Ils sont tous là à me regarder sans dire un mot. C'est pour le moins intimidant, mais je dois masquer mon trac. Ma méthode habituelle : crâner. Je dis donc les choses franchement, sans cet emballage de formules et d'onctuosité qui est naturel aux Français : « Voilà : je suis reporter-speaker à la radio canadienne, et je veux travailler avec vous. » J'ajoute que j'ai vingt et un ans et peu d'expérience, mais que je veux en acquérir avec eux.

Mon discours a dû faire dix-huit secondes. J'ai la gorge sèche quand je m'arrête. Il semble que je ne les aie pas impressionnés, c'est visible dans le regard que Zitrone jette à Aycard. Mais ma spontanéité canadienne les a-t-elle touchés, finalement ? Après quelques secondes de silence gêné/amusé, Pierre Emmanuel ouvre les mains et les referme. « Ma foi, dit-il, nous avons toujours besoin de collaborateurs jeunes et enthousiastes. » Il se tourne vers Charles Témerson : « Je suis certain que notre ami ici se fera un plaisir de vous montrer les quelques trucs qu'il a dans sa besace. N'est-ce pas, Charles ? »

Je suis donc embauché à la pièce pour des chroniques ou des reportages, au cachet d'environ cinq dollars la prestation. Mon guide sera effectivement Charles Témerson.

Je suis au septième ciel. Je croyais en ma bonne étoile, et j'ai eu raison, encore une fois.

Pendant sept mois, jusqu'à mon retour à Montréal, je me rendrai presque tous les jours sur les Champs-Élysées. Je ferai des reportages avec Charles Témerson et de la rédaction avec Pierre Emmanuel.

Avec Charles, qui m'amenait dans les cars radio, j'apprenais beaucoup rien qu'à le voir travailler. En lui se fondaient les deux qualités du bon journaliste, la méthode et la passion. Il me montrait à développer mes sujets — « un bon sujet, Pierre, ça ne vaut rien si tu le prends par le mauvais bout » — puis à en faire le montage — « c'est comme un casse-tête, si tu oublies des pièces, si tu ne les mets pas au bon endroit, on n'y comprendra rien ».

Charles Témerson fut pour moi un maître, et c'est ainsi que je l'appellerai encore, quarante ans plus tard : « mon maître, mon bon maître ». Les Québécois le connaissent un peu, car il a fait de nombreuses piges pour la radio de Radio-Canada au fil des ans.

Je rédigeais aussi des topos sur l'actualité, qui m'étaient pour la plupart confiés par Pierre Emmanuel, et collaborais occasionnellement aux bulletins de nouvelles de Radio-Canada. Quelquefois, Pierre me faisait asseoir à ses côtés et retravailler mes textes. « Nadeau, disait-il, si vous demeurez un peu plus avec nous, je vais vous apprendre à bien écrire. Vous êtes comme tous les Canadiens : vous avez le sens de la question, mais vous n'avez pas l'écriture facile. C'était vrai pour ceux qui vous ont précédé ici, comme Jean Ducharme et Jacques Languirand. »

Ce cher Pierre Emmanuel ne se doutait pas que Jacques allait devenir un prolifique auteur, pour le théâtre, la sociologie, et même la cuisine (note pour les exégètes de mon œuvre : avec quelques amis, je figure sur la couverture d'un livre de recettes de Jacques).

Je me sentais très privilégié de côtoyer des journalistes aussi chevronnés, même si tout le monde n'était pas aussi aimable que mes mentors Emmanuel et Témerson. Je pense à Robert Lacontre, qui devait devenir correspondant du journal *Le Figaro* à Moscou. Pendant tous ces mois que j'ai passés à l'ORTF, il ne m'a jamais adressé un mot. J'imagine qu'un débutant venu de la lointaine province canadienne, c'était vraiment peu de chose pour lui.

Il en allait tout autrement avec Léon Zitrone, chez qui la cordialité était une seconde nature. Il avait fait de moi son jeune complice, qu'il adorait prendre à témoin de son statut de vedette naissante. Souvent l'après-midi, je descendais avec lui les Champs-Élysées, en route pour les studios de la rue François-1er d'où nous allions diffuser vers le Canada. Il s'émerveillait de sentir qu'on le regardait : « Regarde, Nadeau, chuchotait-il, les gens me reconnaissent. Tu n'es pas un peu jaloux ? »

À cette époque, il avait commencé à faire de la télévision, même si ce n'était encore que pour commenter des recettes en voix hors champ. Malgré cela, c'était un fait que les femmes le regardaient avec une certaine insistance. Je n'ai jamais osé lui dire que c'était normal... vu qu'il faisait tout pour qu'on le reconnaisse, parlant fort et dévisageant tous ceux que nous croisions — surtout les femmes. Je voyais les points d'interrogation au-dessus des têtes : « Tiens, je connais cette voix, est-ce que ce n'est pas celui qui...? »

À côté de mon travail à l'ORTF, je commençais à faire des piges pour Radio-Canada, ainsi que je l'avais espéré en quittant Montréal. C'est à Paris que je devais faire mes premiers reportages télé, une chance que je dois à Judith Jasmin.

Judith était alors en année sabbatique à Paris. Comme Radio-Canada venait tout juste d'ouvrir un bureau, rue d'Astorg, c'était à elle qu'on pensait tout naturellement quand *Le Téléjournal* avait besoin d'un reportage. Mais Judith ne voulait pas répondre à toutes les demandes qui lui venaient de Montréal, surtout quand il s'agissait de couvrir un événement qui ne l'intéressait pas. Elle me proposait donc souvent comme remplaçant. Je l'adorais, de me prendre ainsi sous son aile protectrice.

La première fois, elle m'offrit de suivre le cardinal Léger en visite à Lourdes. J'étais ravi de cette affectation, le genre de sujet qui était certain de trouver un large public. Lourdes et le cardinal : une combinaison gagnante !

Quelques jours plus tard, je prenais donc le train avec une équipe complète de tournage : réalisateur, assistante, cameraman, assistant-cameraman, preneur de son, alouette ! Aujourd'hui, une équipe de reportage peut se limiter à un cameraman et un journaliste : mais en 1958, on ne s'embarquait pas sans biscuits, comme disent les Français.

Essentiellement, mon travail consistait à réaliser une entrevue avec le cardinal au cours du trajet entre Paris et Lourdes. Malgré la stature du personnage, malgré son côté un peu pompeux, je n'étais pas trop nerveux, sûr de mes questions, sûr aussi de ce qu'il allait répondre. Pour une première entrevue télé, c'était du gâteau.

Jusqu'à ce que le réalisateur, Robert Guez, me dise que l'interview ne pouvait pas se faire pendant que le train roulait. C'était trop bruyant et on risquait de ne pas entendre les propos cardinalices. Mais le train devait s'arrêter cinq minutes un peu plus loin, et nous ferions l'interview à ce moment-là. Il n'était pas question de faire de montage, nous n'avions pas le temps. « On nous demande cinq minutes d'entrevue, tu feras cinq minutes. Il ne faut pas que tu te trompes ! Tout doit être bon. »

Horreur ! Ma première entrevue télévisée, et avec un cardinal, allait se faire sans filet… Dans l'heure qui suivit, ma tension artérielle monta de plusieurs crans.

Nous arrivons donc à la gare où le train doit s'arrêter. Nous sommes prêts. Je suis assis avec la déférence requise devant le cardinal revêtu de sa pourpre : c'était ainsi que, même en voyage, s'habillaient les cardinaux en 1958. La simplicité virile d'un Jean-Claude Turcotte n'aurait pas passé la rampe.

Le train ne bouge plus… L'assistante fait le décompte : 5-4-3-2-1. Je commence d'une voix un peu tremblotante : « L'éminence… »

Ça y est, je me suis déjà gouré : il fallait dire « Éminence… », bien sûr. Guez me jette un regard à souffler une rangée de cierges dans la basilique de Lourdes. « On recommence. » Le cardinal a un sourire plein de mansuétude. Même en France, je suis de ses brebis. Mon pasteur souhaite me voir réussir dans cette mission qui m'a été confiée.

Je repars. « Éminence… » Un temps d'arrêt pour marquer le respect, et je pose la première question… Cette fois, Dieu est avec nous, à moins que ce ne soit Bernadette Soubirous elle-même. Malgré la nervosité, je ne gaffe plus, et l'entrevue se passe sans anicroche.

J'irai dire une prière de remerciements dès mon arrivée à Lourdes.

Les semaines passent. France accouche d'un beau bébé à l'hôpital américain de Neuilly. Son médecin compte parmi ses patientes nulle autre que Brigitte Bardot. La mère se porte bien, bébé Sylvain est magnifique et le père est comblé.

Coup de fil de Judith Jasmin qui félicite les parents et me propose de la remplacer dans une expédition à Bruxelles le lendemain même. À l'Exposition universelle, ce sera la journée du Canada, et il y aura une entrevue à réaliser avec le président du Sénat, Mark Drouin, sur place pour représenter notre pays.

Je dis oui, bien sûr, et me revoilà dans le train, seul cette fois, puisque je dois retrouver le cameraman Paul Gobet et le preneur de son Georges Romanoff sur les terrains de l'exposition.

Je ne peux pas les rater, tellement ils prennent de place devant le pavillon canadien où ils m'attendent. Leur matériel de tournage est carrément monumental; rien à voir avec les appareils miniaturisés d'aujourd'hui. La caméra Auricon doit peser dans les vingt kilos et il est pratiquement exclu de s'en servir à l'épaule. L'enregistreuse est un gros magnétophone Ampex, doté de deux bobines de son seize millimètres. Pour faire fonctionner tout cela, une batterie de voiture fournissant un courant de douze volts qu'il faut convertir à l'aide d'un appareil lourd comme une enclume de forgeron. Ajoutez à cela un trépied, des éclairages, et vous avez une idée du matériel nécessaire à la confection d'un court topo télé. Demi-portions s'abstenir.

Si je rappelle ce tournage, c'est que j'en ai revu les images aux archives de Radio-Canada il n'y a pas si longtemps. J'en ris encore… Pour une raison dont le souvenir ne m'est pas revenu, l'auguste sénateur répond à mes questions en n'offrant que son profil à la caméra. A-t-il un bouton sur l'aile du nez? Sa femme lui a-t-elle dit qu'il est plus beau de côté? On ne le verra jamais de face. Une pièce de monnaie romaine, mais dotée de la parole.

■ ■ ■

En septembre, je rencontre à Paris Jean-Maurice Bailly et sa femme Lucille Dumont. L'occasion est trop belle : je demande à Jean-Maurice d'intervenir en ma faveur à Radio-Canada. Nous n'avons plus un rond, il faut impérativement rentrer. Mais vais-je retrouver mon poste ?

Jean-Maurice tiendra parole. Vers la fin de septembre, je reçois un coup de fil de Jean-Pierre Ferland : un emploi m'attend chez les annonceurs, je n'ai qu'à rentrer.

Deux semaines plus tard, la petite famille Nadeau s'embarque à bord d'un Super-Constellation d'Air France, direction Montréal. J'ai réussi à trouver deux billets d'avion à bon prix. On est encore à l'époque d'avant le transport de masse, et habituellement les voyages Europe-Amérique s'effectuent en bateau.

Le petit Sylvain, qui n'a que deux mois, fait le voyage dans un lit-berceau accroché à ce qui est de nos jours le compartiment à bagages. Il ne poussera pas un cri avant que l'avion n'amorce sa descente vers Dorval. Il s'annonce pour être un bon voyageur.

L'aventure parisienne a duré 10 mois. Elle m'a beaucoup fait mûrir sur le plan personnel, moi qui croyais pourtant mon sevrage terminé après Rimouski. La cohabitation avec mon épouse, la responsabilité d'un enfant, l'apprentissage de la survie avec peu de moyens : tout cela a fait de moi un adulte, même si je n'ai pas encore vingt-deux ans.

Je viens aussi de me donner des atouts précieux pour la poursuite de ma carrière à Montréal. Je ne suis plus le petit dernier sorti du club-école de Rimouski, mais un fier stagiaire de la radio française. C'est une expérience inestimable.

Chapitre 10

Le lendemain de notre retour à Montréal, je reprenais déjà mes fonctions à Radio-Canada. L'enfant prodigue était accueilli à bras ouverts, par ses camarades comme par les chefs du service. On était content de me retrouver mais, surtout, de ce que j'aie gagné mon pari. Raymond Laplante et Jean-Paul Nolet me dirent à peu près la même chose : « Pierre, tu as eu raison de prendre ce risque. Ce que tu as acquis comme expérience à Paris vaut bien trois années de métier à Montréal. »

C'était vrai : je me sentais beaucoup plus sûr de moi que l'année précédente. Au moment de partir, j'étais le moussaillon du service des annonceurs. Les vieux pros comme Laplante et Nolet m'aimaient bien, mais ce sentiment était un rien paternel. Grâce à mon travail à l'ORTF, grâce à mes prestations au *Téléjournal*, je me sentais maintenant leur égal ou presque.

Et puis, quand même, d'avoir été pressenti comme dauphin d'Eddie Constantine, ça vous pose un homme !

Je retrouvai avec plaisir mes camarades d'*Auto-suggestion*. L'émission, qui s'appelait maintenant *Métro Magazine*, était toujours animée par Carl Dubuc et réalisée par Lorenzo Godin, qui allait bientôt laisser le gouvernail à Jacques Lalonde. Le petit magazine de l'automobile était devenu une heure consacrée à la revue de l'actualité montréalaise.

Chaque matin, au terme d'une réunion de production, les rôles étaient attribués. Le mien était de rapporter des entrevues avec les principaux protagonistes des événements de la journée. Je pouvais en faire trois ou quatre dans la journée, mais aucune d'entre elles ne devait dépasser les cinq minutes. Au retour, Jacques Lalonde supervisait les montages avec cette maestria acquise comme technicien-monteur au service des reportages.

Malgré mon expérience parisienne, je peinais encore beaucoup sur ces interviews qu'il fallait réaliser vite et bien. En les préparant, j'essayais de me rappeler les enseignements de mon « maître » Charles Témerson, et plus particulièrement le principe de l'étoile de mer, qui me paraît encore aujourd'hui très « poétiquement correct ». Première étape, emprunter une branche, c'est-à-dire poser une question facile ; puis toucher au centre de l'étoile, c'est-à-dire au cœur du sujet ; et, ensuite seulement, emprunter les autres branches, c'est-à-dire traiter des sujets secondaires.

Telle était, selon mon maître, la recette idéale pour une courte entrevue qui devait être réalisée dans un minimum de temps pour un minimum de montage. La recette avait l'avantage d'être simple, à la portée de tout jeune journaliste sérieux et enthousiaste.

Mais j'avais beau posséder la théorie, je manquais de pratique, et j'avais toujours cette crainte de me retrouver bêtement à court de questions. Je préparais donc mes plans d'entrevue, que j'écrivais soigneusement sur un bout de papier gardé à portée de main, pour consultation éventuelle et discrète.

Mais pour appliquer la théorie de l'entrevue, il fallait encore composer avec la technique. Et la technique, à cette époque, c'était ce monstrueux magnétophone, le Nagra-Kudelsky de première génération, qui ne fonctionnait pas à piles mais à la manivelle. Avec cet engin, réaliser une entrevue sans technicien était franchement stressogène.

Car tout en posant mes questions et en essayant d'écouter les réponses, je devais surveiller le voyant indiquant ce qu'il restait d'énergie au magnétophone. Si l'aiguille tombait dans le rouge, la bobine ralentissait et la voix de l'interviewé prenait une couleur d'outre-tombe. À l'approche de la zone fatidique, je devais donc actionner la manivelle qui remontait le ressort de l'appareil. Les habitués de l'entrevue connaissaient la manœuvre et continuaient à parler comme si de rien n'était. Mais il arrivait que, interloqué par cette gymnastique, mon invité perde le fil de son discours. J'en perdais moi-même le fil de mes questions, et il me fallait sortir la fameuse liste que j'aurais pourtant préféré garder au fond de ma poche...

Heureusement, Lorenzo, Jacques et Carl étaient pleins de sollicitude fraternelle envers moi. Ils savaient me dire les choses qu'il fallait au bon moment. Carl était un *coach* magnifique, qui commentait chacune de mes interviews avec humour, bonhomie et compétence.

De temps en temps, il me faisait l'honneur de m'envoyer interviewer une de ses têtes de Turc préférées. Il en avait plusieurs, notamment Jos-Marie Savignac, président du comité exécutif de la ville de Montréal à cette époque, qui s'était un jour décrit comme « Protecteur des Arts artistiques ». Savignac formait un duo très folklorique avec le maire Sarto Fournier, dont Carl collectionnait les tirades et saillies. Il adorait particulièrement cette phrase adressée à Gina Lollobrigida, la Vénus du cinéma italien des années cinquante, un jour où elle était venue signer le livre d'or à l'hôtel de ville : « Madame, on n'a jamais vu un aussi beau bébé s'asseoir dans le fauteuil du maire. » Le règne du politiquement correct était encore bien loin.

■ ■ ■

Entre la théorie de l'entrevue et la pratique du magnétophone, je me sentais de plus en plus en confiance dans mon métier. Mais un mois à peine après mon retour de Paris, en novembre 1958, la grève éclatait à Radio-Canada Montréal, une grève qui allait s'avérer marquante pour un Québec alors en pleine mutation.

La direction de Radio-Canada ne voulait pas reconnaître aux réalisateurs de la maison le droit de se syndiquer et de négocier leurs conditions de travail. Elle aurait toléré un « syndicat de boutique », mais de cela, les réalisateurs ne voulaient pas.

Pour la plupart, les employés de la télévision naissante étaient jeunes, et ils formaient un groupe très soudé. Pour manifester leur appui aux réalisateurs, la presque totalité d'entre eux, avec quelques employés du secteur radio, décidèrent de débrayer.

Le mouvement devait faire boule de neige. Assez rapidement, les réalisateurs purent aussi compter sur des appuis en dehors de Radio-Canada, tel celui de l'Union des artistes.

Quelques membres éminents de l'UDA, les Pierre Boucher, Jean Duceppe et Jean-Louis Roux, allaient être des fers de lance de la lutte.

Parmi les leaders de la grève, on retrouvait aussi Jean Marchand, à l'époque président de la CTCC (Confédération des travailleurs catholiques du Canada, qui devait devenir la CSN deux ans plus tard), Gérard Pelletier, rédacteur en chef du *Travail*, l'hebdomadaire de la CTCC, et René Lévesque, dont on a dit que le goût pour l'action politique lui était venu de ce conflit de travail.

Les annonceurs avaient mis quelques heures à réagir et à prendre position. Il n'était pas question pour nous de ne pas appuyer les réalisateurs, mais il restait que nous étions dans une situation un peu particulière. Du fait de notre appartenance à un syndicat pancanadien, ARTEC, nous ne pouvions pas débrayer légalement. Malgré cela, de Miville Couture jusqu'à votre serviteur, nous allions décider de sortir des studios nous aussi.

Le premier soir de grève, Richard Garneau et moi étions en train de dîner au Café des Artistes. J'étais en fonction comme annonceur de cabine ce soir-là, c'est-à-dire que je devais « fermer le poste », en assurant le suivi des émissions, y compris les bulletins de nouvelles, sur toute la chaîne de radio, de Halifax à Vancouver.

En sortant du restaurant, je me rends compte que les piquets de grève sont déjà en place. Mais je tiens à entrer une dernière fois, pour au moins terminer mon quart et aussi, bien sûr, récupérer mes vêtements d'hiver et mes effets personnels. Richard, lui, a réussi Dieu sait comment à se faufiler dans l'immeuble et, debout de l'autre côté de la porte, il me nargue.

Au moment où je vais passer, un costaud s'interpose. Il a les deux bras croisés sur la poitrine et l'air furieux : « Mon hos…, tu vas pas rentrer. Tu restes icitte, maudit scab. » Je n'en reviens pas. Qui est ce type qui ne me connaît pas mais a l'air d'avoir envie de me battre ? Il n'est pas de Radio-Canada, c'est sans doute un dur à cuire de la CTCC.

Mais un Nadeau ne se laisse pas intimider si facilement, et je suis, moi, particulièrement soupe au lait. Je laisse tomber mon beau langage de radio-canadien professionnel : « Mon tabar..., t'es mieux de t'ôter de devant moi. J'ai quelque chose à terminer, pis je veux chercher mon manteau, j'ai pas envie de geler pendant des semaines à cause de toi. Pousse ! »

En vain. Il a une job à faire, c'est d'empêcher les scabs d'entrer, et j'en suis un. Je le pousse un peu, il me repousse. Je pousse encore, il vacille, puis reprend le terrain. Il a décroisé les bras, et je lui sens l'envie de cogner. Ma face de smatte ne lui plaît pas.

Au moment où ça va dégénérer, quelqu'un s'interpose : Jean Marchand lui-même, qui m'a reconnu. « Du calme, les gars, du calme, on est tous du même bord. » Il fait les présentations : « Pierre Nadeau, un jeune annonceur qui est avec nous. Roméo Mathieu, du syndicat des salaisons. Roméo, tu laisses passer Pierre, il va ressortir tout de suite, c'est sûr. »

Mathieu baisse les bras, mais il est frustré, c'est visible. Avant de partir, il pointe le doigt vers moi : « En tout cas, si je te repogne à vouloir passer les lignes de piquetage, t'auras affaire à moi, mon gars. » Macho pour macho, je le relance tout aussi sèchement : « T'occupe pas de moi, Mathieu, je sais ce que j'ai à faire. »

Quelques secondes de plus, et je me battais avec un militant syndical. J'aurais pris des coups, et mon image aussi !

À vrai dire, j'étais un peu désemparé, ce soir-là. Revenu de Paris à peine un mois plus tôt, sérieusement endetté mais comptant désormais sur un revenu fixe, j'avais contracté d'autres dettes pour pouvoir loger ma jeune famille. Même si j'étais de tout cœur avec les réalisateurs, le conflit ne pouvait tomber plus mal.

Ce 28 novembre 1958, les annonceurs de Radio-Canada sont donc tous « sortis ». Les émissions que nous présentions allaient être soit supprimées, soit présentées par des chefs de service. À titre de cadres, ils étaient tenus de rester au poste.

La grève permit au groupe des annonceurs de se rapprocher plus encore. Au début, nous nous réunissions au restaurant ; plus tard, réalité budgétaire obligeant, ce fut dans une cantine. Nos réunions mâtinées d'agapes se prolongeaient généralement de longues heures. Elles donnaient lieu à des échanges parfois musclés entre les Raymond Charette, François Bertrand, René Lecavalier, Miville Couture et Raymond Laplante.

Le sentiment unanime était qu'il ne fallait pas lâcher. La direction de Radio-Canada allait devoir plier, le gouvernement Diefenbaker finirait par comprendre l'enjeu. Malgré les différences d'âge et de statut, il n'y avait aucune dissension parmi nous. Nous défendions un principe qui nous semblait d'une évidence aveuglante : le droit à la libre association.

Les assemblées syndicales étaient aussi l'occasion d'attiser la ferveur militante. En sortant de ces réunions, il nous arrivait de défiler dans les rues. Un jour, nous fûmes chargés par la police à cheval devant l'immeuble de Radio-Canada. Certains d'entre nous furent arrêtés et conduits au poste 10. Parmi ceux-là, René Lévesque : il conserverait de cette journée un souvenir amer, que souvent il évoquerait par la suite.

Les manifestations n'étaient pas toutes aussi sombres. Un jour, grévistes de tous les syndicats réunis, nous sommes partis dans un train spécial pour Ottawa, où nos leaders devaient rencontrer les chefs des partis fédéraux pour les sensibiliser à la justesse de notre lutte.

Quel fut l'impact de ces rencontres, je n'en ai pas le souvenir, mais je me rappelle que l'expédition réussit au moins à nous remonter le moral, que certains commençaient à avoir bas. Nous étions accompagnés de membres de l'Union des artistes, des comédiens et des chanteurs, qui transformèrent la balade en train en véritable fête.

Il y avait aussi mon ami Jean-Claude Darnal, un auteur-compositeur français très populaire à l'époque et dont j'avais fait la connaissance quelques mois plus tôt alors qu'il était en vedette dans une boîte de Montparnasse ; il était venu à Montréal avec sa femme pour donner une série de spectacles et participer à des émissions de télévision.

La télévision étant en grève, Jean-Claude se produisit plutôt dans des spectacles destinés à la collecte de fonds pour les grévistes. Il resta avec nous tout le temps de la grève et établit là plusieurs liens d'amitié qui existent encore aujourd'hui.

La grève dura un peu plus de trois mois. En janvier, je reçus le même jour la confirmation de mon statut de permanent à Radio-Canada... et une lettre m'avisant que je devais retourner au travail sur-le-champ, sous peine d'être congédié.

Finalement, la haute direction de Radio-Canada courba l'échine. Les pressions d'Ottawa l'avaient sans doute incitée à lâcher du lest. Les réalisateurs avaient gagné. Nous allions tous rentrer au travail, fiers de cette victoire à l'arraché.

Même quand une grève a été victorieuse, le retour au travail se fait souvent avec une certaine amertume. À Radio-Canada, cela s'est dans l'ensemble bien passé, la direction ayant déplacé la plupart de ceux qui étaient restés au travail pendant que leurs camarades grévistes gelaient à l'extérieur.

Chez les annonceurs, le briseur de grève par excellence avait été Pierre Stein, qui continua de lire les nouvelles au *Téléjournal* pendant toute la durée du conflit. Il en arriva à être haï à un point tel que son nom était hué à chaque assemblée syndicale. La direction de la télévision se crut obligée de lui offrir une protection particulière. Après la grève, le climat devint insupportable pour lui. Il dut s'expatrier en Gaspésie, puis à Sudbury.

Le cas de Stein excepté, je n'ai senti chez les annonceurs aucune amertume à l'égard des briseurs de grève. Chacun reprit le collier avec enthousiasme.

Et complètement fauché aussi. C'était en tout cas la situation dans laquelle je me trouvais. On me promettait un bel avenir, mais pour l'instant j'étais surtout un jeune père de famille sans le sou et plus endetté que jamais. Neuf mois à Paris, trois mois en grève : il était temps que l'avenir arrive !

J'étais de plus en plus impatient !

Chapitre II

« Ici Pierre Nadeau. » « Ici Pierre Nadeau. » « Ici Pierre Nadeau. »
Cette assurance que je mets à me présenter, je l'ai développée au début de ma carrière, quand « Pierre Nadeau » se multipliait sur tous les fronts à Radio-Canada. Ce n'était pas « à chaque heure son Nadeau », mais presque. Comme la plupart de mes camarades, je possédais le don d'ubiquité.

Ma journée de travail pouvait m'amener à présenter un radio-roman le matin, puis à lire les nouvelles du service international le midi. J'enchaînais avec ma prestation à *Métro Magazine* et, à l'occasion, il m'arrivait de présenter l'horaire de la soirée télévision à l'émission *Ce soir à CBFT*.

À cette émission, tout le monde passait à tour de rôle : Jacques Fauteux, Janine Paquet, Henri Bergeron, René Ferron...Tous, nous nous croisions dans le petit studio 59 pour animer cette émission qui nous appartenait vraiment en propre. Pour plusieurs annonceurs de ma génération, *Ce soir à CBFT* a été un banc d'essai inestimable. En lisant les textes écrits par Arthur Lamothe, plus tard cinéaste, nous apprenions notre métier.

Avec Richard Garneau, j'ai animé deux émissions musicales, dont une émission quotidienne sur le jazz. Nous y faisions tourner les Charlie Mingus, John Coltrane, Tal Farlow, Art Tatum, tous ces grands que m'avait fait connaître mon autre copain Garneau, Michel.

Pendant deux étés, Richard et moi avons aussi animé *La Gambille*, qui était la relève estivale du *Déjeuner chez Miville*. Nous y présentions des chansons françaises, ce qui, à l'époque, voulait dire des chansons écrites et chantées par des artistes français. À l'exception de Félix Leclerc, il n'y avait pour ainsi dire aucun chanteur québécois qui s'imposait vraiment. Mon collègue Jean-Pierre Ferland grattait timidement sa guitare dans son sous-sol et n'aurait pas osé imaginer le succès qu'il connaîtrait par la suite. Difficile pour Richard et moi de remplir une émission avec *En veillant su'l perron* ou *Le ciel a rendez-vous avec la mer*.

Nos choix musicaux suscitaient d'amicales disputes, qui viraient parfois à la querelle des anciens et des modernes. Mon vieil ami — j'hésite à trahir ce secret — avait un côté fleur bleue. Il aimait particulièrement les chanteuses romantiques comme Lucienne Boyer et Lucienne Delyle. Pour ma part, ces grandes dames de la chanson tremblotante m'ennuyaient quelque peu. Mes goûts allaient plutôt vers les Philippe Clay, Yves Montand, Juliette Gréco et Gilbert Bécaud.

Avec deux animateurs aux goûts si contrastés, il y en avait pour tout le monde à *La Gambille*. Ce qui clochait par contre, c'était la qualité bien ordinaire de nos présentations. Personne ne nous aurait confondus avec Guy Maufette ou Pierre Paquette, de véritables passionnés de chansons et de poésie, dont on écoutait les émissions autant pour leur prestation que pour leurs choix musicaux.

La Gambille, Dieu merci, est demeuré un recoin obscur de mon curriculum vitae. Je l'en ai tirée un bref moment, honnêteté oblige : qu'elle repose maintenant en paix.

La télévision était aussi en demande de présentateurs, et tous, nous espérions qu'elle nous ferait signe au plus vite. J'ai enfin eu ma chance un soir à vingt-trois heures quinze, après *Le Téléjournal*. C'était une entrée en matière bien modeste : on m'avait confié les nouvelles du sport, habituellement lues par mon ami Garneau. Le chef des nouvelles m'a donné un conseil : « Fais attention avec ton petit sourire en coin, tu as l'air de te moquer de ce que tu lis. Ça pourrait t'empêcher de faire carrière à la télévision. »

Nerveux, j'ai raté le signal du régisseur et démarré avec quelques secondes de retard. Heureusement, les nouvelles du sport étaient à l'époque une simple nomenclature de résultats, et je me suis vite rattrapé. J'avais pris la précaution de me faire indiquer la prononciation exacte de certains noms de joueurs de baseball qui m'étaient tout à fait inconnus. J'admire d'ailleurs beaucoup les journalistes sportifs d'aujourd'hui, qui jonglent élégamment avec des noms de hockeyeurs suédois, slovaques ou lettons.

Mes camarades et moi commencions à être connus et les offres de participation à toutes sortes d'émission affluaient. Nous étions tous plus ou moins en concurrence, mais nos relations n'en souffraient pas.

Un de mes « concurrents » était Jacques Fauteux, qui m'avait précédé de six mois à Radio-Canada et qui était souvent pressenti pour les mêmes émissions que moi. Richard Garneau m'avait prévenu : « Tu verras, il y a un annonceur qui te ressemble vraiment. » Il avait ma foi raison. La première fois que j'ai vu Jacques, j'ai eu l'étrange impression que je marchais vers un miroir...

Cette ressemblance a donné lieu à plusieurs quiproquos au fil des ans. Fréquemment, les journaux à potins illustraient des articles sur Jacques avec des photos de moi. Il y eut même un citoyen de Victoriaville pour m'écrire que je le rendais quelque peu confus : pourquoi y avait-il des émissions où je me présentais comme Pierre Nadeau... et d'autres où je disais être Jacques Fauteux ?

Jacques était le présentateur idéal, parfaitement compétent dans trois langues, le français, l'anglais et l'espagnol, qu'il parle toujours à la perfection. J'étais par contre sans doute plus intéressé par l'information, et c'est ainsi que nos chemins parallèles ont fini par se séparer.

À titre d'annonceurs, mes collègues et moi faisions partie de ce qu'on appelait la « colonie artistique », sur le même pied que les chanteurs et les comédiens.

Nos photos apparaissaient donc souvent dans les pages des journaux comme *Écho-Vedettes*, *Le Journal des Vedettes* et *Le Petit Journal*. Le plus souvent, elles illustraient des articles d'une totale insignifiance. « Richard Garneau, Pierre Nadeau et leurs familles se préparent à partir en vacances », claironnait un grand titre, et on me voyait avec ma femme, tout sourire, en train de boucler nos valises. « Le face-à-face de deux charmeurs », annonçait une entrevue en duo avec Michel Louvain, sous le prétexte que nous avions le même âge et étions parmi les favoris de ces dames. Une photo nous montrait reluquant ensemble la page centrale du magazine *Playboy*.

J'ai même donné ma recette de bœuf aux poivrons, moi qui n'ai pourtant jamais été très porté sur la cuisine...

Pour qui travaillait à Radio-Canada, le vedettariat venait vite. Je n'y étais que depuis quelques mois, en 1957, quand mon mariage avec France fit l'objet d'une pleine page dans je ne sais plus quel journal.

Je me prêtais à ce jeu sans jamais le remettre en question, parce que cela me flattait, parce que c'était bon pour ma carrière. Tout le monde le faisait, c'était donc normal. Le Québec était une petite société encore peu ouverte sur le monde, les vedettes faisaient partie de la famille, et il aurait été mal vu de jouer à la star distante.

Le vedettariat, c'était aussi la possibilité de faire de la réclame. En 1958, le salaire de base d'un annonceur de Radio-Canada n'était pas très élevé, à peine cinq mille trois cents dollars. Ce qui permettait de l'arrondir, c'étaient les annonces publicitaires.

La plupart des annonceurs se voyaient proposer des publicités. Pierre Paquette vantait les mérites d'une marque de cigarettes, tout comme Richard Garneau. Je revois encore le profil de Richard aspirant sa fumée de cigarette d'un air aristocratique pendant que la soprano Claire Gagnier chantait : « Fumez du Maurier, elle est si agréable, fumez du Maurier, la cigarette de bon goût... »

Ce qui était extraordinaire, c'était que la direction autorise cette pratique, même pour ceux comme moi qui s'engageaient de plus en plus dans le travail de journaliste. Pendant ces années-là, on ne voyait aucune contradiction entre le sérieux métier d'annonceur et celui, plus frivole et vénal, de marchand de soupe.

J'ai bien profité de cette licence. De 1960 jusqu'à mon départ pour Paris en 1965, j'ai fait de tout ou presque. Des automobiles (Chrysler), des cigarettes (Matinée), des boissons gazeuses (Pepsi et Teem), des savons (Dove), Hydro-Québec, le cinéma Kraft au Canal 10, des huiles à moteur, et j'en passe...

C'est un ami encore très proche, Philippe Garcia, qui m'a fait faire mes premiers pas dans le monde de la publicité.

Même dans les années soixante-dix, quand je n'étais plus que journaliste, je faisais encore de l'annonce pour Air Canada («L'Aircaneurope, c'est mieux que l'Europe ordinaire»). Mais ces publicités-là furent les dernières. Il m'est devenu impossible d'endosser Air Canada quand un vice-président de la compagnie a interdit au personnel navigant de parler français dans les cabines de pilotage. Le conflit des Gens de l'Air a signalé la fin de ma carrière d'annonceur commercial.

Cela dit, je ne regrette pas d'avoir fait de la pub. Elle m'a permis de m'acheter une maison et de mieux faire vivre ma famille — qui s'était agrandie d'une petite Pascale en avril 1960. Mais, plus important, mes engagements publicitaires n'ont jamais interféré avec mon devoir d'objectivité en tant que journaliste. Quand il y a eu conflit d'intérêts, j'ai démissionné, comme l'incident Air Canada l'a démontré.

De nos jours, les journalistes de télé sont beaucoup mieux payés, et je suis convaincu que la publicité et le journalisme ne pourraient plus faire bon ménage. Comment réaliser une entrevue serrée avec le président d'Hydro-Québec quand d'autre part on vante l'entreprise dans une publicité?

■ ■ ■

Mes collègues et moi étions peut-être des «vedettes», mais dans mon esprit les véritables vedettes étaient celles qui travaillaient en affaires publiques et en information. Elles avaient pour nom André Laurendeau, Judith Jasmin et, bien sûr, René Lévesque.

André Laurendeau avait un style bien particulier: il était Janus, l'animateur aux deux visages. À *Pays et Merveilles,* il montrait d'abord son ancienne personnalité de politicien en campagne électorale. Seul avec la caméra dans un coin du studio, il ne disait pas son texte de présentation: il le hurlait littéralement. Puis il s'installait à la table où l'attendait son invité et, là, il redevenait l'homme érudit, le fin causeur, discutant sur le ton de la conversation entre amis. À la fin de l'émission, il retournait à l'autre décor... et reprenait sa première personnalité : sa conclusion était jetée, postillonnée à la face des spectateurs. La télévision intimiste était encore un concept lointain.

De tous les journalistes que j'ai rencontrés, Judith Jasmin était sans doute celle qui réunissait le plus de qualités humaines, intellectuelles et professionnelles. Elle avait des convictions profondes et passionnées sur tous les sujets, politique, société, art de vivre. Mais elle était surtout un modèle d'intégrité, pour qui il y avait UN principe sacré : le droit du public à l'information, c'est-à-dire aux faits.

Mais la véritable star de l'information, c'était bien sûr René Lévesque. Si Judith a été ma mère spirituelle, René Lévesque fut mon père.

On l'a dit et redit : *Point de mire* est l'émission qui a ouvert les yeux sur le monde à des centaines de milliers de Québécois. Et cela, grâce à René Lévesque. Comme personne ne l'a pu depuis, il savait expliquer dans des mots simples et à l'aide d'images percutantes ce qui se passait dans les coins les plus reculés de la planète. On prétend aujourd'hui que les Québécois ne s'intéressent pas à l'information internationale. Avec René Lévesque, tout le monde comprenait pourquoi nous étions concernés, nous aussi, par ces conflits dans des pays dont nous ne savions rien.

Il arrivait à cela sans rien de cette quincaillerie qui doit rendre l'information sexy aujourd'hui. Ses seules armes : l'intelligence et la passion. Il se plantait devant la caméra, petit et sec, la cigarette au bec ; derrière lui, un stupide tableau noir sur lequel, avec une craie parfois bruyante, il écrivait des mots et dessinait des cartes. La préhistoire de l'information télé, et nous étions rivés à ses propos.

Je n'oublierai jamais mon premier contact avec René à *Point de mire*, une journée où on m'a demandé de remplacer Gaétan Barrette comme annonceur de l'émission. Trente minutes avant l'heure, je me suis présenté au studio 41. Quand la porte de l'ascenseur s'est ouverte au troisième étage, je suis tombé sur lui qui arpentait le couloir, complètement concentré sur le texte qu'il avait à la main. Il ne m'a pas vu ou, s'il m'a vu, il m'a ignoré. Il disait et redisait son texte, de cette voix rauque qu'il avait à l'époque, à la limite de la cassure. On avait peur qu'il ne la perde, mais il ne la perdait pas, parce qu'il avait trop de choses à dire.

J'ai vu ce soir-là — et revu par la suite — comment se préparait celui qu'on prenait pour un improvisateur génial. Avant d'écrire un texte, René Lévesque passait des heures à la bibliothèque. Puis ce texte, il le répétait et répétait jusqu'à la dernière seconde. Ensuite, il le mettait de côté et se lançait avec l'assurance de celui qui sait ce qu'il va dire.

Ce travail de préparation ajouté à sa fougue et à sa passion en ont fait un animateur-journaliste exceptionnel. Une grande comédienne de théâtre française l'a qualifié de magicien de la télévision après avoir vu une seule émission de *Point de mire*. Pour ses collègues de Radio-Canada, il était Einstein.

Au cours de ces années d'apprentissage, Raymond Charette a été un autre modèle pour moi. Il avait commencé comme annonceur, puis bifurqué vers le journalisme, peut-être le tout premier à faire le saut. Quelle que fût l'émission ou le dossier qu'on lui confiait, Raymond passait des heures à se préparer. Pour son célèbre jeu-questionnaire *Tous pour un*, il pouvait lire des dizaines d'ouvrages sur chaque sujet. Quand l'émission commençait, il était presque aussi incollable que son concurrent.

Après deux ans à Radio-Canada, je commençais à croire que ce métier était facile. J'avais du succès, sans trop pousser, sans que rien me paraisse compliqué. Faire de la radio et de la télé était amusant, gratifiant, et presque une sinécure.

La somme de travail que mettaient Lévesque et Charette à préparer leurs émissions m'a fait réfléchir. Si je voulais être plus qu'un joli minois, si je voulais cette grande carrière dont je rêvais, il me faudrait travailler moi aussi.

Chapitre 12

SALISBURY, RHODÉSIE, AOÛT 1978

La bombe a explosé comme j'arrivais chez le marchand de journaux à l'intersection.

Cela vient de l'autre côté de la rue, là où je me trouvais il y a un instant. Plus précisément du stationnement jouxtant un immeuble à bureaux.

Après l'explosion, une fumée noire. C'est une voiture qui a sauté et qui brûle maintenant. Je m'approche avec circonspection, en jouant du coude dans la foule qui s'est rapidement agglutinée. La fumée prend à la gorge. Autour de moi, on crie en anglais et en shona. Heureusement, il semble n'y avoir personne à l'intérieur de la voiture. Et heureusement aussi, parce que nous sommes samedi, la plupart des bureaux logés dans l'immeuble sont fermés. Il n'y a pas de victimes, que des dégâts matériels, et l'incendie est vite circonscrit par les pompiers.

L'explosion, plus ou moins revendiquée, aura droit à un entrefilet le lendemain dans les quotidiens locaux. Un des mouvements de libération noirs s'est rappelé au bon souvenir du gouvernement blanc.

Il fait un temps superbe à Salisbury, qui semble bien loin de la guerre. C'est l'hiver africain, la saison sèche. Malgré l'absence de pluie, les flamboyants sont toujours en fleur, découpant dans le ciel des taches d'un bel orange vif. Rien n'indique que la Rhodésie est au ban des nations depuis plusieurs années. Avec ses larges avenues bordées de jacarandas au bleu violet, la ville a conservé son charme de capitale provinciale prospère. L'atmosphère est à la langueur.

Sauf qu'il y a ces bombes qui explosent à tout moment, cependant que dans les campagnes la guerre fait rage. Cette guerre porte un nom : *Chimurenga*, comme le premier soulèvement des Africains noirs contre leurs maîtres anglais, au XIXe siècle. Mais cette fois, les Rhodésiens blancs se battent seuls. Ils n'ont plus d'empire britannique pour les appuyer.

Savent-ils, ces Rhodésiens, que leur nom sert d'injure chez nous ? Pour René Lévesque, les Rhodésiens de Westmount constituent le village des irréductibles Anglais, ceux qui refusent toute diminution de leurs privilèges en faveur de la majorité française. Cette expression a fait mouche, mais elle est un peu injuste. Les privilèges de nos concitoyens anglophones sont bien peu de chose, si on les compare à ceux de leurs cousins d'Afrique.

Ces Rhodésiens-là sont les enfants lointains de Sir Cecil Rhodes, baron du diamant, impérialiste mégalomane de la fin du XIXe siècle, qui se lança presque seul à la conquête des terres au nord du Transvaal. En remerciement, la Couronne britannique donna son nom à ce pays qui constitue aujourd'hui l'arrière-poste de son empire défunt. Un arrière-poste rebelle.

Depuis 1965, année où ils ont proclamé leur indépendance, les Rhodésiens blancs et leur leader Ian Smith défient la communauté internationale. Ils ont tout à perdre. Leur suprématie sur la majorité noire. Leur style de vie qui n'a pas bougé depuis les belles heures de la colonisation. Leurs banlieues prospères où, à l'ombre des bougainvilliers, des dames élégantes papotent et pépient en sirotant les *drinks* que leur ont préparés des *boys* noirs vêtus de blanc. Leurs immenses fermes de tabac et de coton où s'échinent des travailleurs africains payés à un salaire de famine.

Je suis arrivé hier après un interminable voyage, qui m'a amené de New York à Johannesburg, via le Cap-Vert, puis de là à Salisbury. Pour gagner la Rhodésie, il faut passer par l'Afrique du Sud, l'autre paria de la région, le seul pays qui ne respecte pas l'embargo imposé par les Nations unies.

Nous avons quelques jours pour montrer les effets de la guerre civile, recueillir les témoignages des différentes parties et expliquer les enjeux du changement qui se prépare. Les leaders noirs, Robert Mugabe et Joshua NKomo, croupissent en prison : mais, tôt ou tard, Ian Smith devra traiter avec eux.

Le lendemain matin, nous tournons au marché central de la capitale. Les marchés africains n'ont rien de semblable aux nôtres. Ils sont dix fois plus grands et on y trouve de tout : fruits, légumes, vêtements, électronique... Celui-ci grouille de monde, une foule dans laquelle les boubous colorés des paysannes se mêlent aux chemises blanches des petits employés du secteur public.

Le marché est l'endroit idéal où prendre le pouls d'une population. Même dans les pays les plus pauvres, l'étranger est généralement bien reçu, on est curieux de lui. Au pire, on affectera d'être indifférent.

Ici, nous le comprenons vite, nous ne sommes pas les bienvenus.

Quand je tends mon micro, les visages se détournent. Des hommes font cercle autour de nous mais sans s'approcher, le regard peu invitant, voire hostile. Même les enfants sont distants. Je sens que l'on parle de nous, en shona ou en ndébélé. Quelqu'un me montre du doigt. Je l'avoue, j'aime autant ne pas savoir ce qu'il dit.

Nous prendrait-on pour l'ennemi juré, le Boer sud-africain ? Nous comprenons vite que nous avons intérêt à parler en français, et fort, pour montrer que nous ne sommes pas de la race des maîtres blancs.

Rien à faire. Pendant que Paul Servent tourne des plans du marché, je tente encore quelques approches. Mais personne ne veut me parler. Motus. J'en suis quitte pour tourner un ou deux *stand-up* avant de lever le camp avec l'équipe. Notre départ, c'est visible, est accueilli avec satisfaction.

Nous apprendrons plus tard que les Africains de Rhodésie se méfient des journalistes étrangers. On les croit favorables aux fermiers blancs. Les gens du marché ont quand même raté l'occasion d'exprimer leur point de vue aux téléspectateurs québécois. Bien sûr, Radio-Canada n'est pas aussi influente qu'une chaîne de télé américaine ou française, mais notre émission s'adresse quand même à un million et demi de téléspectateurs.

Ce soir-là, au restaurant, le réalisateur Normand Gagné et moi-même rencontrons Paul, un pilote belge, un baroudeur qui « fait » l'Afrique depuis vingt ans. Sans hésitation, il nous parle de son boulot du moment : transporter des marchandises de toutes sortes entre la capitale rhodésienne et des pays d'Afrique centrale, comme le Cameroun, le Congo-Brazzaville et le Gabon. Ainsi donc, il n'y a pas que l'Afrique du Sud pour commercer avec la Rhodésie. Des pays qui appuient officiellement l'embargo le contournent en fait discrètement. *Money talks!* Mais peine perdue, notre pilote refuse obstinément de nous répéter cela face à la caméra.

Le lundi après-midi, nous rencontrons un membre du gouvernement blanc, qui nous explique que la détermination des colons est immense. En aucun cas, la pression internationale ne saurait les faire plier. Il y aura des négociations éventuellement, le pouvoir sera partagé, mais pas avec les Mugabe et NKomo, trop radicaux — et qu'on nous refuse d'ailleurs de visiter dans leur prison. Le seul leader noir que nous pourrons interviewer sera l'évêque Abel Muzorewa, dirigeant de l'African National Congress, que certains tiennent pour une potiche. Il nous dira être le seul chef nationaliste capable de rassembler Noirs et Blancs. Rien de bien explosif comme déclaration.

Le mercredi matin, nous prenons la route vers les six heures, pour nous rendre dans un village à une centaine de kilomètres de Salisbury. Après une bonne heure de route asphaltée, nous débouchons sur ce qui ressemble à une piste. La terre est rouge, comme c'est souvent le cas dans la région.

À peine avons-nous parcouru trois ou quatre kilomètres que, devant nous, la route est barrée par un véhicule comme nous n'en avons jamais vu encore. Quatre roues, un énorme tube de fonte épaisse. Dans cet engin, quatre soldats blancs, l'un au volant, les trois autres fusil à la main. Ils ne semblent pas très contents de nous voir.

Pas très contents est d'ailleurs un euphémisme. Le plus haut gradé est furieux. *What the hell are you doing here?* lance-t-il. Ne savons-nous pas que cette route est souvent minée ? Et de nous expliquer avec force détails que leur véhicule extraterrestre sert précisément à ouvrir les routes le matin. Au contact d'une mine, le choc de l'explosion fait sauter les rivets qui retiennent le tube. Sous l'impact, celui-ci roule dans le champ voisin, les militaires toujours à l'intérieur. Comme ils sont bien attachés à leur siège, ils s'en tirent avec quelques contusions et un sérieux mal de tête.

Ce matin-là, nous l'avons peut-être échappé belle. Nos cartes de presse ne nous auraient pas protégés.

Au bout de la route, un village fortifié sous la garde de l'armée rhodésienne. Comme les Américains le faisaient au Viêtnam, on a regroupé des familles de paysans dans une enceinte entourée de barbelés. Le jour, les paysans peuvent sortir, aller vaquer à leurs occupations, mais à la tombée de la nuit, ils doivent obligatoirement rentrer au village. En principe, on sécurise ainsi la région, en évitant les infiltrations de guérilleros.

Dans l'armée rhodésienne, dix-neuf officiers sur vingt sont blancs, mais les soldats sont à cent pour cent noirs. Tout le paradoxe de la Rhodésie est là. La minorité blanche est tellement... minoritaire qu'elle ne peut même pas se défendre elle-même. Pour assurer sa sécurité, elle doit coopter des membres de la majorité noire. Des mercenaires dont la fidélité n'est pas garantie.

Cette armée mixte ne peut être partout à la fois. Difficile de protéger les fermiers blancs comme celui à qui nous rendons visite le lendemain. Il exploite une terre à tabac, l'une des richesses du pays, sur un domaine qui s'étend à perte de vue. Sans doute ce domaine fut-il acquis à vil prix par son grand-père ou son arrière-grand-père, à l'époque où des lois ont assuré l'exclusivité des meilleures terres aux Blancs.

Évidemment, tout cela appartient à un passé que ce fermier feint d'ignorer. Il préfère nous vanter les bonnes conditions de travail qu'il consent à ses employés noirs (une cinquantaine), lesquels habitent néanmoins de misérables cabanes dont personne ne voudrait chez nous. Les relations avec eux sont cordiales, assure-t-il, certains font quasiment partie de la famille. Avec lui, ils ont un revenu garanti : que gagneraient-ils à ce qu'il parte, que le domaine soit démembré, que chacun devienne propriétaire d'un misérable lopin de terre ?

Paradoxe : notre fermier vante aussi les mesures de sécurité dont il vient de doter ses installations, y compris sa maison. La semaine dernière, un de ses voisins a subi une attaque nocturne de la guérilla. Dans plusieurs régions, des fermiers ont abandonné leurs maisons pour se replier à Salisbury, le temps que les choses se tassent. Certains ont vendu et émigré en Afrique du Sud, où le pouvoir blanc est moins menacé.

Mais pour notre hôte, il n'est pas question de quitter cette terre où il a grandi. Il se sent tout aussi africain que ses employés. Un Africain blanc, voilà ce qu'il est.

Il a une quarantaine d'années, mon âge ou à peu près, une femme et deux enfants. Il attend de nous, frères de race, une certaine sympathie, je l'entends dans sa cordialité un peu exacerbée. Il veut à toute force nous convaincre, quitte à vider avec nous sa dernière bouteille de scotch pur malt (car, oui, malgré notre pilote belge et tous ceux qui font le même métier, l'embargo a certains effets).

À la longue, cette conviction est impressionnante. Les Blancs de Rhodésie ne font pas que défendre leurs privilèges. Ils sont sincèrement attachés à cette terre que leurs ancêtres ont conquise il y a un siècle. Ils y ont pris racine.

Mais quelque chose cloche dans leurs arguments. Notre fermier a beau croire que cette terre est la sienne, elle fut d'abord volée aux Noirs qui l'habitaient. Il se veut fermier, il reste un colonisateur. Jamais il ne sera accepté, même pas de ses employés dont il dit qu'ils font partie de la famille. Ils savent bien que cette terre qu'ils travaillent appartenait à leurs ancêtres.

J'en suis presque peiné pour lui, mais ce Britannique pur malt n'est pas à sa place ici, sous le soleil sévère de l'Afrique.

■ ■ ■

La Rhodésie est devenue indépendante en 1980 et a pris le nom de Zimbabwe. La majorité noire y est au pouvoir, mais elle a laissé aux Blancs la propriété de leurs terres, reportant la réforme agraire à plus tard. Cet accord était censé assurer la stabilité au pays et permettre son développement.

Au moment où j'écris ces lignes, le pays s'enfonce dans l'anarchie. Robert Mugabe, guérillero devenu président, a lancé un mouvement de reprise de possession des terres par la force, qui a fait plusieurs victimes, tant chez les Blancs que chez les Noirs. La réforme agraire stagne depuis trop longtemps, dit-il, les Blancs ne veulent rien céder à la majorité africaine. Beaucoup d'Africains sont d'accord : après vingt ans de pouvoir noir, rien n'a changé. Mais l'opposition dit que ce mouvement n'est destiné qu'à assurer le pouvoir de Mugabe...

Chapitre 13

Au cours de l'été 1959, la reine Élisabeth et le prince Philippe vinrent en visite chez leurs sujets canadiens. Le couple devait passer par Montréal, où la reine présiderait à l'inauguration de la voie maritime du Saint-Laurent avec le président Eisenhower et le premier ministre Diefenbaker.

Mon nom figurait sur la liste des reporters chargés de la couverture de la visite royale. C'était ma première assignation importante. Elle me donnait l'occasion de découvrir le Canada, que je ne connaissais pour ainsi dire pas, et surtout de travailler avec des collègues que j'aimais et admirais, comme Jacques Fauteux, Henri Bergeron et Judith Jasmin, sans compter les recherchistes comme Guy Fournier, dont l'humour caustique devait égayer notre tournée.

On me destinait surtout à la couverture radio, un travail que j'estimais plus intéressant que celui de reporter à la télévision, du moins pour ce genre d'événement. À la télévision, on est tributaire de l'image, qui parle beaucoup par elle-même. Que peut-on ajouter quand la reine, par exemple, passe en revue un détachement militaire? À la radio, par contre, il y a beaucoup plus de liberté et de latitude. On peut servir à l'auditoire plein de détails sur l'endroit où l'on se trouve, sur l'histoire locale, sur la foule présente. Dans le cas d'une visite royale, on peut même décrire la toilette de Sa Majesté, s'extasier sur ses coloris, trouver du charme à son chapeau, que sais-je...

La visite royale allait mal commencer pour moi. Il était prévu que la souveraine arriverait d'abord à Saint John's, à Terre-Neuve, mais on m'avait dépêché à Gander, dans l'éventualité où l'avion devrait s'y poser à cause du brouillard. Finalement, le brouillard était à Gander et le beau temps à

Saint John's, et c'est donc là que la reine a atterri chez ses vassaux. Je suis resté près d'une semaine à l'aéroport de Gander à apprendre les vertus de la patience, autre élément essentiel dans le bagage du journaliste.

Je devais faire de la télé à l'occasion, et cela m'arriva à Charlottetown, à l'Île-du-Prince-Édouard, où la reine et le prince assistaient à une course de chevaux à l'hippodrome local. Judith Jasmin m'accompagnait cet après-midi-là. Nous avions déjà décrit l'arrivée du couple royal, quand se produisit un de ces événements qui demande au journaliste qui le commente de grandes qualités d'improvisateur.

Au milieu de la première course, un cheval lancé à pleine vitesse trébuche et s'effondre devant la reine, entraînant avec lui le conducteur et le sulky qu'il tirait. La course continue néanmoins, pendant que l'affolement gagne les tribunes. C'est moi qui suis au micro à ce moment-là, et je me retrouve obligé de supputer en direct les causes de l'accident. Que dire ?

J'ai un instant d'hésitation et me tourne vers Judith, qui me regarde avec sympathie mais décide de me laisser la bride sur le cou. Je me lance : « Je pense que le pauvre cheval n'a pu supporter la chaleur et l'émotion. Il a sans doute été tué par une crise cardiaque. »

Judith ne me regarde plus. Elle a baissé la tête, qui tremble légèrement. Elle essaye de contenir le fou rire qui la gagne à l'idée de ce cheval orangiste, foudroyé par l'émotion de courir devant la gracieuse souveraine. Nous finirons l'émission tournés chacun de notre côté, pour éviter l'éclat de rire qui nous vaudrait une accusation de lèse-majesté.

À ma décharge, j'ai su par la suite que j'avais à moitié raison : le cheval était bel et bien mort d'une crise cardiaque... qui n'avait toutefois rien à voir avec la reine.

La tournée royale de 1959 me donna une autre occasion de me signaler en ondes, cette fois par un lapsus spectaculaire. L'occasion était le Stampede de Calgary, où Henri Bergeron et moi devions commenter les courses de *chuckwagons* et autres prouesses de cow-boys attrapant les veaux au lasso.

Je suis en train de décrire avec enthousiasme les virevoltes des hommes à chevaux quand j'en vois un qui s'approche de l'estrade royale. Il enjambe la clôture et, sans faire de façons, vient s'asseoir près de la souveraine. Je m'entends dire : « Ha ! Voilà un cow-boy qui quitte ses camarades. Il vient s'asseoir sur l'arène. »

À la télévision, il n'y aurait eu aucun quiproquo possible. Mais nous sommes à la radio, et la moitié du public est certainement persuadé que le cow-boy s'est assis sur la reine... À côté de moi, Henri Bergeron baisse la tête et se retient à deux mains pour ne pas rire. Dans mon casque d'écoute, j'entends le réalisateur André Hamelin y aller d'un grand rire franc. Je suis furieux contre moi-même quand je réalise mon lapsus, mais je finirai par en rire moi aussi...

En dehors des bourdes, la visite royale m'a aussi valu de faire la connaissance de quelques collègues canadiens-anglais avec qui j'ai lié amitié, et notamment Byng Whittaker, le Henri Bergeron de la CBC. C'est lui qui baptisa le contingent de jeunes reporters francophones dont je faisais partie *The Miss Jasmin's Group*. Judith, notre doyenne, suscitait chez Byng et ses collègues une vénération presque monarchique.

D'annonceur à l'époque, Byng devait être promu responsable des reportages à la télévision, et c'est à ce titre qu'il m'a confié mes premières émissions au réseau anglais. Il vint souvent nous rendre visite au Québec et il se prit d'affection pour ma fille Pascale. Sur un disque de contes de Noël, il enregistra même une jolie histoire de son cru, *Pascale and the big poisson*, qui racontait sa balade sur un lac près de Morin Heights avec une petite fille blonde de deux ans.

■ ■ ■

C'est au tournant des années soixante que j'ai commencé à faire des reportages à la télévision. Le réalisateur Jean-Maurice Laporte avait constitué une équipe dont faisaient aussi partie Andréanne Lafond, Jacques Languirand et Jean Ducharme.

Nous nous promenions le soir en car de reportage, couvrant en direct toutes sortes d'événements, du congrès de coiffeurs jusqu'à la visite d'une caserne de pompiers. Le direct, c'est vraiment le trapèze sans filet. Savoir que vous n'avez pas droit à l'erreur est extrêmement stressant, et en même temps grisant. Pour un jeune comme moi, qui voulais faire du reportage de terrain et même présenter plus tard mes propres émissions d'informations, il n'y avait pas meilleure façon d'apprendre.

Ma véritable initiation à la télévision devait se faire en 1961, quand on me confia l'animation d'une toute nouvelle série : *Images en tête*. Diffusée de 14 h à 16 h le samedi, l'émission proposait un long métrage, la plupart du temps un grand classique du cinéma, suivi d'une discussion en studio. Faute d'avoir remplacé Eddie Constantine, j'allais au moins causer cinéma.

Le mandat de cette émission était d'initier les jeunes téléspectateurs à la fabrication de films en format huit millimètres. Le réalisateur, René Boissay, et le recherchiste-idéateur, Gilles Ste-Marie, avaient formé une équipe de sept ou huit jeunes étudiants et étudiantes, qui venaient chaque semaine recevoir les conseils de mon coanimateur, Jean-Yves Bigras.

Jean-Yves était un réalisateur de métier, qui avait tourné plusieurs films à succès comme *Lumières sur ma ville* et *Aurore l'enfant martyre*. C'était un homme chaleureux et très dynamique, un excellent pédagogue aussi. Avec beaucoup d'entrain, il prodiguait ses conseils, initiant ses élèves, et les téléspectateurs, aux secrets du cinéma. Chaque jeune devait tourner son film, dont les différentes étapes étaient commentées et critiquées par Jean-Yves. Les Pierre Savard, Denis Héroux, Mireille Lemelin, André Lafond, Jacques Bensimon et Pierre Théberge apprirent ainsi à fabriquer un scénario, choisir des interprètes, tenir une caméra, cadrer, tourner des plans de coupe : tout le travail, en somme, que demande un film depuis la conception du sujet jusqu'au montage.

Nous accueillions aussi fréquemment des jeunes cinéastes qui commençaient à se faire un nom. C'est ainsi que Claude Jutras, Michel Brault, Gilles Carle et plusieurs autres de cette génération vinrent discuter cinéma avec nous le samedi après-midi.

J'ai quitté *Images en tête* après deux ans. Mon successeur devait être Michel Garneau qui avait, lui aussi, quitté Rimouski pour devenir annonceur à Montréal.

Yvonne Mignault, ma grand-mère et marraine.

Ma famille, en 1950 : Jean-Marie, Pauline et mes frères Michel, tout petit, Jean et Jacques.

Avec mes grands-parents Georgiana et Rodolphe Nadeau et mon père Jean-Marie.

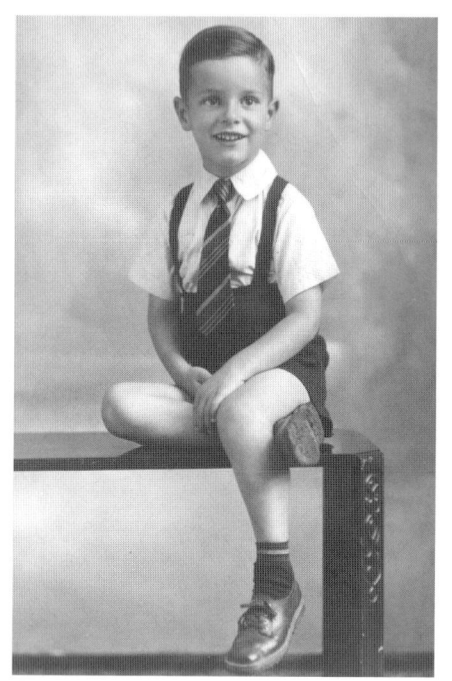

À 8 ans.

Mes parents en Europe.

En 1953, avec Michel, Jean et Jacques.

Le nouvel annonceur à CJBR-radio Rimouski,
en 1957.

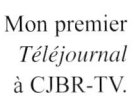

Mon premier
Téléjournal
à CJBR-TV.

Deux élèves de Mme Audet dans un studio de Radio-Canada.

Images en tête en 1958, avec Michel Brault, cameraman et réalisateur.
Photo: André Le Coz/Archives Radio-Canada

L'équipe de la série *Reportages* : Jean-Maurice Laporte (réalisateur), Andréanne Lafond, Michelle Vézina (assistante), Jean Ducharme et à droite, Jules Lazure (régisseur).

En reportage à *L'Heure des quilles* avec ses animateurs, Michel Normandin et Yvon Blais.
PHOTO : ANDRÉ LE COZ/ARCHIVES RADIO-CANADA

Pose classique à la fin des années cinquante.
PHOTO: JAC GUY

En 1975, avec Geneviève Bujold le soir de la grand-messe officiée par Lise Payette.
PHOTO : ARCHIVES RADIO-CANADA

Des membres d'*Aujourd'hui* interviewés à *Déjà 20 ans,* en 1985. Aline Desjardins, Jean Ducharme, Andréanne Lafond, Wilfrid Lemoyne, Michelle Tisseyre et Jacques Languirand.
Photo : André Le Coz/Archives Radio-Canada

En 1963, animateur de l'émission radiophonique *À tour de rôle,* avec Gilles Ste-Marie (scripteur), Richard Garneau et Roger de Vaudreuil (réalisateur).
Photo : Studio Lausanne/Archives Radio-Canada

■ ■ ■

Un des meilleurs souvenirs de mes débuts à la télévision reste cette émission spéciale d'une heure sur Jack Kerouac, qui était, au début des années soixante, l'écrivain-culte de la jeunesse américaine. Deux de ses ouvrages, *On the road* et *The Subterraneans*, l'avaient consacré « pape de la *Beat Generation* », dont il incarnait la pensée avec Allen Ginsberg, William Burroughs et Lawrence Ferlinghetti.

Cette émission spéciale de télé était réalisée par Jean Lebel, assisté par Hughette Pilon, et le recherchiste était Gilles Ste-Marie. Ensemble, nous avons passé une folle semaine à suivre Kerouac, principalement dans Greenwich Village, la Mecque de la bohème new-yorkaise. Nous y avons découvert le monde des beatniks, ces jeunes de tous les coins des États-Unis qui venaient à New York pour échapper au conformisme des années cinquante.

Le soir, jusqu'à très tard dans la nuit, Kerouac et son copain Ginsberg occupaient la petite scène d'un café de Greenwich. Accompagnés par un saxophoniste de jazz, ils lisaient avec emphase leurs poèmes contestataires. Pour vibrer avec eux, nul besoin de fumer marijuana ou haschich : la fumée secondaire suffisait largement. Même Bill Clinton n'aurait pas eu le choix : il aurait dû inhaler...

Jack Kerouac nous a accueillis avec chaleur. Il était ravi de cette visite du Québec et nous présentait partout comme si nous avions été de sa famille. Ce que nous étions un peu, il est vrai. Fils d'immigrants canadiens-français, il était né le 12 mars 1922 à Lowell, dans le Massachusetts. Il parlait un français rugueux mais parfaitement compréhensible. Sans connaître beaucoup le Canada, il était très fier de ses origines. « Tit-Pierre, me disait-il, n'oublie pas que ma famille vient de Saint-Pacôme dans le Kamouraska. »

Ce qui frappait chez lui, c'était son immense liberté. Le mot lui collait à la peau. Il était entièrement libre, et tout aussi anticonformiste. Rien ne l'impressionnait, sinon le talent d'auteurs comme Céline et Rimbaud, qu'il avait lus jusqu'à les connaître par cœur, me semblait-il. Il les citait constamment.

Mais sa passion pour les écrivains maudits n'en faisait pas un homme sombre. Il y avait chez lui, nous l'avons constaté plus d'une fois, une bonne humeur contagieuse. Il buvait beaucoup, mais il n'avait pas l'alcool triste, bien au contraire.

Il était aussi d'une générosité sans pareille. Au cours de cette semaine à New York, il n'a rien protégé de sa vie privée, nous traînant partout comme de vieux amis. C'est ainsi qu'un soir il nous a amenés chez Allen Ginsberg, qui nous a posé plein de questions bien informées sur le Québec. Il était étonné que nous ne nous soyons pas anglicisés comme les Louisianais ou comme son ami Jack.

La soirée est devenue nuit de fête, voire de folie, et nous nous sommes retrouvés dans un loft avec une cinquantaine de personnes que Kerouac semblait connaître toutes. Notre caméra tournait sans que cela dérange qui que ce soit.

Jack tenait absolument à nous présenter sa mère, à qui il rendait souvent visite et qui habitait pas très loin de New York, dans Long Island. Elle nous accueillit avec la même hospitalité que son fils. Lequel fils, c'était touchant à voir, elle se mit tout de suite à gronder affectueusement, comme s'il n'avait pas quarante ans. Son «tit-nange», c'est ainsi qu'elle l'appelait, n'était pas assez sérieux, il menait une vie de barreau de chaise. À ces reproches qui devaient faire partie d'un rituel, Jack n'opposa qu'un sourire, s'ouvrit une bière, puis me proposa une bouffée de haschich.

J'étais un peu étonné qu'il fasse si peu de cas de la présence de sa mère. Mais le voilà qui fouille dans l'armoire de cuisine et en sort une tasse de «melmac», comme on en trouvait à l'époque dans les boîtes de savon à lessive. Il recouvre la tasse d'une feuille de papier métallisé et perce des trous à deux endroits. Sur les premières perforations, il dépose un peu de haschich, qu'il allume. Puis il se met à aspirer la fumée par les autres trous. «Essaye», qu'il me dit, l'œil complice. Je m'assure d'abord que la caméra ne tourne pas (ces images m'auraient certainement valu de me faire montrer la porte de Radio-Canada), puis me remplis les poumons de la fumée défendue.

Je n'ai éprouvé aucune sensation particulière, rien connu de l'extase annoncée... mais j'ai fait plaisir à Jack. Il était fier comme un gamin qui vient de jouer un mauvais tour. « Tit-Pierre Nadeau, t'es venu te dévergonder à New York. »

Dévergonder, le mot est fort. Mais cette semaine passée avec Jack Kerouac est demeurée un des beaux souvenirs de ma carrière de journaliste. Nous en avons tiré le portrait d'un homme très attachant, qui fut bien accueilli à sa diffusion.

Malheureusement, comme je l'ai découvert il n'y a pas longtemps, différents réalisateurs ont charcuté l'émission au fil des ans, chacun partant avec son petit extrait à insérer dans un autre reportage. De ce qui était au départ un document d'une heure, il ne reste plus qu'une vingtaine de minutes. Et voilà comment on protège les archives télévisuelles !

J'ai échangé quelques lettres avec Jack Kerouac mais ne l'ai jamais revu. En 1967, il est venu à Montréal participer à une émission du *Sel de la semaine,* avec Fernand Seguin. J'étais à l'époque correspondant de Radio-Canada à Paris et je n'ai donc pu le rencontrer. Il devait décéder en 1969, à l'âge de quarante-sept ans.

Chapitre 14

En janvier 1963, Radio-Canada mit en ondes une émission révolutionnaire pour l'époque, Aujourd'hui. C'est là que j'ai vraiment commencé ma carrière de journaliste politique.

Depuis mes débuts, j'avais touché à toutes sortes de sujets mais à aucun, vraiment, qui demandât une grande compétence journalistique. J'avais eu la chance d'être encadré et mis en confiance par des réalisateurs et des recherchistes plus expérimentés que moi. J'apprenais aussi mon métier de communicateur, qui incluait notamment l'art de bien me tenir devant la caméra.

J'étais très intéressé par le journalisme politique, mais avant de me retrouver à *Aujourd'hui*, je ne l'avais pour ainsi dire qu'effleuré. Il y avait eu quelques prestations isolées, entre autres à la soirée des élections québécoises du 22 juin 1960, celle qui consacrait la victoire des libéraux sur l'Union nationale. Il y eut aussi l'élection américaine en novembre de la même année — qui vit le triomphe de Kennedy — et l'élection fédérale de 1962, quand on m'envoya à Vancouver recueillir les réactions du leader NPD, Tommy Douglas. J'avais adoré cette dernière expérience et m'étais senti plus qu'encouragé par un télégramme de Guy Maufette le lendemain, qui me félicitait pour «[m]on naturel et [m]a fraîcheur». Mon désir de me spécialiser en information s'affirmait de plus en plus.

L'invitation de la direction des Affaires publiques tombait donc pile. Le mandat d'*Aujourd'hui* était plein de promesses : commenter les événements de la journée dans une ambiance décontractée, voire humoristique, étant entendu par ailleurs que les sujets seraient traités avec rigueur et selon les règles. À la tête de l'émission, un homme d'une probité et d'une solidité intellectuelle dont je n'ai pas souvent retrouvé l'équivalent dans mon métier : le patron des Affaires publiques, Marc Thibault.

Marc Thibault a été l'un des plus importants bâtisseurs de la radio et de la télévision publique chez nous. Avec Roger Rolland et Fernand Seguin, il a été le grand responsable d'une série radiophonique qui a marqué les années cinquante, *Radio-Collège*. À l'avènement de la télévision, on lui a confié la direction des Affaires publiques. À l'exception du *Téléjournal*, il avait donc la main haute sur toutes les grandes émissions d'informations, ce qui en faisait le patron des René Lévesque, Gérard Pelletier, Judith Jasmin et autres.

En 1963, ayant conçu et mis sur pied *Aujourd'hui*, Marc Thibault décida d'en assurer la direction à titre de rédacteur en chef. Et pour ce faire, il démissionna de son poste de directeur des Affaires publiques. On n'avait jamais vu cela : pour être plus près de son produit, un patron quittait volontairement le sommet de la pyramide. C'est dire la passion qui l'habitait !

Pour animer l'émission, Marc avait choisi deux vétérans dont l'appariement suscitait une certaine perplexité : Michelle Tisseyre et Wilfrid Lemoyne. Wilfrid était apprécié comme homme de culture, poète, annonceur, et intervieweur subtil et habile. Mais le choix de Michelle était douteux pour beaucoup de gens. Elle était surtout connue pour *Rendez-vous avec Michelle* et *Music-Hall,* le grand spectacle de variétés du dimanche soir : personne ne l'imaginait à la barre d'une émission d'informations.

Les sceptiques furent vite confondus : Michelle Tisseyre n'était pas seulement une animatrice de charme très appréciée du public, elle était aussi une femme très cultivée, qui n'eut aucune difficulté à se reconvertir dans le journalisme.

L'équipe de journalistes comprenait Andréanne Lafond, rieuse, solide et expérimentée, Jean Ducharme, un homme au bon jugement et d'une grande générosité, ainsi que Pierre Paquette, encore auréolé de ses succès au *Club des Autographes*. Et puis il y avait aussi un jeunot du nom de Pierre Nadeau, à qui Marc Thibault, à la surprise de certains, allait confier en quasi-priorité les sujets politiques.

Marc Thibault avait décidé de me faire confiance, et c'était à moi de prouver qu'il avait eu raison. Le défi était de taille pour quelqu'un d'aussi peu expérimenté, mais je n'avais pas peur de plonger. L'appui de Marc, l'encouragement de mes camarades, tout cela me galvanisait. Je savais qu'*Aujourd'hui* me permettrait enfin d'aborder des sujets costauds, et sur une base presque quotidienne en plus.

La qualité d'*Aujourd'hui* ne tenait pas seulement à la direction de Marc Thibault ou à la compétence de ses animateurs et journalistes. Elle reposait aussi beaucoup sur l'équipe de recherchistes, qui avaient pour tâche de trouver les sujets et de préparer pour les journalistes en studio des textes et des suggestions de questions. Leur collaboration était essentielle pour qui devait traiter du Viêtnam le lundi, de Constitution le mardi, de la lutte des Noirs américains le mercredi, puis interviewer un hockeyeur le jeudi et un écrivain le vendredi.

Certains de ces recherchistes ont fait de brillantes carrières par la suite, notamment Gérald Godin, avec qui je devais faire plusieurs reportages sur l'affaire Coffin. L'équipe comprenait aussi Fabienne Julien, Francine Dufresne, Bernard Valiquette, Jacques Dupire, Yvette Baumans, Renald Savoie et même, après mon départ de l'émission, Denise Bombardier. J'oublie certainement quelques personnes, que je prie de m'excuser.

Parmi ces recherchistes, je dois une gratitude particulière à Bernard Valiquette, qui m'a été d'un grand soutien dans les débuts de l'émission.

Bernard avait l'âge de mon père. Ils avaient fait connaissance à l'époque de la guerre. Valiquette publiait des ouvrages français interdits par les Allemands et le régime de Vichy, une activité qui lui avait rapporté pas mal d'argent. Au début des années soixante, il était revenu à la profession de journaliste, et c'est alors que Marc Thibault lui a proposé de devenir recherchiste à *Aujourd'hui,* surtout pour traiter des questions politiques. J'ai eu la chance de l'avoir comme inspiration.

Bernard était haut comme trois pommes, marchait à l'aide d'une canne et fumait comme une cheminée. Un soir que nous étions à San Francisco pour couvrir l'investiture de Barry Goldwater comme candidat républicain à la présidence, il fut pris d'une gigantesque quinte de toux qui semblait ne jamais devoir finir... puis s'arrêta brusquement. J'occupais la chambre voisine de la sienne, et ce silence soudain m'inquiéta. Comme il ne répondait pas au téléphone, je demandai à faire ouvrir sa porte. Il s'était tout simplement assoupi dans sa baignoire, épuisé par sa propre toux. Ce soir-là, j'ai vraiment eu peur de perdre ce recherchiste qui était devenu plus qu'un collègue : un ami.

Certains jours, Bernard me faisait digérer des recherches qui tenaient du cours de sciences politiques. Ce fut le cas quand on me demanda d'expliquer la formule Fulton-Favreau, du nom des ministres de la Justice, conservateur et libéral, qui avaient mis au point un accord en vue du rapatriement de la Constitution canadienne. Cette fois-là, je me transformai en René Lévesque du dimanche, debout devant un lutrin, avec quelques cartes pour expliquer mon propos — écrit par Bernard Valiquette, revu par Marc Thibault et ensuite mis dans mes propres mots. Pour quelqu'un qui subissait son baptême du feu constitutionnel, je m'en suis plutôt bien tiré.

Cette émission n'était que la première d'une longue série de topos et d'entrevues sur le sujet de la Constitution. Au fil des ans, j'ai scrupuleusement fait toutes les stations de notre chemin de croix national : la répudiation de l'accord Fulton-Favreau par Jean Lesage en 1964, les discussions entourant la Charte de Victoria en 1971, l'entente constitutionnelle sans l'accord du Québec en 1981, le rapatriement de la Constitution en 1982, l'accord du lac Meech en 1987, son torpillage en 1990, le référendum de Charlottetown en 1992...

Une certaine lassitude me gagne rien qu'à faire cette énumération. En même temps, je ne peux m'empêcher de penser que Brian Mulroney a fait acte de courage en pilotant l'accord du lac Meech. Eût-il été entériné, le Québec se serait épargné bien des déchirements, et sans doute quelques référendums passés et à venir...

Une interview dont j'ai gardé le souvenir est celle que Georges-Émile Lapalme nous a accordée le soir de sa démission du gouvernement Lesage en 1964. Je le revois assis devant moi, un peu bougon, comme souvent il l'était, et me disant au moment où la caméra se fixait sur lui : « Monsieur Nadeau, je tiens à vous dire que vous ne saurez rien de moi. »

Je commençais à avoir du métier, et je lui ai répondu du tac au tac : « Monsieur Lapalme, nous sommes en direct. Si vous ne voulez pas parler, il ne va strictement rien se passer dans les neuf prochaines minutes. » Il a souri avant de reprendre : « Alors, allez-y, posez-moi vos questions. » Après cette ouverture laborieuse, l'entrevue s'est fort bien déroulée. Le plus drôle, c'est que Lapalme n'avait bien sûr rien à cacher. C'était un homme souvent maussade ; cette fois-là, il n'avait tout simplement pas envie de répondre à mes questions.

Nous avons senti ce soir-là qu'une page de notre histoire politique venait d'être tournée. Georges-Émile Lapalme était un homme d'envergure, auquel l'Histoire n'a pas donné le destin qu'il aurait mérité. Néanmoins, il a joué un rôle déterminant durant ces années tourmentées qui ont mené à la Révolution tranquille.

Si je me rappelle particulièrement cette entrevue, c'est aussi parce que ce soir de 1964, assis en studio avec Georges-Émile Lapalme, je ne pouvais m'empêcher de penser à celui qui fut son adversaire avant de devenir son partenaire : mon père, Jean-Marie Nadeau, décédé quatre ans plus tôt, au moment où leurs idées communes triomphaient enfin.

Une autre entrevue dont le souvenir m'est resté est celle que j'ai faite avec Pierre Mendès France lors de son passage à Montréal en 1965. Mendès France est considéré comme un des plus grands hommes politiques français du XXe siècle. Il présidait le gouvernement quand celui-ci mit fin à la guerre d'Indochine en 1954. Visionnaire courageux, il était respecté de l'ensemble de l'intelligentsia française, notamment par les journalistes de l'hebdomadaire *L'Express* — ancienne manière — que je lisais religieusement depuis mon retour de Paris en 1958.

J'avais le trac avant l'entrevue. La stature du personnage, je l'avoue, m'impressionnait beaucoup. Quelques mois plus tard, les Français allaient voter pour élire un président, et si Mendès France n'était pas candidat, il serait quand même une des grandes voix de cette campagne électorale.

L'entrevue a lieu à Radio-Canada, où Roger Rolland, un des grands patrons, nous a prêté son bureau au dernier étage de l'édifice. On me présente Mendès France qui, sans doute, se rend tout de suite compte de ma nervosité. Je l'invite à s'asseoir.

Horreur ! À peine a-t-il posé son postérieur que la chaise en teck éclate en morceaux. Le maître à penser de la gauche française se retrouve sur la moquette, les quatre fers en l'air. Alerte rouge ! Incident diplomatique à l'horizon ! Je ne sais plus où me mettre. Je me précipite pour aider mon invité à se relever. Puis, au lieu de lui présenter une autre chaise, je me mets à genoux pour essayer de réparer la chaise démembrée. Pas snob, l'ancien président du Conseil français entreprend de m'aider. C'est à ce moment que surgit Roger Rolland, intrigué par le fracas. Il nous trouve tous les deux agenouillés sur le tapis, à faire des travaux d'ébénisterie.

L'incident se termina dans la rigolade, et l'interview se passa ensuite fort bien. L'épisode de la chaise brisée avait eu raison de ma nervosité.

...

À l'émission *Aujourd'hui*, je ne faisais pas que des entrevues. Mes rêves d'adolescent se réalisaient, on m'envoyait en reportage à l'étranger, là où ça bardait. Mon premier grand reportage dans une zone de conflit fut réalisé à Chypre, en 1963, avec une équipe dirigée par René Verne.

L'île de Chypre était demeurée une possession britannique jusqu'en 1960, date de son indépendance. La nouvelle constitution attribuait à la majorité grecque des pouvoirs tels que la minorité turque allait se soulever trois ans plus tard. Dans ces villages où ils vivaient dans une relative harmonie depuis des siècles, de violents combats opposèrent Grecs et Turcs. L'armée turque s'en mêla, allant jusqu'à bombarder au napalm des villages grecs. L'ONU obtint un cessez-le-feu, qui serait surveillé par une force de paix internationale dont le Canada allait faire partie.

Pendant quelques jours, nous avons filmé les lendemains immédiats du conflit, de part et d'autre de la nouvelle frontière séparant Grecs et Turcs, cette fameuse ligne verte qui existe encore près de quarante ans plus tard. Nous habitions d'ailleurs un hôtel situé directement sur cette frontière, le Ledra Palace. Tous les clients y étaient soit journalistes, soit Casques bleus.

Le contingent canadien était composé de militaires du 22e régiment, qui nous ont particulièrement choyés. Ces hommes qui pouvaient demeurer des mois sans voir leur famille ne demandaient pas mieux que de « passer à la télévision », pour que leurs proches les voient ne fût-ce que quelques secondes.

Par la suite, j'ai fait d'autres reportages avec des soldats canadiens en mission de paix. Chaque fois, j'ai constaté que le courage était souvent la seule arme dont ils disposaient. Une anecdote me revient à ce propos, qui me fut contée par deux soldats que j'interviewais à Chypre. La veille de cette entrevue, leur commandant immédiat avait fait taire un nid de mitrailleuses grec près de Kyrenia, au nord de l'île.

« Et comment s'y est-il pris ? » ai-je demandé, intrigué. Je savais que les Casques bleus n'ont pas le droit de recourir à leurs armes, sauf si on leur tire dessus. Les deux militaires ont un sourire complice : « Ben, le capitaine, vous savez le capitaine Lajeunesse, celui qui a enseigné le français au prince Charles à Buckingham Palace, ben il est allé voir les Grecs. Tout ce qu'il avait pour leur faire peur, c'était sa badine. On peut pas dire que c'était bien bien épeurant... Mais lui, il était tellement en beau tab... Alors, il leur a donné de la marde, de la marde...! Ils n'ont plus osé tirer après ça. »

Un Québécois qui jure, c'est vrai que ça saisit. Assez, en tout cas, pour désarmer une batterie de mitrailleuses au beau milieu d'une guerre civile.

Au cours de ce séjour à Chypre, j'ai obtenu une entrevue avec Mgr Makarios, l'archevêque devenu président de Chypre à l'indépendance. Il n'avait que cinquante ans à l'époque, mais avec ses éternels vêtements noirs et son air sinistre, il faisait très vieux prélat. Comme plusieurs de ses compatriotes, il entretenait le rêve d'un rattachement de l'île à la Grèce, une perspective qu'il évoqua au cours de mon entrevue avec lui.

À notre grande surprise, cette entrevue allait se retrouver dans un quotidien d'Athènes le lendemain. Les services de presse de l'archevêque-président avaient enregistré notre conversation et avaient décidé de la diffuser, sans se préoccuper de nous en demander l'autorisation.

■ ■ ■

Aujourd'hui ne m'envoyait pas toujours dans les zones de guerre. Ainsi, deux années de suite, j'ai eu la chance de couvrir le Festival de Cannes. C'est là que j'ai vu pour la première fois le beau documentaire de Pierre Perrault et de Michel Brault, *Pour la suite du monde,* tourné principalement à l'île aux Coudres. Le film était en compétition officielle, où il détonnait sérieusement à côté des films de fiction joués par des stars. Il fallait voir sortir les spectateurs le soir de la projection, complètement médusés par ces images de bélugas et plus encore, peut-être, par ce français qui sonnait comme une langue étrangère. Au début des années soixante, la France ne connaissait rien du Québec, elle n'avait pas encore découvert le charme pittoresque de notre parlure et la voix ample de nos chanteurs et chanteuses.

À Cannes, mon travail me faisait rencontrer des actrices, acteurs et réalisateurs parmi les plus connus. Un jour, ainsi, j'obtiens une entrevue avec le maître du suspense, Alfred Hitchcock. Plutôt que l'habituelle équipe de Paris, on m'avait assigné cette année-là un pittoresque duo local. Le cameraman était un monsieur Seren, qui semblait s'être échappé d'un film de Pagnol, le technicien du son un nommé Le Borgne, qui donnait l'impression d'être perpétuellement endormi. Mais avec un nom pareil, j'étais au moins certain que s'il dormait sur la job, ce ne serait que d'un œil.

À l'heure dite, nous nous présentons au Carlton, le grand hôtel de Cannes. Comme toutes les vedettes à l'agenda chargé, Hitchcock accorde ses entrevues en rafale. Les Italiens et les Belges sont passés avant nous, les Allemands suivront. Il faut planter notre tente en vitesse et nous limiter à quelques questions. Pendant que les Belges sortent leur matériel, Seren et Le Borgne installent le leur. Seren trimbale deux caméras, une Arriflex pour filmer l'entrevue et une Beaulieu pour faire les *plaings de coupe*. Le Borgne, véritable maman-kangourou, porte son magnétophone sur son ventre, attaché par des lanières de cuir.

Je sens Seren nerveux, mais j'attribue cela à l'importance du personnage qu'il doit filmer. Peut-être rêve-t-il d'une carrière à Hollywood, peut-être veut-il impressionner le maître ? L'ambiance est lourde. Hitchcock nous regarde terminer notre installation sans dire un mot, le visage rougeaud, l'œil sans expression. Il a l'air anonyme des passants qu'il aime incarner dans ses propres films.

L'interview commence. Il n'y a pas une minute d'écoulée que j'entends un mouvement suspect derrière moi. J'entends Seren jurer : « Nong de Dieu...! »

« Que se passe-t-il, monsieur Seren ? » que je lui demande. Il lève les bras au ciel : « Il se passe que mon Arriflex est tombée en carafe. Je le savais que ça allait arriver ! » Hitchcock, qui parle français, a compris que nous venons de perdre notre caméra. « Mais je vais vous arranger cela », s'empresse d'ajouter Seren.

Il ouvre la porte de la terrasse derrière nous et s'y installe avec sa caméra d'appoint. La Beaulieu fait un bruit d'enfer, et il espère le noyer dans l'ambiance de la rue. Cette solution est franchement pathétique, et il le sait. Il en est cramoisi. Hitchcock, lui, esquisse un petit sourire. Depuis quarante ans qu'il fait des films, il en a vu, des incidents de ce genre.

Il me dit tout à coup, de sa voix basse : « Un jour à Hollywood, je tournais un film dans lequel mon acteur-vedette devait sauter du dixième étage. Il voulait le faire lui-même, pas question d'être doublé, même si c'était plutôt périlleux. Mais il ne voulait pas avoir à recommencer ! Alors, il fallait qu'on le fasse en une fois seulement. Nous commençons à filmer... il se penche... tout le monde retient son souffle... il saute... la caméra le suit. Au moment où il passe à la hauteur du quatrième étage... la caméra bloque. On n'a jamais revu ce cameraman à Hollywood. »

Ce pauvre Seren a compris que, lui, il n'aurait même pas l'occasion de mettre les pieds à Hollywood. Ce jour-là, il se serait bien jeté par la fenêtre lui aussi.

■ ■ ■

Je suis resté deux ans à *Aujourd'hui*. J'y ai acquis une expérience et une assurance qui allaient beaucoup m'aider plus tard.

Pour moi qui ai passé près de quarante ans à travailler en information, *Aujourd'hui* est resté un modèle, avec un contenu varié et solide dont on ne trouve plus l'équivalent maintenant. De nos jours, aucun réseau n'oserait présenter des sujets comme les nôtres en début de soirée. Nous faisions ainsi une large part à l'actualité internationale, avec des commentaires de spécialistes qui venaient nous expliquer les enjeux des conflits et des crises.

Aujourd'hui, les bulletins de nouvelles de début de soirée sont le véhicule du gros fait divers. L'actualité internationale est évacuée en quelques secondes. Il paraît qu'à l'heure du souper les Québécois ont envie de nouvelles faciles à comprendre. Les incendies et les procès de motards, ça se digère mieux.

Comme le disait si bien Maurice Bellemare, le sympathique et chaleureux député et ministre de Maurice Duplessis — qui ne parlait pourtant pas beaucoup l'anglais : «*Other days, other ways...*»

Chapitre 15

« *We will never surrender.* »
 « *I have a dream.* »
 « Français, je vous ai compris. »
Les grands hommes ont parfois de ces phrases qui résument de façon brillante un moment, une idée ou un projet. Elles passent ensuite à l'Histoire, deviennent, justement, historiques.

Et ils ont aussi parfois de ces phrases de consommation plus courante, qui s'adressent à votre personne en particulier, et qu'on souhaiterait ensuite n'avoir jamais entendues. Ce fut le cas d'une phrase décochée par le général de Gaulle à l'un de ses plus fervents admirateurs, le premier correspondant de Radio-Canada à Paris, Dostaler O'Leary.

Dostaler O'Leary était un journaliste de métier qui s'était fait pas mal de relations en France. Quand Jean Lesage vint inaugurer la première Maison du Québec à Paris, en octobre 1961, Dost (comme ses confrères l'appelaient) crut que son rêve allait enfin se réaliser: rencontrer le Général.

Pour des raisons protocolaires, De Gaulle ne pouvait être présent à l'inauguration, mais il avait fait organiser un dîner officiel à l'Élysée. Dostaler, arrivé en retard à la réception, repéra tout de suite le Général en grande conversation avec Lesage. Les deux hommes se trouvaient au milieu d'une foule compacte faisant cercle autour d'eux, comme autant de satellites orbitant autour de deux astres jumeaux. Dostaler entreprit de se frayer un chemin à travers le cordon d'invités, mais personne, bien sûr, ne voulait céder sa place. Il lui fallut jouer du coude, multiplier les excuses et les sourires, effleurer une ou deux conversations. Dominant la foule de sa haute taille, De Gaulle observait ce manège du coin de l'œil, lui qui était de longue date habitué à ces adorateurs voulant à tout prix lui serrer la main.

Son périple demanda dix bonnes minutes à Dostaler, jusqu'à ce qu'enfin il débouche sur les deux hommes, essoufflé, le regard brouillé par l'émotion. Mais avant même que Jean Lesage ait pu faire les présentations, De Gaulle tapota l'épaule du journaliste et lui dit, en désignant une table au fond de la pièce : « Mon ami, les petits fours sont par là. Allez-y, vous les avez bien mérités. »

La légende dit que cette phrase a beaucoup peiné Dostaler, sans pour autant entamer son sentiment de vénération pour le Général.

...

C'est à ce gaulliste éperdu — et grand journaliste — que Marc Thibault me demanda de succéder, au printemps de 1965. Le bureau de Paris était sans correspondant depuis le décès de Dostaler, quelques mois auparavant.

Marc Thibault me proposait donc de partir à Paris pour une période de trois ans. J'y travaillerais pour la radio comme pour la télévision et serais appelé à voyager un peu partout en Europe, en Afrique et au Moyen-Orient.

La proposition était totalement inattendue. J'ai mis un mois et demi à y répondre. Ce départ à Paris signifiait une baisse de revenus importante. À Montréal, avec toutes les publicités que je faisais, j'avais un revenu plus que confortable. À Paris, il serait certainement diminué des deux tiers.

Mais l'offre était trop irrésistible pour que je la refuse. Être correspondant à Paris me donnerait l'occasion de voyager plus que je ne l'avais fait jusqu'ici. J'approfondirais le métier, je fréquenterais les grands journalistes étrangers, des gens du *Monde*, de la BBC, de la RAI...

Et puis, n'ayant pas abusé des études, je savais que j'en avais beaucoup à apprendre sur une foule de sujets. C'était d'ailleurs pourquoi je m'étais inscrit comme auditeur libre en sciences politiques à l'Université de Montréal — où j'avais des camarades de classe comme Claude Charron et André D'Allemagne. Je me disais qu'à Paris je pourrais acquérir une expérience qui vaudrait largement les études que je n'avais pas faites.

À l'émission *Aujourd'hui*, j'avais beaucoup appris et goûté le bonheur de travailler avec une équipe de première classe, mais je sentais que j'avais fait le tour du jardin. Cette fébrilité qui est un de mes traits de caractère les plus déterminants commençait à se manifester. On me donnait la possibilité de passer à autre chose, il fallait que j'y aille. Plus de studio pendant au moins trois ans, à moi les grands espaces et l'aventure !

■ ■ ■

En août 1965, je quittai donc Montréal pour Paris. Je ne partais pas seul, France et les enfants m'accompagnant bien sûr. France était enthousiaste à l'idée de retrouver Paris, et elle comptait travailler un peu en écrivant quelques papiers pour des journaux québécois.

Je n'étais pas non plus le seul correspondant de Radio-Canada à Paris. Nous étions deux, l'un devant surtout couvrir la France, l'autre l'Europe et les points chauds du globe.

Mon nouveau coéquipier était Gilles Loiselle, un homme doté d'un c.v. impressionnant : il avait même été chasseur de lions en Afrique !

Gilles avait vécu sept ans en Éthiopie au cours des années cinquante. Officiellement, il y était professeur et directeur d'école ; chasseur de lions, c'était un *sideline* qui lui venait de ses qualités de tireur et de chasseur émérite. Quand on apprenait qu'un paysan avait été attaqué par le roi de la jungle — ou plutôt de la savane — on venait vite chercher le Canadien. Gilles décrochait son fusil et se mettait sur la piste du tueur. La traque pouvait durer un moment, mais le grand chasseur blanc finissait toujours par abattre sa proie. Au total, Gilles revendiquait huit lions à son tableau de chasse, plus quelques dizaines de gazelles, sangliers et autres léopards.

Combien de fois m'a-t-il régalé du récit de ses aventures éthiopiennes, souvent émaillé de phrases en amharique, la langue que parlait peut-être la légendaire reine de Saba. Aujourd'hui, je ne pourrais garantir l'authenticité des souvenirs de

Gilles. Mais rien que pour son talent de conteur, on avait envie de le croire.

De retour d'Afrique, Loiselle avait travaillé trois ans au *Droit* et à CKCH, à Hull. En 1962, il entrait à Radio-Canada, qui le nommait correspondant parlementaire à Québec l'année suivante. En 1965, avec sa femme Lorraine et ses deux enfants, il partait pour Paris. Un parcours aussi fulgurant serait inimaginable aujourd'hui.

Entre lui et moi, ça a tout de suite cliqué. En nous nommant ensemble à Paris, Marc Thibault et Phed Vosniacos avaient choisi deux personnes aux aptitudes complémentaires. Gilles venait des Nouvelles, et moi des Affaires publiques, deux services récemment regroupés. Il avait une solide expérience du journalisme et de la vie à l'étranger, et moi une facilité à parler au micro et à la caméra, mais aussi une bonne pratique du reportage, de l'entrevue et du direct.

Nos intérêts étaient eux aussi complémentaires. Gilles avait envie de rester en France pour y couvrir la politique locale, je me voyais plutôt courir le monde.

Nous étions à peine arrivés qu'une histoire d'importance éclatait, dont on parle encore aujourd'hui : l'affaire Ben Barka, qui allait s'imposer comme mon premier sujet de reportage. Mehdi Ben Barka, le plus célèbre opposant à Hassan II, roi du Maroc, était réfugié en France depuis 1963. Le 29 octobre 1965, il était kidnappé en plein Saint-Germain-des-Prés, devant la célèbre brasserie Lipp où il avait rendez-vous.

L'affaire était d'autant plus passionnante qu'elle avait des connotations politiques, judiciaires et diplomatiques. On soupçonnait pêle-mêle la police secrète marocaine, la police française, et même la pègre !

Avec le cameraman Jean Forgue et mon vieux copain Georges Romanoff, le preneur de son, nous avons tâché de mettre en images tout ce que nous savions de cette sombre histoire. Du boulevard Saint-Germain jusqu'aux banlieues de Paris, nous avons passé deux jours à suivre les enquêteurs, eux-mêmes sur la trace des kidnappeurs. Nous avons même essayé de pénétrer dans la maison de Fontenay-le-Vicomte, au sud de

Paris, où la rumeur voulait que Ben Barka ait été conduit pour y être assassiné.

Évidemment, nous n'étions pas seuls sur la piste. Toutes les télévisions du monde étaient là. À Radio-Canada, on jugeait l'affaire si palpitante que l'on me fit revenir à Montréal exprès pour la présenter dans le cadre d'une édition spéciale d'*Aujourd'hui*. Je n'ai bien sûr pas pu y révéler le fin mot de l'histoire... qui n'est toujours pas connu aujourd'hui. Une rumeur veut que Ben Barka soit enterré à Évry, là où s'élève aujourd'hui la plus grande mosquée d'Europe... financée par Hassan II.

Sitôt rentré à Paris, je recevais un coup de fil de Phed Vosniacos, qui me demandait de revenir dare-dare à Montréal. Je devais couvrir la campagne électorale fédérale et animer la soirée des élections à la télévision. Je sautai immédiatement dans un nouvel avion, juste pour attraper celui qui transportait le premier ministre et la vingtaine de journalistes affectés à la campagne.

Pendant trois semaines, j'ai donc parcouru le Canada, en compagnie des Jean-V. Dufresne, Peter Desbarats, Blair Fraser et autres. Tous les soirs, il fallait assister à des réunions politiques. Parfois, on me faisait quitter la tournée Pearson pour accompagner un moment John Diefenbaker ou assister à une assemblée néo-démocrate avec Tommy Douglas.

Le soir de l'élection, j'avais la langue à terre, mais il me fallait encore officier à la grand-messe télévisuelle. On en revoit parfois les images, étonnantes pour qui ne connaît que les soirées électorales d'aujourd'hui. Le look, d'abord : animateur et journalistes courbés sur leurs bureaux, fumant comme des cheminées, avec de longs fils blancs leur pendant des oreilles.

Et puis le contenu même : en 1965, il était impossible d'annoncer solennellement que « si la tendance se maintient... » Faute d'ordinateurs, tout s'effectuait à la main, en longs et laborieux calculs. Cette fois-là, le résultat étant trop serré, il fallut tenir l'antenne jusqu'à deux heures du matin, quand furent enfin annoncés les résultats de Colombie-Britannique, pour conclure que le gouvernement Pearson ratait de peu la majorité absolue.

Je suis sorti de cette campagne complètement fourbu. J'estimais avoir bien gagné de retourner à Paris et de m'y installer tranquillement dans mes fonctions de correspondant. Comme si dans ce métier on pouvait choisir ses heures !

Une semaine avant les élections canadiennes, le général de Gaulle avait annoncé que les Français iraient aux urnes en décembre pour se choisir un président. Nous avions reçu la commande d'une émission spéciale d'une heure, pour laquelle mon collègue Gilles Loiselle avait déjà mis la machine en marche quand je rentrai à Paris. Je me retrouvai tout de suite plongé dans une nouvelle campagne électorale.

Nous nous étions partagé le terrain, chacun avec son équipe de tournage. Pour Gilles, De Gaulle et le leader centriste Jean Lecanuet ; pour moi, le candidat de l'extrême droite, Jean-Louis Tixier-Vignancour, et celui de la gauche unie, François Mitterrand.

Parmi les nombreux surnoms qu'on a accolés à Mitterrand au fil des ans, il y a celui de Sphinx. En 1965, seize ans avant qu'il ne devienne président, il n'était déjà pas facile de réaliser une entrevue avec lui. Pour compliquer les choses, Radio-Canada a commis cette année-là une bourde quasi irréparable.

Croyant bien faire, quelqu'un à Montréal avait invité Mitterrand à participer à une émission d'une heure qui serait diffusée en direct un soir de semaine. Les organisateurs de Mitterrand avaient accepté et annoncé leur accord dans un communiqué retransmis par l'AFP (Agence France-Presse).

Sauf que Marc Thibault n'avait pas été consulté : saisi de la chose, il fit une sainte colère. Radio-Canada s'était en effet mise dans de beaux draps. Selon la politique consacrée, inviter Mitterrand en pleine campagne exigeait que l'on invite chacun des autres candidats. C'était bien entendu impensable, la politique française ne passionnant pas à ce point les Québécois. Il a fallu décommander Mitterrand, une tâche pénible dont fut chargé Marcel Blouin, le directeur de l'information à Paris. Comme on s'y attendait, la nouvelle fut très mal reçue. Résultat : pendant plusieurs années, Mitterrand a systématiquement refusé toute entrevue avec Radio-Canada.

J'ai finalement pu l'interviewer vers le milieu des années soixante-dix, alors que je couvrais les élections législatives pour *Le 60*. Cela se passait à Toulouse, où il venait de prononcer un discours sur l'environnement, probablement la plus impressionnante allocution qu'il m'ait été donné d'entendre au cours de ma carrière. Tout de suite après, je me suis approché de Mitterrand et me suis présenté à lui, la caméra déjà en marche, pour enchaîner immédiatement avec une question. Il a répondu sans sourciller et, par la suite, il n'a jamais plus refusé nos invitations.

Mais en 1965, l'affront était encore tout frais, et il était sage de ne pas jouer la carte Radio-Canada quand nous tournions dans les assemblées de Mitterrand. Nous avions intérêt à nous fondre dans le groupe des journalistes.

Avec Tixier-Vignancour, il en allait autrement. L'extrême droite française a toujours eu un faible pour le Québec, qu'elle jugeait somme toute assez réactionnaire. Elle n'avait peut-être pas tort en 1965, sauf que cette vision existait encore récemment, Jean-Marie Le Pen ignorant apparemment tout de la Révolution tranquille. Je l'ai rencontré à quelques reprises et j'ai toujours été étonné de l'image à laquelle il s'accrochait, celle d'un Québec inféodé au clergé et plus français que la France elle-même, menacée, selon lui, par l'immigration massive.

Je me souviens d'avoir retrouvé Tixier-Vignancour à l'aéroport du Bourget, où je devais prendre avec lui un avion privé pour Saint-Malo, en Bretagne. Il était attablé devant un plateau d'huîtres en compagnie d'un de ses collaborateurs, un pied-noir récemment arrivé d'Algérie. Tous les nostalgiques de l'Algérie française appuyaient Tixier-Vignancour, qui s'était opposé aux accords d'Évian et à l'indépendance de l'ancienne colonie. Il avait même défendu les inculpés du procès des barricades, le soulèvement raté de janvier 1960.

J'observais Tixier qui mangeait ses belons et ses fines de claire, tout en parlant de l'Algérie à son interlocuteur visiblement très ému. Tellement ému qu'il fondit en larmes quand le candidat de l'extrême droite lui dit de sa voix spectaculairement basse : « Ne vous en faites pas, nous retournerons en Algérie, qui redeviendra française... » C'était d'un cynisme ! Tixier savait parfaitement qu'on ne pourrait jamais remonter le cours de l'Histoire, jamais défaire ce qui avait été réalisé à Évian...

Malheureusement, je n'avais pas de caméra pour enregistrer cette scène.

■ ■ ■

Ce séjour à Paris n'avait rien à voir avec la frugalité du premier. Nous avions un bel appartement à Passy, avec une grande terrasse de laquelle on devinait la Seine et la tour Eiffel. Sylvain et Pascale étaient inscrits à une école du parc Monceau et semblaient parfaitement heureux de leur nouvelle vie. Je conduisais une superbe Mustang décapotable verte, achetée au *duty-free* américain auquel j'avais accès en tant que Canadien et qui faisait beaucoup d'effet aux Français.

C'était plus difficile pour France, dont le mari n'était pas souvent là. Les premiers temps, je fus absent trois mois sur quatre à cause des élections fédérales puis de la présidentielle française. Et ça ne s'est pas beaucoup amélioré par la suite. La mère de mes enfants a eu bien du mérite de « garder le fort » pendant toutes ces absences. Dès que j'avais un peu de temps devant moi, je m'efforçais d'amener la famille visiter l'un ou l'autre coin de la France. Et quand j'avais plus de temps, nous partions en vacances dans les pays voisins, surtout l'Espagne et l'Italie.

Nos deux enfants profitaient bien de leur séjour parisien, accumulant des expériences qui devaient leur servir plus tard. Pascale, qui avait alors six ans, fit même la page couverture du quotidien socialiste *Combat*, déguisée en mignonne petite cow-girl pour les fins d'une publicité de vêtements pour enfants.

Entre deux reportages, Gilles et moi suivions la politique française, qui était surtout son secteur. Il nous fallait répondre aux demandes du *Téléjournal* et des radio-journaux, friands de topos sur toutes sortes de sujets. La radio était particulièrement exigeante. Même en pleine nuit, nous pouvions recevoir un coup de téléphone de l'affectateur radio, Maurice Crête, qui nous apprenait qu'il y avait eu un tremblement de terre en Turquie, un coup d'État en Afrique ou la mort d'un écrivain célèbre en France. Le punch final était toujours le même : « Peux-tu m'alimenter ? » En jargon du métier, cela voulait dire envoyer rapidement un topo de une minute et demie pour le prochain radio-journal.

Il nous fallait donc nous exécuter en vitesse, et parfois nous avions à peine le temps de vérifier les faits avant de rédiger le texte. Le travail du correspondant n'est pas celui du journaliste de l'agence de presse, qui peut se contenter d'annoncer la nouvelle. Le correspondant, lui, doit s'efforcer de donner un prolongement à l'information. Il analyse la portée des événements et fait écho aux commentaires qu'il a entendus ou qu'il a pu glaner lui-même. Cela demande un certain temps.

Mais quand il fallait « alimenter », nous n'avions pas le choix : nous nous lancions sur la machine à écrire, une vieille Underwood ou une Royal, et tapions notre papier à toute vitesse, l'oreille tendue vers la radio pour recueillir quelques réactions susceptibles d'être insérées dans le topo. Nous n'étions pas encore à l'époque du dialogue entre le lecteur de nouvelles et le correspondant. Cela viendrait plus tard.

Correspondant en France n'était pas un travail simple. Tous mes collègues étrangers le disaient, c'était une des affectations les plus difficiles qui soient. Pénétrer les milieux politiques français exigeait beaucoup de patience et de souplesse, une capacité à gagner la confiance des subalternes qui détenaient la clé de l'accès à un personnage important ou l'autre. L'Assemblée nationale, on pouvait s'y introduire à condition de développer les contacts qu'il fallait. L'Élysée, inutile d'en rêver. J'enviais mes collègues comme Roméo LeBlanc à Washington, qui pouvait facilement joindre Robert Kennedy au téléphone et qui avait même passé deux jours au ranch du président Johnson au Texas.

Il y avait aussi que nous étions canadiens. Les Français nous trouvaient sympathiques, mais nous venions très loin dans l'ordre des priorités. Anglais, Américains, Allemands et Italiens passaient bien avant nous. Il fallait parfois butiner des informations auprès de nos collègues journalistes mieux placés.

La situation s'améliorera, il est vrai, après le « Vive le Québec libre ! » du général de Gaulle.

...

Notre travail nous amenait aussi à couvrir des événements d'intérêt particulier pour les auditeurs de Radio-Canada, telles les visites de personnalités politiques en France.

C'est ainsi que j'apprends un jour l'arrivée prochaine du ministre des Affaires extérieures, Paul Martin, le père de l'actuel ministre des Finances. Comme son fils plus tard dans le gouvernement Chrétien, il était le plus influent ministre du gouvernement Pearson.

Paul Martin allait faire une tournée des pays francophones d'Afrique, ce qui traduisait une nouvelle orientation du Canada, jusque-là surtout lié aux pays du Commonwealth anglophone. La Francophonie comme institution n'existait pas encore, mais on sentait que le Québec avait des velléités de ce côté-là. Cela devait se manifester par la suite aux conférences de Niamey et de Libreville, théâtres des premiers affrontements internationaux entre Québec et Ottawa.

Paris accueillait à l'époque des centaines d'étudiants québécois, parmi lesquels certains nationalistes s'étaient convaincus que l'expédition africaine de Paul Martin visait à couper l'herbe sous le pied au Québec. Nos jeunes compatriotes entendaient contester avec éclat le noir dessein du fédéral.

Je reçois donc un coup de fil au bureau. Mon interlocuteur se présente comme Bernard Landry, étudiant à l'Institut d'études politiques de Paris. Je connaissais déjà Landry de réputation. Il avait été conseiller politique de René Lévesque, qui avait remarqué ses capacités de leader. Étudiant en droit au début des années soixante, il affirmait à qui voulait l'entendre qu'il serait un jour président de la République du Québec.

Landry s'était fait connaître en organisant avec son ami Pierre Marois une bruyante manifestation contre Air Canada, qui avait choisi le DC-9 américain plutôt que la Caravelle française pour équiper sa flotte aérienne. Il avait aussi été l'un des organisateurs de la manifestation contre le président du CN, Donald Gordon, selon qui le CN ne comptait aucun cadre supérieur canadien-français pour la simple raison qu'il n'y en avait aucun de suffisamment compétent.

Au téléphone, Landry m'annonce qu'avec quelques-uns de ses camarades il prépare une manifestation contre Paul Martin, qui doit assister à une réception officielle à la Maison du Canada le soir même.

Sentant qu'il y a là matière à reportage pour *Le Téléjournal*, je décide tout de suite de couvrir l'événement avec mon équipe. La manifestation sera tout ce qu'il y a de plus civil, et le topo envoyé à Montréal très simple : quelques images du ministre, un extrait de son allocution, et une courte entrevue avec Landry qui exprime son fervent désaccord avec ce voyage du fédéral en Afrique. Rien de bien séditieux.

Ce topo me vaudra cependant, non pas une critique, mais quelques observations de Phed, mon patron immédiat. Selon lui, nos caméras n'avaient pas seulement montré l'événement : elles en avaient été le catalyseur. « Sans caméra, il n'y aurait pas eu de contestation. » Cette réflexion, plutôt nouvelle pour l'époque, m'a étonné. « Je n'en suis pas sûr », ai-je répondu à Phed.

Ce genre de critique est fréquent aujourd'hui : la télévision créerait l'événement, qui se justifie parfois par la seule présence des caméras. Il est vrai que tous les groupes, surtout les plus démunis, ont appris à utiliser la télévision pour faire passer leur message. Mais, en même temps, la présence des caméras ne contribue-t-elle pas à civiliser un peu l'événement ? N'est-elle pas une soupape pour ceux qui ont l'impression de ne jamais avoir voix au chapitre ?

Sans nous, cette fois-là à Paris, la manifestation aurait peut-être été plus animée ; les contestataires auraient dû crier pas mal plus fort pour se faire entendre. Mais Phed n'était pas convaincu par mon interprétation des choses. L'incident était cependant clos, et nous n'allions plus nous opposer là-dessus.

À l'époque, je ne connaissais pas Marshall McLuhan, qui n'était pas encore le prophète cosmique *posterisé* par Mai 68. Mais sans le savoir, Phed et moi venions de débattre de son fameux adage : « Le médium, c'est le message... »

Chapitre 16

SEPTEMBRE 1978, SAN PEDRO SULA, HONDURAS

La misère est moins pénible au soleil, non ?

C'est un cliché auquel les Occidentaux adhèrent volontiers. Charles Aznavour l'a même mis en chanson, et c'est celle-là qui me trotte dans la tête depuis que nous avons quitté San Pedro Sula, au nord de Tegucigalpa, la capitale du Honduras. J'ai rarement éprouvé à ce point la stupidité du cliché.

Dans le Land Rover loué à San Pedro, nous avançons avec difficulté. Les terres sont inondées d'une épaisse vase brune, les routes défoncées. Il y a deux jours, il a plu pendant des heures, d'une de ces pluies que l'on rebaptise « déluge » quand il n'y a plus de mot possible, quand même les mots sont emportés par le torrent. Les parois des montagnes ont été lavées, mises au roc. La terre s'est transformée en une boue épaisse, lourde de pierres et d'arbres arrachés au passage. Dégringolant des hauteurs, cette boue a englouti les bananeraies, les routes, les villages. C'était la nuit, les familles dormaient.

Le climat québécois est peut-être sévère, mais il est quasi sans surprise, sans excès de fièvre. Nous ne savons rien des ouragans, des raz-de-marée, tremblements de terre et autres éruptions volcaniques. Dieu les a réservés à ces contrées de soleil auxquelles nous rêvons l'hiver.

Autour de nous, sur un territoire d'une dizaine de kilomètres carrés, il y a... combien de morts ? Des centaines, des milliers ? On ne le saura pas avant plusieurs jours.

Nous arrivons à un village qui ne porte plus de nom, le panneau indicateur a été emporté lui aussi. Il reste quelques maisons, une buvette dont l'enseigne *Tome Coca-Cola* a tenu le coup. À côté d'une camionnette à moitié engloutie, trois chiens se partagent la carcasse d'un cheval. Et à intervalles réguliers, des corps : hommes, femmes, enfants, noyés en tentant de fuir les coulées de boue. Des équipes de secouristes s'affairent à les ramasser.

Ceux qui n'ont pu sortir de leurs maisons sont sans doute morts eux aussi, même si des secouristes ne perdent pas espoir d'en retrouver quelques-uns. Des hommes et des femmes, munis de pelles, creusent frénétiquement. Sous ces montagnes de boue, il y avait des maisons, des cordes à linge, des poules qui dormaient contre un mur, quelques *abuelos* qui ronflaient au grand désespoir de leur femme, des *niños* qui rêvaient de courses dans la montagne... Le silence est lourd, rompu par le seul bruit des pelles qui creusent et qui creusent sans trêve. Il est trop tôt pour parler.

Un homme dont nous nous sommes approchés semble vouloir parler, pourtant. Il n'a pas retrouvé sa femme ni sa fille. Il a peur qu'elles ne soient ensevelies juste là, sous nos pieds. La petite s'appelait Manuela, comme sa tante qui travaille à l'hôpital de San Pedro. Il nous montre sa photo, dans le médaillon qu'il porte au cou. Dans son souci de dignité, il ne s'autorise même pas un pleur.

C'est un *campesino*, plus jeune sans doute que l'âge qu'on lui donnerait. Normalement, un monde nous séparerait, lui le paysan hondurien, moi le journaliste québécois. Aujourd'hui, c'est un univers entier, de douleur, de désespoir, peut-être de haine pour le sort qui l'a fait naître ici.

Je me sens creux. Impuissant. Je voudrais réconforter cet homme effondré devant moi, trouver quelque chose à dire qui puisse atténuer sa douleur. Les mots ne viendront pas, ni en espagnol ni en français. L'entrevue terminée, je pose la main sur son épaule, que j'étreins un moment. Je ne suis que témoin. J'enregistre, en espérant que peut-être, chez nous, devant son écran de télé, quelqu'un décidera de faire quelque chose. Si en informant je sensibilise, alors tant mieux. Mais j'ai le sentiment qu'une fois de plus je me réfugie dans la rationalité.

Ce qui frappe ici, et qui nous avait frappés sur la route, c'est l'absence totale de l'État hondurien, comme s'il avait été englouti lui aussi. Depuis notre arrivée tout à l'heure, à San Pedro Sula, le cameraman René Jeanneret et moi n'avons vu aucun uniforme, aucune présence officielle, sinon celle de quelques douaniers à l'aérogare. Pas de militaires, pas de policiers.

Aucun signe non plus de l'autre pouvoir, le vrai pouvoir, diront certains : celui de la United Brands (appelée il y a quelques années encore la United Fruit). Cette région de la côte caraïbe est dominée par la culture de la banane. Une grande partie des habitants sont à l'emploi de la *frutera*, pour laquelle ils constituent une réserve inépuisable de *cheap labor*. En cette fin d'après-midi, on ne voit pas beaucoup de cadres de la United sur les lieux de la catastrophe.

René et moi rentrons à San Pedro Sula, que nous atteignons à la nuit tombée. Nous avons trouvé des chambres dans le seul hôtel de la ville, où il y a aussi un petit restaurant, en fait une gargote où l'on sert une cuisine sous-mexicaine. Demain, lever tôt. Nous filerons vers l'aéroport pour témoigner de l'arrivée des secours internationaux.

Six heures du matin. Nous sommes debout, restaurés et prêts à partir pour l'aéroport qui se trouve juste à côté de la ville. En arrivant, nous apercevons des avions de transport militaire qui viennent de se poser. L'armée est sur place, enfin. Des soldats s'affairent à vider le ventre des avions et à transporter marchandises et fournitures diverses vers des camions stationnés sur la piste. D'autres avions arrivent d'Espagne, des États-Unis, du Mexique, et même du Canada : un Hercule en provenance de Trenton, en Ontario, a apporté des médicaments. La solidarité internationale est en marche.

Un jeune capitaine de l'armée hondurienne dirige les opérations de transbordement, qui sont surveillées par des responsables de la Croix-Rouge. Je vais auprès d'eux m'enquérir de la destination de cette aide. La question est un peu piégée, car elle en cache une autre : « Cette aide va-t-elle aller à ceux qui en ont besoin ou aboutir dans les poches de quelques profiteurs ? » Le détournement de l'aide internationale est un scandale récurrent. Un cas patent est celui du Nicaragua voisin, où l'aide aux victimes du tremblement de terre de 1973 a servi à enrichir encore plus le clan Somoza. Aucun journaliste ne peut éviter de poser cette question.

Le responsable de la Croix-Rouge était au village où nous avons filmé hier, et il m'a reconnu. Il sait très bien ce que je veux dire. « Une partie de ce que vous voyez est destinée aux habitants de la région où vous étiez », m'assure-t-il.

L'idée me vient alors de retourner au village d'hier. Mais nous n'irons pas en auto, cette fois. Il y a une école de pilotage à l'aéroport, et son directeur accepte de nous louer un Cessna 172 avec un pilote.

Nous enlevons les portes de l'appareil et prenons place. René occupe la banquette arrière, d'où il aura le champ libre pour filmer. Je m'installe à l'avant, dans le siège du copilote.

Nous décollons. Très vite, au bout de dix minutes, nous arrivons au-dessus du secteur visité hier. Nous volons à trois cents ou quatre cents pieds, et l'image est encore plus saisissante que celle que nous avions en bas. Normalement, à cette altitude, le tapis vert des bananeraies se déroulerait presque à l'infini. Mais ce que nous avons sous les yeux est une vaste étendue d'eau brunâtre sur laquelle le soleil jette des reflets sinistres. René, bien attaché à son siège, filme ce paysage de désolation. Je l'entends jurer : « Quelle merde ! Il y avait des villages ici ! Regarde, on voit encore une église là-bas... »

« J'ai besoin de vous », me dit le pilote tout à coup. « Surveillez bien les oiseaux. Il faut me prévenir s'ils sont trop près de nous. » Absorbé par le spectacle, je n'avais pas remarqué les énormes oiseaux noirs qui virevoltent autour de l'avion. Je réalise que ce sont des vautours, attirés par les cadavres qui jonchent encore les terres inondées. J'en compte une bonne vingtaine. À cause des manœuvres qu'il doit effectuer pour permettre à René de filmer, le pilote peut difficilement les surveiller lui-même. Si nous en heurtons un, en effet, c'est une descente en piqué qui nous attend.

Mais ce n'est pas encore le pire. Juste au-dessous de nous, sur plusieurs petites îles émergeant de la mer de boue, nous apercevons des groupes de personnes qui nous font des signes : des réfugiés de la catastrophe. Ils sont sans doute là depuis trois jours. Ils n'ont rien mangé et attendent des secours.

L'avion vire pour se diriger vers le groupe le plus important. Ils sont une dizaine, réunis sous un palmier au sommet d'une colline. René s'est penché périlleusement par la porte ouverte, et il filme... les poings qui se tendent vers nous.

Nous volons très bas, je vois les visages, j'entends presque les insultes qui fusent... Ils attendaient des vivres et des couvertures. Pour l'instant, ils n'ont droit qu'à la chance de passer aux nouvelles dans un pays lointain.

Encore une fois, je m'interroge sur la finalité de mon métier. Ce que nous faisons est nécessaire, il faut que le monde sache le drame qui se déroule ici, et pour cela, rien ne vaut le témoignage direct, les images. Mais il y a ce côté paparazzi qui me gêne...

Comme s'il y avait en moi, en nous, un peu de ces oiseaux noirs qui continuent de tourner dans le ciel bleu...

Comment s'appelait ce film d'Antonioni sorti il y a deux ou trois ans ? *Profession : reporter*, c'est ça ?

Ici, il aurait peut-être filmé *Profession : charognard...*

Chapitre 17

Vers le milieu des années soixante, la vie politique en France était centrée sur un homme, Charles de Gaulle. Impossible de l'exprimer autrement : il occupait toute la place. Non pas qu'il ait été privé d'adversaires dignes de lui : il en avait, et des plus intéressants, comme François Mitterrand. Mais sa façon d'exercer le pouvoir le situait loin au-dessus de cette masse qu'il avait un jour décrite comme « tout ce qui grouille, grenouille et scribouille ». Il se voyait, et on le voyait, comme l'incarnation même de la France, le monarque élu.

Je peux l'avouer aujourd'hui : j'ai toujours éprouvé la plus profonde admiration pour De Gaulle. Pendant des années, j'ai eu une grande affiche de lui dans mon bureau à Radio-Canada.

Cela remonte loin, à la Deuxième Guerre mondiale, quand il était l'objet du plus grand respect chez moi. Mon père et ses amis étaient de farouches partisans de celui qu'on avait baptisé « l'homme du 18 juin », date de son appel à la résistance lancé depuis Londres. Par contraste, les familles de mes petits camarades étaient plutôt pétainistes, ce qui suscitait de joyeuses discussions de ruelles. Nous avions huit ans et nous avions tout compris du monde.

Mon admiration pour De Gaulle s'est accrue quand il est revenu au pouvoir en 1958, pour instaurer un système politique stable, débarrassé des pathétiques chicanes qui minaient la France et son image. Selon leurs critiques les plus méprisants, au Québec et ailleurs, les Français ne pouvaient pas s'administrer eux-mêmes, ils changeaient de gouvernement comme de chemise. La caricature en faisait des jouisseurs et des gueulards, béret sur la tête et baguette sous le bras, se gaspillant en vaines querelles au lieu de travailler à relancer l'économie de leur pays. D'ailleurs, qu'avaient-ils à exporter, hormis leurs vins, leurs fromages et leurs parfums?

Le retour au pouvoir de De Gaulle en 1958 va marquer le début de temps nouveaux. Avec l'instauration de la Ve République, adoptée par référendum, il ramènera ordre et stabilité dans l'administration du pays. Des pouvoirs accrus au président rendront pratiquement impossible ce que De Gaulle appelait la «chienlit parlementaire», les stériles bagarres à l'Assemblée nationale.

Sur la scène extérieure, la force de frappe, même contestée, deviendra un symbole d'affirmation de l'indépendance nationale. Elle contribuera à resituer la France dans le cadre des grandes nations. Parallèlement, De Gaulle mènera à terme le processus de la décolonisation, du moins en Afrique.

Au même moment, le pays va connaître des succès technologiques qui vont permettre un accroissement des exportations dans des domaines où la France était absente depuis longtemps. Des avions comme la Caravelle et le Mirage en sont un bel exemple.

Sur le plan social, ce sera moins heureux, le développement d'une troisième voie entre capitalisme et socialisme butant contre les usages archaïques de la société française. L'insatisfaction se manifestera d'une spectaculaire façon en mai 1968.

Qu'on se rassure, mon panégyrique gaullien comporte quelques nuances, d'ailleurs développées dans l'exercice de mon métier de correspondant en France. Force est d'admettre que le général de Gaulle avait une conception du pouvoir plutôt impériale. Il n'endurait tout simplement pas la contradiction.

Un signe parmi d'autres: le contrôle que son gouvernement exerçait sur les grands moyens de communication, notamment la télévision. Il n'y avait pas d'anti-gaullistes chez les patrons de la télévision, et l'on prétendait à l'époque que le contenu des bulletins de nouvelles était soumis pour approbation au ministre de l'Information. Cette situation était décriée dans plusieurs journaux, qui permettaient à l'opposition de se faire entendre. Reste que la télévision pratiquait un ton officiel inimaginable pour un Nord-Américain comme moi.

De Gaulle en conférence de presse était un spectacle fascinant. Les lieux d'abord. Le grand salon du palais de l'Élysée, résidence officielle des présidents français, pouvait accueillir de deux cents à trois cents journalistes sous ses lambris dorés. La presse s'installait pendant les minutes qui précédaient l'entrée du Général. Autour d'une grande table où étaient dressés des micros, les ministres prenaient place ensuite. Ils s'asseyaient par ordre d'importance, comme dans un congrès du Parti communiste chinois. À moins d'empêchement majeur, tout le monde devait être là.

Les caméras de télévision étaient au fond de la salle, tenues à une distance respectueuse du président-orateur. Pas question, comme cela se passe maintenant, de permettre aux cameramen de s'approcher de celui qui parle. Les conférences de presse de l'Élysée étaient une grand-messe, où le respect du rituel, et de l'officiant, était impératif.

À l'heure des vêpres, à dix-sept heures précises donc, le Général faisait son entrée. La cérémonie commençait par un exposé que De Gaulle livrait de sa voix basse et forte. Son élocution était lente, précise, chaque mot semblant valoir son pesant d'Histoire. Cette mise en situation durait une dizaine de minutes, au terme desquelles les journalistes étaient invités à poser leurs questions.

Personne n'était dupe : la plupart des questions avaient été préparées — nous dirions aujourd'hui «plantées» — par les services de presse de l'Élysée et du ministère de l'Information, en compagnie de journalistes complaisants œuvrant dans les médias proches du pouvoir. Le Général répondait en détail et dans une langue admirable, une suite de longues phrases comportant parfois des incidentes mais qui toujours revenaient au sujet principal. Il était d'autant plus facile d'apprécier le style du Général que l'AFP publiait simultanément le mot à mot de ses interventions. Une pratique appréciée des journalistes qui devaient chercher des extraits destinés aux journaux parlés.

Il arrivait parfois qu'au milieu de ces questions déférentes s'en glissât une qui n'était pas prévue au programme. Je me souviens ainsi d'un journaliste qui s'était tout à coup levé pour demander au Général s'il ne croyait pas que « la gérontocratie est incompatible avec l'exercice du pouvoir ».

Le Général encaissa le coup, comme un vieil éléphant pris pour cible par un chasseur, et répondit qu'il ne se reconnaissait pas dans cette question. Pendant ce temps, des murmures agitaient le parterre de journalistes. L'impertinence d'un des leurs allait alimenter la chronique pendant plusieurs jours.

Je n'ai jamais pu poser de questions à De Gaulle pendant mon séjour. J'aurais pu le faire au cours de la conférence de presse qui a suivi son retour en France après le célèbre « Vive le Québec libre », mais j'étais en reportage à l'extérieur du pays ce jour-là...

■ ■ ■

Il ne se passait pas quinze jours sans que l'occasion s'offre de partir en tournage, soit pour *Le Téléjournal,* soit pour une émission spéciale. En fait, ce que je trouvais formidable de ma vie de correspondant, c'était la très grande liberté dont nous disposions pour choisir nos sujets et les traiter comme nous l'entendions.

Phed Vosniacos était le patron le plus agréable qu'on puisse imaginer. Phed, c'était Zorba le Grec, un véritable sosie d'Anthony Quinn, qui cassait les assiettes aux petites heures de la nuit dans les bars au son du sirtaki. J'aimais surtout qu'il nous fasse confiance et nous laisse toute latitude dans l'organisation de notre travail. Ancien journaliste d'agence — il avait été à la United Press International — il avait le respect du travail sur le terrain. En même temps, il nous avait à l'œil et ne se gênait pas pour commenter nos prestations.

Même si j'adorais mon métier, le travail n'était pas toujours exaltant. J'écopais parfois de sujets de haut niveau que j'aurais préféré laisser à mon collègue Gilles qui, lui, en raffolait : actualité parlementaire française, rencontres de chefs d'État, réunions d'organisations internationales... Pas surprenant que Tit-Gilles soit devenu plus tard président du Conseil du trésor dans le gouvernement Mulroney, puis ministre des Finances de Kim Campbell.

Il adorait naviguer dans ces eaux, ce que je détestais franchement : il ne pouvait donc y avoir de chicanes entre nous. Mais il arrivait quand même, pour une raison ou une autre, que je doive couvrir une de ces interminables réunions de l'OTAN ou, pire encore, de l'OCDE. Des heures à faire le pied de grue en compagnie d'une flopée de journalistes, à attendre que l'ascenseur éjecte à deux heures du matin un ministre néerlandais fourbu mais heureux d'annoncer dans son anglais à la sauce batave que la réunion avait accouché d'une correction à l'article 16, alinéa B, du traité sur le charbon et l'acier... Dans ces moments-là, je regrettais de ne pas avoir suivi les traces d'Eddie Constantine.

Un de mes pires souvenirs du genre est une réunion des dirigeants d'Europe de l'Est à Budapest : trois jours de délibérations sur des questions de sécurité et d'économie. L'épreuve suprême : je devais rendre compte d'une réunion tenue à huis clos, entre des leaders reconnus pour leur amour maniaque du secret, avec comme unique source d'information des porte-parole qui s'exprimaient principalement en allemand et en russe, langues auxquelles je n'entendais rien. Pour l'agent Nadeau, c'était vraiment *Mission impossible*!

Heureusement, parmi les rares journalistes occidentaux sur place se trouvait David Halton, correspondant de la CBC à Paris, un excellent journaliste doublé d'un être exquis : je suis d'ailleurs parrain d'un de ses fils. À Budapest, nous nous sommes partagé les longues heures d'attente, ce qui nous empêchait de périr d'ennui et nous permettait de prospecter un peu Budapest, une des plus jolies villes d'Europe de l'Est, fendue en deux par un Danube particulièrement majestueux.

Je n'ai jamais eu l'impression de faire du bon travail quand je me retrouvais dans ce genre de situation. Je n'aime pas les mondanités. Je déteste tout particulièrement le protocole et les flonflons qui entourent les rencontres de chefs d'État ou de grandes institutions. Chaque fois que j'ai vécu ce genre d'expérience, j'ai compris pourquoi je raffolais du reportage sur le terrain.

Budapest n'était pas ma première visite de l'autre côté du Rideau de fer. Je l'ai franchi pour la première fois en 1966, lors d'un séjour à Berlin. Il était impressionnant de se retrouver dans cette ville symbole de la guerre froide, rutilante enclave capitaliste au cœur de l'Allemagne de l'Est communiste. Il était cependant hors de question de tourner à Berlin-Est, nous le savions au départ de Paris. Mais rien ne nous empêchait, le tournage à l'Ouest terminé, de franchir le Mur pour une courte escapade. Avec mes camarades Paul Gobet et Georges Romanoff, je fis donc le projet de passer quelques heures à Berlin-Est, question de voir un peu la ville et de prendre un verre dans un café.

Le jour tombait quand on nous déposa au célèbre « Checkpoint Charlie », l'unique ouverture dans le sinistre Mur. L'atmosphère était tout à fait celle de *L'espion qui venait du froid*, le best-seller qui venait de consacrer John Le Carré maître du roman d'espionnage. Pendant que des gardes-frontières en uniforme gris scrutaient nos passeports, des douaniers examinaient le dessous de quelques rares voitures au moyen de miroirs montés sur de longues perches.

Pour avoir franchi bien des frontières, je suis habitué aux mines rébarbatives qui vous y accueillent. La forme des couvre-chefs varie, de même que la couleur des uniformes, mais le mandat est partout le même : ne surtout pas donner l'impression que vous êtes les bienvenus. À ce chapitre, les gardes est-allemands étaient des maîtres. Aucune aménité dans l'attitude, le visage fermé comme le Mur lui-même, et dans les yeux une réelle hostilité pour les mécréants capitalistes. Peut-être plus encore pour les curieux comme nous, qui allions seulement jeter un coup d'œil sur leur petit monde.

Pour ajouter au charme de l'endroit, il y avait ces gardes bien armés, que nous apercevions ici et là dans les miradors surplombant le Mur. Ceux-là avaient ordre de tirer sur tout compatriote essayant de fuir vers Berlin-Ouest. Et ils ne s'en privaient pas.

Passé Checkpoint Charlie, des taxis attendaient les rares touristes. Un tour de ville nous fit réaliser le contraste hurlant entre les deux sœurs ennemies. Berlin-Ouest était une vitrine du capitalisme, immeubles modernes, magasins de luxe, voitures sport, restaurants chics, cafés fréquentés par une jeunesse dorée.

À l'Est, le spectacle était grandiose et désolant. Sur Unter den Linden, l'avenue de prestige, quelques édifices rococo-baroques rappelaient l'époque où Berlin était la capitale de la Prusse. De très beaux immeubles avaient abrité, nous dit-on, les ministères de l'Allemagne hitlérienne. Mais ils semblaient être restés inhabités depuis la fin de la guerre. Les larges rues étaient presque vides de voitures.

Nous avons circulé ainsi pendant une heure avant de nous arrêter dans un café. Beaucoup de jeunes s'y trouvaient, il y avait une université pas loin. À l'encontre de tous nos préjugés, ces jeunes ne semblaient pas malheureux de leur sort. Ils n'avaient pas les épaules voûtées et l'air fuyant que nous prêtions aux sujets de Marx et de Lénine. Au contraire, ils paraissaient intéressés par notre présence, d'autant qu'il n'y avait pas beaucoup de touristes à Berlin-Est à l'époque.

Quelques-uns de ces étudiants engagèrent la conversation avec nous dans un anglais approximatif. Georges, autrefois prisonnier de guerre en Allemagne, parlait bien la langue et se fit interprète. Il nous confirma que ces jeunes, malgré leur curiosité pour l'Ouest, n'avaient aucune envie d'y passer. Ils nous parlèrent du récent concert des Rolling Stones à Varsovie, qu'ils auraient bien aimé voir, mais leurs regrets semblaient s'arrêter là.

Peut-être ces jeunes bien dans leur peau étaient-ils des fils de la *nomenklatura*, la bourgeoisie communiste. Ou peut-être étaient-ils des dissidents et nous prenaient-ils pour des agents de la Stasi chargés de tester leur fidélité au régime. Ce qui est sûr, c'est que si l'un d'entre eux avait eu des velléités de faire le Mur, il ne s'en serait pas confessé à des étrangers.

Notre retour s'est fait sans problème. Pour passer à l'Est, il fallait montrer patte blanche. Pour retourner à l'Ouest, ma foi, on n'était que trop heureux de nous montrer la porte.

Cette brève escapade à l'Est m'avait donné l'envie de connaître les habitants de l'empire soviétique. L'occasion m'en fut offerte au printemps 1967, quand on me demanda de tourner une émission d'une demi-heure sur la Roumanie.

Le sinistre Ceausescu, qui devait connaître une mort violente en 1989, était au pouvoir depuis 1965. La Roumanie vivait dans une schizophrénie intéressante. Par rapport au grand frère de Moscou, le pays revendiquait son indépendance, à laquelle le Kremlin consentait parce que la Roumanie était d'une importance stratégique moindre. À l'intérieur de ses frontières, par contre, la Roumanie de Ceausescu était conforme au modèle stalinien, dogmatique et répressive à souhait. Un véritable État policier.

Pendant quinze jours, avec Georges Romanoff et Jean Forgue, nous avons parcouru le pays depuis la capitale, Bucarest, jusqu'à la frontière occidentale, où vit une importante minorité hongroise. Puis nous sommes revenus vers la mer Noire via la Transylvanie, avec ses magnifiques monastères et ses châteaux évoquant un Roumain légendaire auquel Ceausescu sera comparé plus tard, le comte Dracula.

Partout, le même constat s'imposait: les Roumains se méfiaient des étrangers. Ils étaient terrorisés à l'idée de dire quoi que ce soit qui puisse ressembler à une critique du régime et être ensuite rapporté à la Securitate, la redoutable police secrète. Je me souviens notamment d'une vieille dame qui, un midi, mangeait à une table voisine de la nôtre dans un restaurant de Bucarest. Elle parlait un français parfait, avec une pointe d'accent rappelant celui d'une grande comédienne de théâtre roumaine qui a fait carrière en France, Elvire Popesco.

Cette dame nous écoutait attentivement, et il était évident qu'elle mourait d'envie de nous parler. Je finis par l'aborder. Tout de suite, elle me prévint: «Il n'est pas question que je vous donne une entrevue.» Puis, à voix basse, elle ajouta: «Mais il me faut vous dire comme nos libertés sont bafouées dans ce pays. Liberté de circuler, liberté de s'exprimer, tout... Si on critique le régime, on ne sait jamais si nos paroles ne seront pas rapportées à la police, ce qui peut nous valoir les pires ennuis. Et la situation économique, messieurs, est déplorable. Nous crevons de faim!»

Elle continuait de se confier, un torrent d'amertume trop longtemps contenu, quand notre guide-interprète, Roman, vint nous rejoindre. Nous savions qu'il travaillait pour la police spéciale du ministère de l'Information. Il lui rapportait toutes nos allées et venues, de même, bien sûr, que nos conversations avec des Roumains.

Georges me fit discrètement signe quand il le vit s'approcher de nous, et je fis dévier la conversation vers le théâtre et Elvire Popesco. La dame était terrorisée à la pensée que Roman ait pu l'entendre. Mais si ç'avait été le cas, il avait préféré faire celui qui n'avait rien entendu. Notre nouvelle amie n'a pas été inquiétée, je l'ai su par après.

Quand même, cet incident illustre les limites de notre métier, à nous journalistes de télévision. Sans témoignage filmé, sans images qui parlent avec une certaine force, nous revenons du plus passionnant voyage avec les mains vides. « On veut pas le savoir, on veut le voir ! » dira Yvon Deschamps. C'est dans ces circonstances-là que nous envions nos confrères de la presse écrite...

Chapitre 18

LES RENDEZ-VOUS RATÉS

Le 5 juin 1967, je rentre tout juste de mon reportage en Roumanie. Vers les six heures du matin, la nouvelle me réveille brutalement : Israël vient d'attaquer l'Égypte. Il ne faudra qu'un moment pour que le conflit s'étende aussi à la Syrie et à la Jordanie.

On sentait depuis quelque temps que la tension montait au Proche-Orient. Ces dernières semaines, le numéro un égyptien, Gamal Nasser, avait fermé le détroit de Tiran à la navigation israélienne, puis signé des alliances militaires avec la Jordanie et l'Irak. Mais peu d'observateurs envisageaient qu'Israël réplique de cette façon. Il ne s'agit pas d'une opération limitée comme il y en a eu depuis un an. La troisième guerre israélo-arabe est commencée.

Ce nouveau conflit attire déjà l'attention du monde entier... mais pas celle des patrons de l'information à Montréal, qui dorment du sommeil du juste. Il faudra tirer Phed Vosniacos de son lit. Très rapidement, un conseil de guerre, c'est le cas de le dire, se tient à Montréal. Décision est prise de dépêcher en Israël Guy Lamarche et un cameraman, Jean Bisson. Un autre reporter de la salle des nouvelles, Pierre Sauvé, va se rendre au Caire. Pour ce qui est de l'équipe de Paris, il est convenu avec Marcel Blouin et Gilles Loiselle que c'est moi qui partirai.

Mais pour aller où? Il me reste comme possibilités la Syrie et la Jordanie. Phed décide que j'irai à Damas, d'où j'essayerai de rejoindre le front, quelque part du côté du Golan.

Mais se rendre en Syrie n'est pas simple, alors que tous les aéroports du pays sont fermés. L'idée nous vient de passer par Nicosie, dans l'île de Chypre. De là, nous gagnerons le sud de la Turquie, puis la frontière avec la Syrie, pas très loin. Je m'embarque donc pour Chypre avec le cameraman Jean Forgue et le preneur de son Georges Romanoff, mon vieux complice. Nous arrivons tard en soirée.

Le lendemain matin, au lever du jour, nous nous pointons à l'aéroport. Il y a un avion pour Iskenderun, une ville portuaire turque, à trente minutes de vol. Mais l'avion est complet, et il s'agit de l'unique vol de la journée. Nous avons beau remuer mer et monde, il n'y a vraiment pas de place pour nous. Georges, réputé roi du bakchich, arrive seulement à nous assurer un départ pour le lendemain après-midi.

Nous voilà donc de retour à notre hôtel, en proie à la plus grande frustration. Rien d'autre à faire que de nous asseoir au bord de la piscine et d'écouter les radio-journaux de la BBC. Ils nous informent de l'inexorable avance des Israéliens, à une soixantaine de kilomètres d'ici à vol d'oiseau. Nous nous sentons inutiles. Des journalistes privés de dessert.

Le lendemain, nous sommes à l'aéroport bien avant l'heure. Notre avion est un Viscount, un modèle à hélice de fabrication britannique. Ou s'agit-il plutôt d'un autobus ? Il est bondé à un point tel que le personnel de bord doit faire le trajet debout, décollage et atterrissage compris. Parmi les passagers, trois femmes qui tiennent chacune une poule sous le bras. C'est couru, la première turbulence les fera lâcher prise, et nous aurons droit au vol dans le vol, la basse-cour en folie à douze mille pieds d'altitude. À mon grand étonnement, il n'en sera rien. Les solides paysannes turques en ont vu d'autres.

Nous voilà donc en Turquie. D'Iskenderun, nous filons vers la frontière, à une heure et demie de route. Il fait nuit quand nous y arrivons. Du côté syrien, le poste-frontière est fermé. Notre chauffeur palabre avec les douaniers turcs, qui sont formels : si nous désirons entrer dans le no man's land entre les deux pays, c'est à nos risques. Ils vont nous laisser passer, mais nous ne pourrons peut-être pas revenir.

Tout bien considéré, il vaut mieux attendre jusqu'au lendemain matin. Revenant sur nos pas, nous trouvons une auberge à Antakya, alias Antioche, ancienne capitale du Royaume latin d'Orient. La chambre que j'occupe semble n'avoir pas été rafraîchie depuis l'époque des Croisés et de Godefroy de Bouillon.

Au lever du jour, nous repartons pour la frontière syrienne. Qui est toujours fermée et le demeurera jusqu'à nouvel ordre. Cela pourrait prendre deux jours, trois jours, on ne sait pas. De toute façon, nous n'avons pas de visas : la frontière serait ouverte que nous ne pourrions pas passer.

À la radio, la BBC annonce le succès de l'offensive israélienne dans le Sinaï, et sa victoire certaine sur le front syrien. Nous sommes à un kilomètre de la Syrie, qui ne veut pas de nous. Que faire ? Je décide de rentrer à Iskenderun puis, de là, de retourner à Chypre, d'où il sera possible de nous rendre à Tel-Aviv ou à Beyrouth. Il faut oublier la Syrie.

Il est midi quand nous atteignons l'aéroport. Il n'y a pas de vol pour Nicosie avant le lendemain, nous dit-on. Et la seule façon de quitter la Turquie pour rallier une ville d'où nous pourrions repartir vers le théâtre des opérations, c'est en passant par Istanbul... pour y prendre un avion vers Athènes ou Rome.

Je dis non. C'est assez. Nous allons attendre le lendemain et revenir à Nicosie. Entre-temps, je passerai quelques heures à essayer de joindre au téléphone Paris ou Montréal. En vain. Personne ne sait que nous sommes dans ce trou perdu.

Ces contretemps commencent à nous stresser sérieusement. Pour décompresser, nous allons en ville et trouvons un boui-boui où manger des grillades et goûter à l'anisette locale, le raki. La BBC continue de témoigner des succès militaires israéliens. Évidemment, eux, ils ont des correspondants permanents sur place. Le coucher de soleil sur la baie d'Iskenderun est magnifique, mais nous ne le voyons pas tant notre impatience est grande.

Le lendemain matin, nous reprenons l'avion pour Nicosie. Toujours le même topo : les stewards debout et les Chypriotes turques avec leur poule sous le bras. Je subodore matière à reportage. Que cache ce trafic de gallinacés entre Chypre et la Turquie ? Mais ce n'est pas ce sujet-là qu'on attend de moi maintenant.

C'est parmi les caquètements que nous arrivons piteusement à Nicosie. Je finis par joindre Marcel Blouin à Paris. Il est soulagé d'apprendre que nous existons encore. Nos familles et nos camarades s'inquiétaient de notre silence depuis quarante-huit heures. Là-dessus, il m'annonce que Guy Lamarche doit rentrer à Montréal et que ma mission est dorénavant de me rendre le plus tôt possible à Tel-Aviv.

Je raccroche et m'enquiers tout de suite du prochain vol pour cette destination. Pas avant demain, me répond-on. Peut-on louer un bateau rapide, alors ? Rien à faire. Depuis le début de la guerre, il n'y a plus de navette entre Chypre et Israël. La guigne nous poursuit.

En cette belle soirée de juin, nous sommes donc de retour au bord de la piscine du Ledra Palace pour y reboire un scotch en écoutant la BBC. Elle annonce la déconfiture totale des Égyptiens et des Syriens. À Jérusalem, les combats se poursuivent. Les troupes bédouines du roi Hussein résistent courageusement aux Israéliens, qui devraient néanmoins l'emporter. Pendant ce temps, les Nations unies œuvrent à obtenir un cessez-le-feu qui ne tardera sans doute pas. Israël a atteint son objectif, dégager les frontières du pays, élargir sa zone de sécurité.

Nous sommes le 9 juin, cinquième jour de la guerre. À partir de demain, nous pourrons enfin témoigner.

À notre arrivée le lendemain, nous trouvons Tel-Aviv en liesse. La guerre en est à ses dernières heures, on le sent, et les Israéliens sont fiers du travail accompli par leur armée et leur aviation.

Nous l'apprendrons plus tard : le triomphe des Israéliens ne tient pas seulement à leur supériorité militaire, mais aussi à l'efficacité de leurs services de renseignements. Sur la base d'El Arish, dans le Sinaï, les Égyptiens avaient fait montre d'ingéniosité en plaçant des maquettes en bois au milieu de leurs Mig. Le matin du 5 juin, les Israéliens ont bombardé exclusivement les vrais Mig.

C'est précisément dans le désert du Sinaï que nous allons, peu après notre descente d'avion. Direction le canal de Suez, conquis après deux jours de guerre. La déconfiture égyptienne saute aux yeux. On aperçoit ici et là des cadavres de soldats. Parfois, des militaires à bout de ressources se rendent, épuisés, aux soldats israéliens que nous accompagnons.

Nous arriverons ainsi au canal de Suez, plus précisément à Ismaïlia. D'un côté, le Sinaï, que les Israéliens ne rendront pas de sitôt. De l'autre côté, l'Égypte désormais amputée d'une portion de son territoire. Elle ne la récupérera qu'en 1982, quelques années après la visite de Sadate à Jérusalem.

Pour des journalistes, ce n'est pas très intéressant de filmer une guerre qui est terminée. L'Histoire ne nous a pas attendus. Après avoir dormi à la belle étoile dans le désert, nous rentrons à Tel-Aviv le matin.

Une journée de tournage, quelques entrevues, et puis nous nous retrouvons tard en soirée à la discothèque de Mandy Rice-Davies. Ancien mannequin, elle a été impliquée dans le scandale Profumo, une sombre affaire d'espionnage qui a fait tomber le premier ministre britannique Harold McMillan en 1963. Rice-Davies a depuis quitté l'Angleterre pour Israël, où elle s'est reconvertie en grande prêtresse des nuits folles de Tel-Aviv.

Étape suivante : Jérusalem. Nous y arrivons après la proclamation du cessez-le-feu. Les canons se sont tus, mais la tension est encore grande. Nous tournons un topo sur le déminage d'un terrain vague attenant à la mosquée d'Omar.

Comme tout le monde, je suis très impressionné de me retrouver dans la vieille ville aux murs chargés d'histoire, qui représentent tellement pour les musulmans, les juifs et les chrétiens. Nous avons peut-être raté la guerre, mais nous sommes témoins d'un de ces moments qui font l'Histoire : le retour des Juifs à leurs racines. Ils affluent par centaines au mur des Lamentations, lieu fondamental de leur histoire, tout ce qui reste du temple détruit par les Romains il y a dix-neuf siècles de cela.

Retrouvailles d'un côté, deuil de l'autre. En perdant Jérusalem, les Arabes se retrouvent amputés d'une partie d'eux-mêmes. Car Jérusalem, c'est aussi Al Quods, la troisième ville sainte de l'Islam, d'où Mahomet est monté au ciel sur son cheval. J'imagine mal que la paix puisse revenir dans la région si les musulmans ne retrouvent pas le contrôle de leurs lieux saints à eux.

Cette virée folle au Proche-Orient en juin 1967 ne m'a pas apporté de bien grandes satisfactions du point de vue professionnel. Je devais cependant être profondément marqué par ce débat dont les origines remontent aux débuts de notre civilisation, par la passion qui anime encore ses protagonistes. Dans les années qui suivront, je reviendrai une dizaine de fois dans la région, pour couvrir la guerre du Kippour ou la guerre civile au Liban, ou faire des reportages dans les camps palestiniens de Beyrouth. J'y serai chaque fois gagné par une émotion intense, et presque convaincu que ce conflit ne se terminera jamais. La haine est trop profonde. Bien sûr, il y a des pacifistes, des partisans de la cohabitation, mais ils sont rarissimes et, il faut le dire, pas très influents.

Si je suis véritablement convaincu de la légitimité d'un État juif dans la région, je ne peux m'empêcher d'être profondément outré du double discours des gouvernements qui se sont succédé en Israël au cours des dernières années. On ne peut prétendre à la paix et continuer d'agrandir le territoire israélien en implantant des colonies juives en Palestine. Il n'y aura pas de paix tant qu'on ne sera pas retourné aux frontières d'avant juin 1967.

■ ■ ■

Quinze jours après mon retour du Proche-Orient, l'occasion m'est donnée d'y repartir.

On annonce pour juillet une visite du pape en Turquie, où il va rencontrer son homologue orthodoxe, le patriarche de Constantinople, Athënagoras. Apprenant cela, je téléphone tout de suite à Montréal. Je propose à Phed de couvrir ce voyage historique, puis de retourner à Tel-Aviv pour témoigner des retombées de la guerre des Six Jours. La mèche est toujours allumée, le conflit pourrait reprendre à la première occasion.

« J'avais d'autres projets, me dit Phed. Je pensais te rapatrier pour la visite du général de Gaulle à l'Exposition universelle. Avant cela, il va faire le Chemin du roi entre Québec et Montréal. Ça pourrait être intéressant. »

Mais mon idée est faite : il faut quelqu'un pour suivre le voyage du pape en Turquie, il faut reparler du conflit israélo-arabe. Phed n'est pas très entiché par mon projet, mais il accepte finalement de rapatrier plutôt Gilles Loiselle. Cela tombe bien, mon collègue trouve, lui, que la visite de De Gaulle au Québec est du plus vif intérêt. Une fois de plus, il s'avère mon parfait complément. À lui le Québec, à moi le Proche-Orient.

Je me retrouve en Turquie avec le cameraman Jean Reitberger et le preneur de son Paul Servant. La visite papale attire un fort contingent de journalistes, ce qui me rassure sur l'intérêt du sujet et sur la pertinence de mon idée. Nous filmons la rencontre des deux chefs religieux à Istanbul, puis la visite de Paul VI à Izmir, l'ancienne Smyrne, sur la mer Égée.

À Izmir, il fait une chaleur intense. Les cardinaux suent dans leurs soutanes pourpres pendant que le pape vêtu de blanc distribue les bénédictions sous la protection de son garde du corps, Mgr Marcinkus. Ce clerc immense et athlétique, fils d'un immigrant lituanien de Chicago, veille à ce que personne ne s'approche du Saint-Père, surtout les journalistes. Il est plutôt efficace. Drôle de personnage : des années plus tard, Marcinkus sera redevable à la Cour suprême d'Italie de ne pas être arrêté pour son implication présumée dans le scandale financier de la banque Ambrosiano. Une affaire confuse, jamais tout à fait éclaircie, où il était question de corruption, détournement de fonds, blanchiment d'argent, trafic d'armes, et à laquelle étaient mêlées la Mafia, la CIA et une mystérieuse loge maçonnique. Les détracteurs de Marcinkus se plairont à rappeler qu'il était né dans le même district de Chicago que le grand Al Capone.

De retour à Istanbul ce soir-là, cela me prend quatre heures dans un studio de la radio turque avant de pouvoir envoyer mon topo radio à Montréal. C'est comme s'il n'y avait personne au contrôle technique de Radio-Canada.

Le lendemain matin, je comprends pourquoi. Vers les neuf heures, je croise Jean-Pierre Elkabach dans le hall de l'hôtel. Jean-Pierre est reporter à Radio-France. Il va par la suite devenir une vedette du journal télévisé, puis patron des télévisions publiques, France deux et France trois.

— Dis donc, Nadeau, ça brasse chez vous, me dit-il. Le vieux vient de foutre le bordel à la maison.

Il m'apprend ce qu'il vient d'apprendre lui-même, le « Vive le Québec libre » du Général sur la place de l'hôtel de ville de Montréal. Je comprends pourquoi ça ne répondait pas hier soir à Montréal. Je réalise surtout que la phrase du Général va venir bouleverser mes plans.

J'ai Phed au bout du fil. « Pierre, tu rentres à Paris en vitesse. Il faut nous envoyer les réactions françaises aux propos du Général. C'est l'histoire de l'année. Lâche Athënagoras et rentre. » Pour que Phed, le Grec, me dise si cavalièrement de lâcher son patriarche, c'est qu'il y a urgence ! Israël, ce sera pour une autre fois.

Je le sens, mon copain Gilles Loiselle ne va pas rater l'occasion : il va me féliciter pour mon flair journalistique ! En fait de visite historique, c'est lui qui a couvert la plus intéressante, et aux premières loges en plus.

Avant même de reprendre l'avion pour Paris, je le constate aux réactions de quelques collègues : les quatre mots sonores du Général viennent de mettre le Québec au monde. Jusque-là, se dire canadien ou, plus encore, québécois, c'était susciter les mêmes regards que si on débarquait d'une planète lointaine. Après 1967, le Québec existera enfin. Pour le concierge de mon immeuble à Paris, je ne serai plus seulement M. Nadeau, mais M. Nadeau le Québécois. Pour des chauffeurs de taxi dans d'innombrables villes, je serai celui vers qui on jette un deuxième coup d'œil dans le rétroviseur : « Ah ! Québec ? De Gaulle ! » Personne n'a fait plus que le Général pour affirmer notre identité.

■ ■ ■

J'ai peut-être raté la tournée québécoise du général de Gaulle, mais je l'ai quand même accompagné en Pologne un mois et demi après son retour du Québec.

Ce voyage n'a pas eu les répercussions du précédent, mais De Gaulle y a quand même affirmé des choses dans la même veine que sa déclaration québécoise.

Le 6 septembre, le Général et tout un contingent de journalistes arrivent à Varsovie pour un périple de cinq jours qui ne comportera aucun moment libre.

Nous filmons d'abord la rencontre du Général avec le numéro un polonais, Wladyslaw Gomulka, puis le discours de De Gaulle devant la Diète, le parlement polonais.

Dans ce discours, le Général évoque son rêve d'une Europe économiquement et politiquement confédérée, de l'Atlantique à l'Oural. Une idée qui peut paraître saugrenue, en pleine guerre froide, mais qui lui est insufflée par son désir de voir l'Europe unie faire contrepoids à la puissance américaine.

Le voyage se poursuit par une visite dans le nord du pays, à Gdansk, sur la Baltique. Un matin, il est prévu que De Gaulle déposera une gerbe de fleurs au pied d'un monument.

Nous en sommes, en 1967, au début de l'utilisation des micros sans fil, et Georges Romanoff me convainc d'en utiliser un pour décrire la cérémonie.

L'idée me vient alors de parler à la caméra en m'approchant le plus possible de De Gaulle, pour figurer dans le cadre de l'image avec lui. Avec la liberté de mouvement que permet le micro sans fil, cela devrait être possible, en théorie du moins.

Nous voilà donc au milieu de la place, le Général et le journaliste, marchant côte à côte vers le monument. De Gaulle finit par se tourner vers moi, se demandant visiblement qui est ce malotru qui lui colle ainsi au train. Je ne m'inquiète pas. Juché sur une cabine téléphonique, le cameraman Jean Forgue lève le pouce pour signaler que tout va bien.

Mon impression de faire l'histoire de la télé ne dure pas. Une bourrade soudaine me repousse loin du Général. C'est un des gardes du corps qui me l'a administrée, un nommé Comiti, qui me connaît pourtant bien pour m'avoir souvent vu dans le groupe de journalistes accrédités par l'Élysée. Mais l'amour du Général pour le Québec ne m'autorisait pas de telles familiarités.

Je suis quand même fier de mon coup. De Gaulle et moi dans la même image, ça va rendre jaloux plus d'un copain gaullien. Quelle n'est pas ma déception de découvrir que cette belle image ne servira à rien : le micro sans fil n'a rien enregistré. Le topo est bon à jeter à la poubelle. Je suis puni pour mon crime de lèse-majesté présidentielle.

Le moment le plus émouvant du voyage sera la visite d'Auschwitz, près de Cracovie. À quelques kilomètres de distance, on trouve la plus belle ville de Pologne et le lieu d'une des plus grandes abominations de l'Histoire. Au petit matin, nous sommes à l'entrée du camp d'extermination. Le brouillard est à couper au couteau, ce qui renforce mon impression d'accéder à l'un des cercles de l'enfer.

Quand nous passons sous la fameuse enseigne *Arbeit macht frei*, « Le travail rend libre », une sorte d'angoisse m'étreint. La visite des dortoirs des prisonniers, des chambres à gaz et des fours crématoires est à la limite de l'insoutenable. D'autant que toute cette horreur a un visage. Dans leur volonté d'extermination, les nazis étaient systématiques et récupéraient tout ce qu'ils pouvaient : des salles entières contiennent des cartes d'identité, des lunettes, des amas de cheveux coupés juste avant le passage dans la chambre à gaz. Six millions de Juifs assassinés, ce sont six millions de morts individuelles.

Pour quelques confrères, la visite est particulièrement douloureuse. Des parents à eux ont été victimes des atrocités nazies. Maurice Joffo, reporter à France-Soir, pleure à chaudes larmes. Il ne s'en est ouvert à personne, espérant peut-être garder ses émotions pour lui, mais je l'ai appris d'un collègue : son père et sa mère ont trouvé la mort ici même, à Auschwitz.

J'ai oublié ce que De Gaulle a dit à Auschwitz. Mais je sais que l'Europe unie, pour lui, c'était aussi une façon de s'assurer que la Bête était morte et ne reviendrait jamais.

Niedjnie Polska, Niedjnie Francia, dira de Gaulle avant de reprendre l'avion pour Paris. « Vive la Pologne, vive la France ! » Il n'a pas parlé de Pologne libre, mais les Polonais savent l'affection qu'il a pour leur pays, où il a servi comme attaché militaire entre les deux guerres.

Il m'est souvent arrivé de décrire des visites de chef d'État au cours de ma carrière. Aucun ne suscitait le respect et l'admiration comme Charles de Gaulle…

… dont la statue va quand même dangereusement vaciller en mai 1968.

Chapitre 19

Paris en mai : y a-t-il plus bel endroit au monde, et plus belle période pour en jouir à satiété ?

En mai 1968, je n'espérais que cela : un beau printemps parisien, que je pourrais savourer pleinement en compagnie de ma femme et de mes enfants. Mon séjour de trois ans à Paris s'achevait. Pendant ces trois années, j'avais fait beaucoup de reportages à l'étranger — c'était mon vœu le plus cher en arrivant — mais aussi souvent fait la navette au-dessus de l'Atlantique. Dès qu'il y avait un congrès politique ou une soirée électorale, Radio-Canada me rapatriait pour servir de chef d'antenne.

C'est ainsi que j'ai animé la soirée électorale fédérale de 1965, puis celle de l'élection provinciale de 1966, quand les libéraux ont perdu le pouvoir aux mains de l'Union nationale. Chaque fois, c'était pour deux ou trois semaines. Il me fallait parcourir le pays, histoire de me familiariser avec les enjeux, et aussi produire quelques reportages pour *Le Téléjournal*.

En mars 1968, j'ai passé la majeure partie du mois au Canada. Le 6 avril, Pierre Elliott Trudeau était choisi chef du Parti libéral au terme d'un congrès qui avait lieu à l'aréna d'Ottawa. J'ai tenu la barre pendant trois jours d'émissions spéciales, avec comme reporters, dans la salle, Claude-Jean Devirieux, Jean-V. Dufresne, Guy Lamarche et Claude Sénécal.

En rentrant à Paris, je souhaitais que mes dernières semaines comme correspondant soient du genre paisible. France et moi avions résolu de boucler nos valises lentement, de profiter du beau temps pour nous promener en famille, faire toutes ces petites choses que mes nombreux déplacements nous avaient empêchés de faire jusque-là. Bref, la sinécure, en attendant la fin de juin et l'avion pour Montréal.

Mais en 1968, comme chacun sait, mai fut plutôt orageux à Paris.

Tout commence vraiment à la fin d'avril. Depuis des mois, l'université de Nanterre, en banlieue de Paris, vit au rythme des manifestations. Il y a des meetings contre la guerre du Viêtnam, des protestations contre les conditions de vie des étudiants du campus, des occupations de locaux pour dénoncer la répression policière... La marmite bout et on sent qu'il va se passer quelque chose.

Au delà des frontières, c'est aussi l'ébullition. Partout, les jeunes dénoncent l'archaïsme du système éducatif et l'engagement américain au Viêtnam. Des émeutes éclatent à Berlin après la tentative d'assassinat sur la personne d'un leader étudiant, Rudi Dutschke.

Le 28 avril, Daniel Cohn-Bendit, leader du Mouvement du 22 mars, est interpellé par la police. Le 2 mai, Nanterre est en état de siège. La police menace de reconduire Cohn-Bendit à la frontière. Le recteur suspend les cours.

Le 3 mai, la révolte se transporte dans la cour de la Sorbonne à Paris. Les CRS interviennent. Les premiers pavés sont lancés.

Adieu le rêve d'un mois de mai tranquille avec la famille. La télévision veut ses images. La radio exige d'être « alimentée ». Maurice Crête, mon vieux tortionnaire-affectateur, me harcèle comme jamais.

Pour ajouter à la charge de travail, les États-Unis et le Nord-Viêtnam entreprennent une séance de pré-négociations de paix. Où ? À Paris, bien sûr. Il faudra suivre cette conférence, mais sans négliger les affrontements entre étudiants et CRS.

Et je suis maintenant le seul correspondant à Paris. Gilles Loiselle a quitté ses fonctions il y a quelques mois, pour devenir responsable des services de presse à la Délégation du Québec à Paris.

Le 6 mai, je me retrouve boulevard Saint-Michel, à l'angle de la rue des Écoles. Avec quelques journalistes, je suis là au milieu du boulevard, bien installé entre les deux camps, manifestants d'un côté, CRS de l'autre. Chacun se mesure du regard. Parmi les étudiants, quelques porteurs du drapeau noir, l'emblème anarchiste.

Olivier Todd, le journaliste franco-américain (qui deviendra célèbre pour ses biographies de Brel, Camus et Malraux), est à mes côtés. Nous nous sommes souvent rencontrés dans les studios de télévision. « Nous ne devrions pas demeurer ici », me dit-il.

Il avait raison. À peine nous sommes-nous retirés que les premiers pavés commencent à s'écraser sur les gardes mobiles, qui brandissent leurs minces boucliers. Mais il y en a aussi pour les journalistes : on nous prend pour cible avec des boulons, plus traîtres encore que les pavés parce qu'on ne les voit pas venir. Nous les entendons cependant claquer dans les vitrines des cafés derrière nous. C'est parti. Les CRS lancent leurs grenades lacrymogènes et donnent la charge. Les manifestants s'égaillent dans les rues voisines puis se regroupent. Ils refont provision de pavés et repartent à l'assaut. La pagaille est totale. Au loin, on entend les sirènes des ambulances.

Ces affrontements sont le prélude de ce qui va bientôt ressembler à une guerre civile.

Le 10 mai, dans l'après-midi, on nous annonce qu'un grave affrontement se prépare à l'intersection la plus célèbre de Paris. CRS et manifestants sont massés sur le boulevard Saint-Germain, de part et d'autre du boulevard Saint-Michel. On devine qu'il va se passer quelque chose... et que c'est pour bientôt.

Juste le temps de déployer notre caméra, en fait. Je suis avec Paul Gobet et Georges Romanoff, qui décide de m'affubler d'un micro-émetteur — de meilleure qualité, me jure-t-il, que celui qui nous a fait défaut en Pologne. Nous nous installons au milieu du boulevard Saint-Germain.

Nous ne pourrions pas être mieux placés. Devant moi, quelques CRS, une dizaine tout au plus, qui font face aux manifestants à cent mètres de là. Derrière moi, la caméra et le gros de la troupe policière. Les cris montent. Des pavés sont lancés en direction des CRS... donc dans notre direction.

Soudain, alors que je suis en train d'y aller d'une improvisation on ne peut plus à chaud, je réalise que les CRS battent en retraite. Ils refluent vers moi en emportant deux de leurs camarades, couverts de sang, atteints d'un pavé à la tête. Cette première victoire a eu pour effet d'encourager les manifestants.

Les projectiles volent de plus belle, je les sens tomber près de nous pendant que je continue mon laïus à la caméra.

La vaillante équipe de Radio-Canada ne recule cependant pas. Du renfort arrive, puisque les CRS ont sorti les canons à eau. L'énorme véhicule se dirige vers les manifestants devant qui je discours toujours.

Un jet d'eau m'atteint en pleine poitrine. Je suis projeté vers l'arrière, je manque de perdre pied. J'ai l'impression qu'un raz-de-marée a déferlé de la Seine toute proche. La caméra tourne. Je suis transi mais fou d'excitation. Ce sera le topo de l'année. Je sonne la retraite, c'est bien assez d'émotions pour aujourd'hui. Nous fonçons au bureau de Radio-Canada écouter la bande sonore.

Rien. Pas un son. Absolument rien. Même pas un gargouillis. Le micro sans fil nous a encore laissés en plan. Comme c'est arrivé à Gdansk l'an dernier, comme cela arrivera bien des fois encore au cours de ma carrière.

Je suis hors de moi. Je ne veux pas trop le montrer à Georges Romanoff, pour qui j'ai beaucoup d'affection... mais quand même!

Pouvions-nous au moins utiliser les images pour *Le Téléjournal*? Non : il n'y a rien de récupérable dans notre matériel. J'en ai été quitte pour une douche inutile. Seule consolation : personne n'a été blessé, nous avons pu éviter les pavés.

La même nuit, les premières barricades sont érigées au Quartier latin. La violence va durer une bonne quinzaine de jours. La contestation s'étend un peu partout dans le pays, gagnant universités et usines. Le 13 mai, une manifestation syndicale monstre déferle depuis la place de la République jusqu'à Denfert-Rochereau. L'alliance étudiants-ouvriers menace de renverser le gouvernement, De Gaulle inclus.

Celui-ci n'a pas pris la contestation au sérieux, du moins au départ. Pendant qu'on se bat dans Paris, il maintient un voyage prévu en Roumanie. Il revient le 18 mai, et la riposte gouvernementale commence à s'organiser. Objectif : casser le front étudiants-ouvriers, ce qui n'est pas trop difficile vu que les syndicats se méfient des gauchistes. Les accords de Grenelle, signés le 27 mai, concèdent aux travailleurs des augmentations de salaire et le libre droit d'exercice syndical dans les entreprises.

De Gaulle parle finalement à la radio le 29 mai. « Je ne me retirerai pas », affirme-t-il en annonçant la dissolution de l'Assemblée nationale. Le lendemain, cinq cent mille personnes défilent sur les Champs-Élysées en appui au gouvernement. Le mouvement de contestation s'essouffle, et tout commence à rentrer dans l'ordre à partir du 1er juin. Les travailleurs retournent à l'usine, les universités sont évacuées.

Pendant ce temps, la conférence de paix de Paris va bon train, avenue Kléber, loin du tumulte contestataire du Quartier latin. Mon vieil ami Yvon Turcot, qui va me succéder comme correspondant en France, est arrivé dans la deuxième semaine de mai, et c'est lui qui s'occupe de couvrir la conférence. Ce qui ne l'empêche pas de s'intéresser de près aux événements de la Rive gauche. Souvent le soir, il se rend à la Sorbonne, là où on refait le monde, et il participe à d'interminables palabres sur la société idéale. Il apporte à ces échanges, non seulement l'élégance vestimentaire que lui confère le port d'un costume Mao acheté à Hong-Kong où il était récemment en poste, mais aussi une faconde qui en fait un des intervenants les plus applaudis par les émules de Cohn-Bendit.

Quand mai se termine, il me reste deux semaines pour faire mes bagages. Je repars à Montréal, sans trop savoir ce qui m'y attend.

Chapitre 20

QUÉBÉCOIS FEDAYIN — FRONTIÈRE JORDANO-ISRAÉLIENNE

En juin 1970, je partais en Égypte, Syrie et Jordanie. J'allais y tourner, pour le compte d'un producteur privé de Montréal, un reportage sur les fedayin, les combattants du mouvement de la résistance palestinienne.

Par pur hasard, un jour que nous étions dans un camp d'entraînement dans les montagnes, à une heure et demie de route d'Amman, capitale de la Jordanie, nous avons rencontré et interviewé deux Québécois. Ils étaient membres du FLQ et s'entraînaient là en vue de pratiquer « l'assassinat sélectif ».

Cette rencontre est survenue quatre mois avant l'enlèvement de Richard Cross et de Pierre Laporte.

Voici une transcription de l'article que j'ai écrit et qui a été publié le 15 août 1970 dans le magazine *Perspective*, de même que le mot à mot d'une interview qui a été diffusée par Radio-Canada et la CBC en octobre, dans les jours qui ont suivi l'enlèvement de Pierre Laporte.

■ ■ ■

Deux terroristes montréalais à l'entraînement chez les commandos palestiniens.
par Pierre Nadeau

Depuis les premiers attentats du FLQ, des rumeurs veulent que des terroristes du Québec aient trouvé refuge à Cuba, en Algérie, voire en Chine. Combien n'a-t-on pas évoqué, en particulier à la Chambre des communes, l'hypothèse d'un entraînement à la guérilla que recevraient de jeunes Québécois dans des pays socialistes. À notre connaissance, le ministre des Affaires extérieures du Canada à qui la question a souvent été posée en Chambre n'a jamais pu confirmer la chose.

Alors que nous étions à faire un reportage en Jordanie au début de juin, nous avons eu la surprise de rencontrer deux jeunes terroristes québécois à l'entraînement avec des commandos de la résistance palestinienne, plus précisément ceux du Front démocratique de libération de la Palestine. Ce mouvement accueille volontiers les révolutionnaires de tous les pays. La condition pour être accueilli : être marxiste-léniniste. Ces deux Québécois préparent, avec des camarades à l'entraînement dans ces camps, une nouvelle phase de l'action terroriste : l'assassinat sélectif.

Dans les montagnes du nord de la Jordanie, ils apprennent le métier des armes pour revenir au pays d'ici un an et déclencher la guérilla urbaine.

Ils ont choisi de vivre avec les Palestiniens. Même d'aller se battre aux frontières d'Israël, question de mettre en pratique les enseignements reçus et de témoigner un peu de reconnaissance à leurs hôtes.

Ce jour-là, nous nous trouvions donc à environ soixante milles au nord d'Amman, le long de la route qui relie la capitale de la Jordanie à Damas, capitale de la Syrie. Pendant que mes camarades se préparaient à filmer, je conversais avec un Libanais, fedayin à l'entraînement lui aussi, qu'on m'avait présenté comme étant le seul francophone des soixante commandos habitant le camp.

Le soleil tapait déjà dur et nous nous étions retirés sous un arbre pour profiter de son ombre. Devant nous, à une centaine de pieds, un Iraquien en tenue léopard : grand, athlétique, il apprend au groupe attentif à lancer des grenades. Il s'élance, et après quatre enjambées, projette son engin à une quarantaine de pieds, en plein dans la cible. La grenade éclate. Les élèves entourent le maître.

Parmi eux, deux Québécois. Contrairement à leurs camarades, ils ne sont pas les vaincus de la guerre des Six-Jours. En fait, en 1967, ils étaient peut-être un soir de juillet, aux abords de l'hôtel de ville de Montréal, au milieu d'une foule considérable, bien loin de se douter qu'un jour, à des milliers de milles de là, ils apprendraient le maniement des armes avec des commandos palestiniens.

Nous ne soupçonnions pas leur présence dans ce camp. Du reste, nous aurions pu passer la journée avec eux sans savoir qu'ils étaient du Québec, parce qu'ils portaient le keffieh, morceau d'étoffe qui masque le visage et protège des rayons du soleil. Cette coiffure, traditionnellement celle des Bédouins et des Arabes du golfe Persique, est aussi celle de Yasser Arafat, porte-parole du Fath, le plus important mouvement de résistance palestinien.

Tout en causant avec le fedayin libanais, je remarque bien l'attention dont je suis l'objet, en particulier de la part de deux commandos au visage soigneusement caché. L'un des deux, qui porte des lunettes noires, se détache du groupe, passe près de nous et retourne à l'entraînement. Je suis intrigué. Je remarque aussi que le fedayin aux lunettes noires a les bras et les mains beaucoup plus pâles que ceux de ses camarades. Et puis, pourquoi se dissimulent-ils si prudemment le visage ?

« Y a-t-il des étrangers parmi vous ? » demandé-je au Libanais.

« Bien sûr », me répond-il. « Il y a ici d'autres Libanais comme moi, des Saoudiens, des Égyptiens, des Turcs », et il ajoute, « il y en a même du Québec, oui c'est ça, du Québec. » (Si le Libanais nous fait ces révélations, pensai-je, c'est qu'il nous prend pour des Français.)

Je n'en crois pas mes yeux ni mes oreilles. Brusquement, je prie le Libanais de m'excuser quelques instants. Je fonce sur le cinéaste Roger Cardinal et le photographe Ronald Labelle ; je les informe de ce que je viens d'apprendre. Bien entendu, il faut obtenir d'eux une interview.

Je m'approche du fedayin québécois aux lunettes noires et lui dis : « Tu es québécois ? » Il me répond : « Oui, comment le sais-tu ? » Je leur raconte précisément ce que je sais sur eux, c'est-à-dire pas grand-chose.

Là-dessus, son camarade s'avance, tend la main et lance : « Ça fait plaisir de vous voir, il n'y a pas souvent de gens du pays ici. »

Nous allions passer quatre ou cinq heures ensemble. Ils nous ont parlé librement mais en prenant bien soin de remonter leur keffieh sous leurs yeux chaque fois que dans un mouvement une partie de leur visage devenait à découvert.

Ils nous ont semblé avoir entre 22 et 27 ans. Celui qui n'avait pas de lunettes avait les yeux très bleus et était un peu plus grand que l'autre, dans les 5 pieds et 10 pouces. Tous deux s'exprimaient dans un français très correct, très grammatical, celui d'un homme qui a au minimum un brevet d'études secondaires.

Ils étaient très sceptiques quant à l'utilisation que nous ferions de leurs propos. « Vous ne pourrez jamais diffuser ou publier ce que nous vous dirons… » répétaient-ils.

Quoi qu'il en soit, nous n'avons pas su leur nom. Tout en reconnaissant avoir commis des attentats terroristes, ils n'ont pas voulu donner de précisions sur leurs activités au Québec de peur de fournir des indices pouvant incriminer leurs camarades toujours « actifs ». Autre chose, ils semblaient très au courant de tout ce qui se passe au Québec. Ils reçoivent du courrier via Alger. Ils nous confièrent qu'ils achevaient leur stage d'entraînement de 45 jours.

Le Québécois aux lunettes se fait appeler Sélim. L'autre, Salem, mot qu'on peut traduire de l'arabe au français par « paix ». Ils sont tous deux de la région de Montréal. Marxistes-léninistes convaincus, ils disent avoir milité dans des mouvements de gauche de Montréal. Le groupe Geoffroy.

Le 1er avril 1969, Pierre-Paul Geoffroy était condamné à la prison à perpétuité pour avoir commis une série d'attentats à la bombe dont celui à la Bourse de Montréal, Place Victoria.

Il est connu que Geoffroy n'a pas agi seul. On sait aussi dans les milieux de la gauche révolutionnaire de Montréal que Geoffroy n'a pas parlé. En se tenant coi, il permettait à Salem et Sélim de passer aux États-Unis dans les heures qui suivirent son arrestation. Des amis de Montréal avaient facilité l'évasion des deux terroristes : aux États-Unis, ils allaient être hébergés par une cellule des Black Panthers. Après deux mois, Sélim partait pour Cuba et Salem rentrait tranquillement à Montréal. Il rentrait pour faire ses malles, prendre son passeport et repartir. En fait, il demeura assez longtemps à Montréal pour participer à quelques manifestations dont celle d'octobre dernier à la Murray Hill. Un jour, au mois de décembre dernier, Salem s'installait confortablement dans un avion à Dorval et s'envolait pour Alger via Paris. En Algérie, il allait retrouver Sélim qui arrivait de La Havane.

Quelques mois plus tard, tous deux partaient pour la Jordanie. Destination : les camps d'entraînement du FDPLP, le mouvement de résistance palestinienne le plus à gauche. Son chef est un jeune théoricien de 33 ans, chrétien de Transjordanie, dont la famille est issue d'une des plus grandes tribus bédouines : Nayef Hawatmeh. Le Front démocratique se distingue des autres mouvements par l'évidente ferveur idéologique de ses membres. Toutes les organisations de résistance palestinienne se réclament de Mao, d'Ho Chi Minh ou de Che Guevara ; dans la plupart des cas, le marxisme n'est qu'un prétexte à slogans dont les Arabes sont friands. Par contre, le FDPLP accorde autant d'importance à la formation politique que militaire de ses commandos. Chaque jour, des heures entières sont consacrées à la discussion des textes de Marx, de Lénine et des autres grands révolutionnaires.

Salem et Sélim me donnaient ces explications alors qu'avec les autres fedayin, nous descendions au fond de la vallée ; le programme prévoyait un exercice de tir et la pratique du corps à corps.

Les deux jeunes Québécois m'ont semblé un peu déçus par leur séjour au camp du Front démocratique. D'abord, ils ne comprennent absolument rien aux discussions qui se déroulent évidemment en arabe et ils déplorent que les chefs accordent beaucoup plus d'importance à la formation idéologique que militaire du fedayin.

Nous étions arrivés au terrain de tir. Sélim et Salem avaient accepté de nous donner une interview enregistrée que vous pourrez lire dans ces pages. Leur décision ne fut prise qu'après de longues palabres. Il a d'abord fallu les convaincre, demander la permission au chef de camp. Les Québécois devaient d'abord faire leur entraînement quotidien de tir et de corps à corps.

« Le AK-47 est un excellent fusil mitrailleur », me dit Salem.

(En fait, le AK-47, dans sa version russe Kalachnikov, est considéré comme le meilleur FM léger au monde, de loin supérieur au M-16 américain.)

Tous les fedayin ont des Kalachnikov qu'ils ont rebaptisés Klachenkov.

« Pour nous, c'est pas l'idéal », ajoute Salem, « c'est un peu trop gros pour la guérilla urbaine, et puis, surtout, nous ne pourrions pas trouver les balles, le calibre étant introuvable à Montréal. »

Nous repartons. Notre rencontre avec les deux Québécois est terminée. Avant de me quitter, Sélim me dit : « Nadeau, avant longtemps, je te croiserai rue Sainte-Catherine. Tu ne sauras jamais que le gars à côté de toi, c'est celui que tu auras vu en Jordanie. »

■ ■ ■

L'assassinat sélectif (le mot à mot de l'entrevue enregistrée)

Pierre Nadeau :
Qu'est-ce que vous faites ici ?
Sélim :
On subit un entraînement. L'entraînement régulier des commandos palestiniens du Front démocratique et populaire pour la libération palestinienne.
Pierre Nadeau :
Dans quel but ?
Salem :
Dans le but d'acquérir l'entraînement militaire qui, malheureusement, à cause de la situation au Québec, fait défaut. Quand on retournera chez nous, on pourra sans doute le mettre en pratique.
Pierre Nadeau :
Mettre en pratique... dans quel but exactement ? Je vous repose la question.
Sélim :
Dans le but de la libération du Québec... jusqu'à l'indépendance politique et économique face au géant américain.

Pierre Nadeau :

Ici, vous devez, théoriquement et pratiquement, suivre deux cours : un cours d'entraînement militaire et un cours de politique.

Sélim :

Disons que le cours de politique, on l'a déjà pas mal assimilé par des lectures et par les réunions auxquelles on a assisté lorsqu'on était au Québec.

Pierre Nadeau :

À quel mouvement apparteniez-vous au Québec ?

Sélim :

Au Front de libération du Québec.

Pierre Nadeau :

Est-ce que vous avez déjà commis des attentats terroristes au Québec ?

Sélim :

Oui, plusieurs.

Pierre Nadeau :

Vous, par exemple, vous avez fait quoi ?

Sélim :

Moi ? Ça pourrait aider à mon identification si je vous disais à quels attentats j'ai participé, mais disons que j'en ai fait : on en a fait plus que la moyenne, c'est-à-dire dans la vingtaine.

Pierre Nadeau :

Et vous aussi ?

Salem :

Oui.

Pierre Nadeau :

Et alors ici, vous vous adonnez à l'entraînement qui est quand même assez particulier : il s'agit de passer en Israël pour y planter des mines ; j'imagine que si vous voulez faire la révolution au Québec — et la révolution armée —, c'est plutôt de l'entraînement à la guérilla de rue normalement que…

Sélim :

Oui. Malheureusement, l'entraînement qu'on reçoit ici n'est pas tellement adapté au Québec, parce que les armes sont de fabrication soviétique et seraient assez difficiles à obtenir :

certaines armes sont mêmes chinoises comme la Klachenkov. Mais ça peut toujours servir, un de ces jours, la neige en moins.

Pierre Nadeau :

Les Québécois sont-ils nombreux à suivre des cours dans des camps d'entraînement militaire à l'étranger ?

Salem :

J'en connais pas. Je crois qu'on est probablement les deux premiers Québécois à suivre de tels cours.

Pierre Nadeau :

Pourquoi êtes-vous venus ici, précisément, plutôt qu'ailleurs ?

Sélim :

Vous voulez dire avec le Front démocratique ?

Pierre Nadeau :

Oui.

Sélim :

Parce qu'on disait dans les journaux que le Front démocratique était un mouvement gauchiste, donc qui correspondait à la théorie politique pour laquelle nous sommes venus ici, puis on s'est aperçu que le Front démocratique était plutôt un camp d'entraînement de commandos qui n'essaie presque pas, par exemple, de politiser les paysans.

Pierre Nadeau :

Mais ici, vous êtes venus apprendre à tuer, dans une certaine mesure ?

Sélim :

Plutôt oui ; plutôt à tuer qu'à mobiliser les masses populaires…

Pierre Nadeau :

Communiquez-vous facilement avec vos camarades ?

Sélim :

C'est assez difficile, nous ne parlons pas arabe. On a passé par l'intermédiaire du camarade Abounida.

Pierre Nadeau :

Abounida, le Libanais ?

Sélim :

Oui.

Pierre Nadeau :

Alors, quel est votre objectif immédiat en rentrant au Québec ?

Sélim :

En rentrant au Québec, ce sera de se recycler.

Pierre Nadeau :

Pour le premier attentat, si j'ose dire, avez-vous une cible en tête : est-ce qu'il y a des gens à qui vous voulez vous attaquer précisément ?

Sélim :

On va orienter notre tactique militaire vers l'assassinat sélectif. C'est que trop longtemps le F.L.Q. a été synonyme de bombes, de violence inutile, d'attentats meurtriers ; maintenant, on va se contenter de l'assassinat sélectif : les vrais coupables vont payer.

Pierre Nadeau :

Qui ça, les vrais responsables ? Vous avez des noms en tête ?

Sélim :

On a des noms en tête.

Pierre Nadeau :

Lesquels ? Si vous aviez quelqu'un à tuer au Québec, par exemple, qui tueriez-vous ?

Salem :

Du point de vue pratique, je commencerais par tuer le premier ministre, mais, évidemment, c'est pas tellement possible, quoi. Mais on va commencer par descendre des bonshommes qui ont déjà été visés par nos attentats terroristes.

Pierre Nadeau :

Maintenant que vous avez terminé votre entraînement ici, est-ce que vous allez ensuite vous battre en Palestine, c'est-à-dire en Israël ?

Salem :

Pour ça, je crois que mon camarade et moi différons d'opinion.

Pierre Nadeau :

Oui ?

Sélim :

Moi, personnellement, j'y compte bien.

Pierre Nadeau :
Et vous ?
Salem :
Je ne crois pas.
Pierre Nadeau :
Merci beaucoup.
Sélim :
Salut. Vive la révolution socialiste québécoise et internationale.
Salem :
Vive l'internationalisme prolétarien. Vive le F.L.Q.

■ ■ ■

Selon Louis Fournier, auteur de la somme la plus complète sur l'histoire du FLQ, Sélim et Salem étaient Normand Roy et Michel Lambert, effectivement anciens membres du réseau Geoffroy, démantelé en mars 1969. Comme Geoffroy, Roy et Lambert étaient étudiants au collège Sainte-Marie.

Rentré à Montréal en 1972, Roy sera arrêté deux ans plus tard et condamné à trente mois de prison. Quant à Lambert, il reviendra au Québec en 1979 et sera arrêté en 1981. Il recevra une sentence suspendue d'un an.

Un mois après la publication de cet article dans *Perspective*, en septembre 1970, j'assistais avec des journalistes au congrès du Parti libéral du Québec qui se tenait à l'hôtel Mont-Royal.

Tout à coup, quelqu'un me touche l'épaule. Je me retourne.

— Nadeau, j'ai lu ton papier dans *Perspective*. Sais-tu que tu nous as fait peur, avec ton histoire d'assassinats sélectifs…!

C'était le ministre du Travail dans le gouvernement Bourassa, Pierre Laporte…

Nous étions à quelques semaines de la Crise d'octobre.

Chapitre 21

Durant mes années à Paris, j'essayais d'écouter tous les midis le bulletin de nouvelles d'Europe no 1 — avec RTL, la grande station de radio privée en France. J'y trouvais une façon de faire l'information qui était absolument neuve pour moi : un radio-journal « parlé », plutôt que lu.

Au Canada, depuis les débuts de la radio en 1936, puis de la télévision en 1952, les nouvelles étaient dites par des annonceurs à la voix grave et élégamment modulée. Ils respectaient tous le même principe fondamental : leur lecture devait être totalement dénuée d'émotion. Cela, disait-on, assurait une totale objectivité au bulletin de nouvelles. Cette façon de procéder était inspirée de ce qui se faisait, et se fait encore, à la BBC, de tout temps considérée comme un modèle, l'équivalent à la radio de ce que peuvent être *Le Monde* ou le *New York Times* dans la presse écrite.

À Radio-Canada, dans les années cinquante et soixante, la lecture des nouvelles était assurée par des annonceurs de grande qualité. Les Miville Couture, Jean-Paul Nolet, Gaétan Montreuil et Gaétan Barrette représentaient une sorte de norme à laquelle tous les débutants comme moi essayaient de se mesurer. Consciemment ou inconsciemment, je les ai imités quand j'ai commencé à lire les nouvelles à mon tour. Je pratiquais l'austérité, synonyme de crédibilité.

Ce fut donc un choc de découvrir le journal parlé d'Europe n° 1, où le présentateur dialoguait avec les journalistes en studio ou sur le terrain. Cela rendait le bulletin de nouvelles bien plus vivant, sans pour autant nuire à la sacro-sainte objectivité, car chacun évitait de trop manifester ses opinions. Il était permis d'être personnel, mais sans verser dans le parti pris.

Europe midi était diffusée de midi à treize heures trente. Son animateur, également rédacteur en chef, était Jacques Paoli, un homme prodigieusement renseigné et cultivé, mais sans aucune affectation dans le ton. Il était à l'information radiophonique ce qu'était Bernard Pivot à l'actualité littéraire. Il avait de plus une voix superbe, qui avait fait dire à une comédienne célèbre : « Je ne connais pas Jacques Paoli, mais il doit avoir la tête de Gary Cooper », ce qui n'était pas tout à fait le cas.

À *Europe midi*, Paoli était entouré de journalistes de tout premier plan, parmi lesquels Étienne Mougeotte, qui deviendrait plus tard grand patron à TF1, Pierre Bouteiller, Olivier Mazerolles et Alain Cancès, avec qui je me suis lié d'amitié au cours de la visite de De Gaulle en Pologne.

Qui écoutait *Europe midi* savait ce qui se passait en France et dans le monde. Tous les sujets étaient abordés, et leur traitement journalistique était impeccable : les faits y étaient, l'analyse était fouillée. Ce qui ne gâtait rien, Europe n° 1 coiffait souvent la concurrence avec ses primeurs.

Surtout, l'attention de l'auditeur ne fléchissait jamais. Les échanges entre Paoli et ses collègues étaient pleins d'esprit, leurs propos bien étayés. C'était une émission vivante, substantielle et sans parti pris. « *Get it fast, get it first and get it right* », disait Walter Cronkite, le célèbre chef d'antenne à CBS. Paoli était son équivalent français.

L'évidence s'est imposée à moi : il fallait quelque chose comme *Europe midi* chez nous. J'imaginais très bien le présentateur interagissant avec les journalistes-reporters et même, au besoin, réalisant des entrevues en direct avec les acteurs de l'actualité du jour.

Je suis rentré à Montréal en juin 1968 avec la ferme intention de convaincre Radio-Canada de tenter l'expérience d'un journal parlé. Ma suggestion tombait d'autant mieux que la direction de l'information ne savait pas où me caser, comme c'était toujours le cas à l'occasion des retours de correspondants. Ma proposition posait un problème, mais elle solutionnait celui de ma nouvelle affectation.

Phed Vosniacos n'était pas du tout réfractaire à l'idée. Son directeur adjoint, Jean Baulu, a beaucoup contribué à faire avancer les choses. Quant au grand patron de l'information, Marc Thibault, il devait sûrement être d'accord, autrement il n'y aurait jamais eu de *Monde maintenant*.

Avec cette nouvelle façon de faire l'information, nous nous attaquions à forte partie. Trois mois après Mai 68, l'atmosphère était partout à la contestation, et la salle de nouvelles de Radio-Canada ne dérogeait pas à la règle. Il suffisait qu'un projet soit approuvé par la direction pour qu'il soit tout de suite, sinon rejeté, à tout le moins remis en question par les syndiqués.

Même si le projet émanait d'un journaliste, il dérangeait beaucoup de monde. Mes collègues étaient pour la plupart opposés à mon idée. Le projet constituait un précédent dont plusieurs se méfiaient comme du diable. « Nadeau veut transformer l'information en *TV dinner* », disait un communiqué anonyme qui circulait dans la salle des nouvelles.

Les journalistes qui avaient de la facilité d'expression et une tête télégénique étaient visiblement séduits par l'idée de participer plus activement au bulletin de nouvelles. Les autres, ceux qui rédigeaient du texte sans jamais avoir fait de caméra ni de micro, étaient pour la plupart contre. Heureusement, nous allions d'abord tenter l'expérience à la radio : les journalistes y étant moins nombreux, ils seraient plus faciles à convaincre, pensions-nous.

Michel Bourdon, l'influent chef du syndicat, aurait très bien pu faire dérailler le projet s'il l'avait voulu : mais il y était heureusement favorable. De même que plusieurs jeunes journalistes de radio, parmi lesquels Normand Lester, Paul Racine, Réjean St-Arnaud, Arthur Amyot et Jean-Marc Paquette. Ils allaient constituer le noyau qui permettrait de lancer le projet.

Chez les annonceurs, ils étaient quelques-uns à s'opposer à la transformation du bulletin de nouvelles. Ceux-là voulaient continuer comme ils l'avaient toujours fait, en lisant de façon impersonnelle des textes rédigés par des journalistes. J'étais d'autant plus sensible à leurs craintes qu'ils étaient mes camarades de travail, que je les aimais beaucoup pour la plupart, et que j'avais vécu des moments très intenses avec eux, notamment la grève des réalisateurs.

Il n'était pas question pour moi de déloger les Montreuil, Nolet, Barrette et autres. Mais j'étais convaincu que le temps était venu de faire évoluer le style des bulletins de nouvelles.

C'est dans ce tohu-bohu qu'est né *Le Monde maintenant*. Comme les annonceurs avaient une juridiction exclusive sur la lecture des nouvelles, j'ai dû quitter le syndicat des journalistes et redevenir officiellement annonceur. J'ai ainsi retrouvé des camarades de la première heure, dont certains, j'en étais bien conscient, me regardaient un peu de travers. N'étais-je pas le cheval de Troie?

Mais je m'amusais comme un fou dans cette émission. Je ne lisais plus les nouvelles comme je le faisais dix ans auparavant. Les rédacteurs écrivaient dans un style parlé auquel j'avais plaisir à greffer ma propre personnalité. Les interviews et les échanges avec les journalistes s'intégraient bien dans l'émission. Cela n'était pas du Paoli, mais certains jours, nous n'en étions pas loin.

Le Monde maintenant a vite trouvé sa place dans la grille d'information. L'émission a même constitué une rampe de lancement pour plusieurs journalistes, parmi lesquels Normand Lester. Il avait à l'époque vingt-sept ou vingt-huit ans, et respirait l'enthousiasme et le dynamisme. Doté d'une formidable curiosité intellectuelle, sûr de lui, il pouvait aborder tous les sujets et ne s'en privait pas, à ma grande satisfaction. Normand était la preuve vivante qu'un journaliste embauché pour pondre de la copie pouvait, s'il en avait le talent, se recycler en communicateur brillant. Même chose pour Paul Racine et Michael McAndrew. Le succès de l'émission devait beaucoup à son équipe de journalistes.

Au cours de l'hiver 1968-1969, l'idée est venue aux dirigeants de la télévision de tenter une transposition du *Monde maintenant*. «Première chose à faire, leur ai-je dit, il faut trouver d'autres Lester et Racine, des reporters qui croient en la formule. Sinon, nous allons à la catastrophe.»

Nous avons trouvé ces journalistes. Le premier fut Claude-Jean Devirieux, un vieux pro qui s'était illustré quelques mois plus tôt en décrivant l'émeute de la Saint-Jean en termes éloquents et spectaculaires. Ce soir-là, bouteilles et pierres avaient volé vers la tribune officielle où se trouvait entre autres Pierre Elliott Trudeau, dont la présence apparaissait comme une provocation aux manifestants indépendantistes. La police ne s'était pas privée de répliquer brutalement.

À la télévision, la couverture de ces événements frisa le surréalisme. Henri Bergeron et Gaby Drouin avaient reçu l'ordre de s'en tenir à la description des chars allégoriques, sans faire la moindre allusion à l'émeute qu'on voyait pourtant à l'écran. Quand *Le Téléjournal* prit ensuite l'antenne, Devirieux raconta ce qui s'était vraiment passé et qualifia même la charge policière de « lundi de la matraque », par allusion au « samedi de la matraque » d'octobre 1964, lors de la visite de la reine à Québec.

L'expression devait valoir à Devirieux d'être immédiatement suspendu par la direction de Radio-Canada. En réponse, avec quelques camarades comme Jean-Marc Poliquin et Jean-V. Dufresne, je pris la décision de ne pas participer à la soirée des élections que j'étais chargé d'animer le lendemain. Nous passâmes la journée dans ma chambre au Reine-Élisabeth, à essayer de négocier la levée de la suspension avec Marc Thibault et Raymond David, le grand patron de la télévision. Notre position était que Devirieux avait simplement accompli son travail de reporter en décrivant ce qui s'était passé la veille. Comme il avait couvert la campagne dans l'Ouest canadien, il devait être des nôtres pour la soirée électorale.

Marc et Raymond refusèrent de lever la suspension, ce qui nous amena à maintenir notre décision de ne pas travailler le soir même. Le triomphe de Pierre Elliott Trudeau ne fut donc pas diffusé par Radio-Canada. Après toutes ces années, j'ai acquis la conviction que notre réplique avait été trop catégorique. Mais nous étions en 1968, l'année par excellence de la contestation anti-patronale, et la solidarité avec Devirieux allait de soi...

En plus de Claude-Jean, la version télé du *Monde maintenant* pouvait compter sur Robert MacKay, plus tard responsable des services de presse de René Lévesque, Jean Doré, futur maire de Montréal, ainsi que sur un jeune journaliste-annonceur qui avait travaillé quelques années à *Aujourd'hui*, Bernard Derome. De bons journalistes, mais de fortes personnalités aussi.

Cette nouvelle émission s'appelait *Le Point* et elle était présentée à la place du *Téléjournal*, tous les soirs à vingt-trois heures. Son démarrage ne fut pas facile. Après avoir annoncé le projet et fait tout un battage publicitaire autour du nouveau concept, Radio-Canada se ravisa quelques semaines avant l'entrée en ondes. Les restrictions budgétaires imposaient, disait-on, un réexamen du projet. Il y eut une période de flottement au cours de laquelle j'envisageai même de démissionner. Finalement, l'émission fit ses débuts officiels le 27 octobre 1969.

J'étais aux commandes, ayant abandonné l'animation du *Monde maintenant* à Paul-Émile Tremblay (à qui succédera Gérald Lachance). On m'avait offert de présenter la nouvelle émission d'affaires publiques, *Format 60,* que j'avais refusée. *Le Point* me permettait de réaliser mon rêve : faire de l'information télévisée qui soit au cœur de l'événement.

Comme sa consœur de la radio, l'émission constituait une sorte de révolution. Finis les lecteurs pleins de dignité et de retenue. On avait plutôt un présentateur qui ne se gênait pas pour sortir de son texte, encore moins pour converser avec des journalistes ou les protagonistes d'un événement. Les reporters qui venaient s'asseoir à mes côtés pour donner des compléments d'information et d'analyse étaient souvent de jeunes barbus en blouson de cuir. Les images étaient plus nombreuses et exploitées au maximum pour éclairer la nouvelle.

Durant cette année-là, il m'est arrivé de me dire que nous étions peut-être allés un peu vite dans les changements. Je me rappelle une soirée plus particulièrement, celle du 7 octobre 1969. Il y avait beaucoup d'événements à couvrir : débrayage illégal des policiers de Montréal, manifestation contre le transporteur Murray Hill, cocktails Molotov, coups de feu, morts, vitrines fracassées et pillage de magasins rue Sainte-Catherine... L'espace d'un soir, Montréal était devenue une ville du Far West, impression aggravée par la sortie de Lucien Saulnier, président du Comité exécutif, qui avait invité ses concitoyens à assurer eux-mêmes leur sécurité.

Avec le recul, je me dis que notre émission dut contribuer au sentiment d'insécurité de plusieurs téléspectateurs, avec ses reporters à la tête parfois hirsute, qui décrivaient avec animation les inquiétantes manifestations d'une situation sociale hors de contrôle.

Cette première saison du *Point* ne fut pas facile. On sentait beaucoup de tiraillements dans la salle des nouvelles. Mes collaborateurs-journalistes étaient loin d'être tous favorables à la nouvelle façon de présenter l'information. La majorité des rédacteurs auraient souhaité que nous revenions à la formule classique.

Il y avait aussi que des négociations s'amorçaient entre le syndicat des journalistes et la direction du service de l'information. Je compris vite que *Le Point* allait être au cœur des discussions. L'émission était devenue un élément de négociation. Le syndicat tenait en substance ce discours : « Si vous ne nous donnez pas ce que nous demandons, nous retirons notre appui à la formule *Le Point*. Et si nous lui retirons notre appui, l'émission est condamnée à disparaître. »

Je me sentais pris entre l'arbre et l'écorce. Je ne m'amusais plus.

Au printemps de 1970, une proposition inattendue vint me tirer de ce guêpier. Elle émanait d'un réalisateur-coordonnateur de la CBC à Toronto, Dick Nielsen. Je lui avais été recommandé par un vieux camarade de travail, que je connaissais depuis toujours, Jean Lebel, avec qui j'avais même fait ma première communion. La proposition : devenir correspondant québécois pour une émission d'affaires publiques qui serait diffusée le dimanche soir à vingt heures au réseau anglais de télévision.

L'offre était séduisante et arrivait à point nommé. J'en avais marre des chicanes autour du *Point*. Je ne voulais plus être l'otage d'un conflit syndical-patronal.

Mais il y avait aussi que je ne me voyais pas passer ma vie dans un studio à lire des nouvelles, mêmes parlées, cinq soirs par semaine. L'offre de la CBC me permettait de retourner au reportage, qui plus est dans un contexte tout à fait nouveau. J'aimais l'idée de travailler en anglais, avec des collègues qui avaient certainement d'autres méthodes que celles que je connaissais. De plus, Nielsen s'engageait à faire de moi un reporter itinérant, qu'on enverrait vers les points chauds du globe.

Impossible de résister à pareille offre. Je dis oui.

Mon départ mit fin à l'expérience du *Point*. L'émission redevint *Le Téléjournal*, animé par Bernard Derome. Il sera à la barre pendant près de trente ans.

Le 1er août 1970, j'entreprenais ma navette entre Montréal et Toronto. L'expérience allait durer deux ans.

Chapitre 22

En débarquant à Toronto, j'avais déjà une bonne pratique de l'anglais. Je l'avais appris enfant, en me bagarrant avec les Anglos du quartier Côte-des-Neiges.

À cette époque, j'allais avec mes frères au Jardin Enfant-Jésus, une institution tenue par les sœurs de l'Immaculée-Conception, coin Côte-Sainte-Catherine et Darlington. Le chemin de l'école nous obligeait à passer par une rue où résidaient quelques familles anglophones, dont les enfants nous avaient pris en grippe et s'amusaient à nous effrayer.

Un jour, j'ai décidé que nous n'allions plus nous laisser faire. Le matin, avant de traverser la zone dangereuse, nous avons donc pris l'habitude de nous bourrer les poches de cailloux. Ils nous servaient à repousser les attaques de Gee, Schlitz et Okunski, les trois matamores qui nous barraient le chemin. Cette intifada pas bien méchante a duré quelques années, jets de pierres se mélangeant aux injures classiques, *french pea soup* et *goddam blokes*. Il nous arrivait même de chanter une comptine assez connue :

« Les Anglais en haut de la côte
Ils nous garrochent des roches
Si j'en prends un tabarnouche
M'a y tordre la poche... »

Plus tard, j'ai retrouvé le gros Gee et ses amis Schlitz et Okunski dans les cadets de l'aviation, où nous avons passé un été ensemble. Je suis devenu leur camarade, et ils m'ont même présenté de mignonnes copines à eux, des filles de Snowdon que j'ai fréquentées quelque peu, question, bien entendu, de perfectionner mon anglais. C'était Berlitz sans l'obligation des devoirs et des leçons.

■ ■ ■

«*What do you think of that, Pierre ?*» demande Dick Nielsen en me touchant l'épaule. C'est sa façon de mettre les gens dans le coup.

Je suis embarrassé. Dick veut ma réaction à la discussion en cours, qui porte sur les condos. À Toronto, on vient en effet de commencer à convertir des appartements en copropriétés. Quelqu'un a proposé de tourner un reportage sur cette formule nouvelle de logement. Le problème est que j'entends parler de condominium pour la première fois : le sujet n'a jamais été abordé au Québec.

Nous sommes une vingtaine de recherchistes et de journalistes, réunis dans une salle de conférence de la CBC à Toronto. Il s'agit de la rencontre hebdomadaire de production de *Weekend,* le magazine d'informations auquel je collabore désormais. La saison commence la semaine prochaine et nous discutons de sujets potentiels. C'est-à-dire qu'il faut non seulement trouver les sujets, mais aussi en imaginer le traitement.

Il n'est pas question de roupiller autour de la table. Dick Nielsen peut interroger n'importe qui, n'importe quand, et il vaut mieux avoir quelque chose à dire quand on y est invité.

Mais voilà : il veut mon opinion sur un sujet auquel je ne connais rien. Et c'est ce que je dois confesser à mes nouveaux collègues. «*Actually, I know very little about it.*» Première réunion, et j'ai déjà raté ma chance de briller par l'étendue de mes connaissances...

J'aime quand même cette impression d'être plongé dans la piscine, qui me ramène aux débuts de ma carrière. Ces dernières années ont peut-être été trop confortables, du point de vue professionnel. Démarrer *Le Point* n'a pas été de tout repos, mais il reste que j'étais la vedette de l'émission, comme l'année précédente au *Monde maintenant*. Pour poursuivre dans la métaphore aquatique, j'étais à Radio-Canada comme un poisson dans l'eau, et un gros poisson en plus.

À Toronto, je suis du menu fretin, un quasi-inconnu. Il me faudra même nager contre le courant. Devant l'accueil un peu froid que m'ont fait certains de mes nouveaux collègues, je perçois que ma nomination n'est pas passée très facilement, que Dick a dû l'imposer. Qu'on me fasse couvrir le Québec, passe encore. Mais qu'on me réserve des sujets hors frontières, certains ne l'acceptent visiblement pas.

Paranoïa ? Je ne peux m'empêcher de penser à l'anecdote que m'a contée Roméo LeBlanc quand il était correspondant à Londres. Un midi, au début des années soixante, il attendait son tour pour envoyer à Montréal un topo sur le coup d'État en Grèce. Le correspondant de la CBC finissait d'envoyer son propre topo à Toronto et suggérait que Roméo, qui avait les dernières nouvelles, y ajoute un complément d'information. Le réalisateur à Toronto était un certain Cameron, qui ignorait que Roméo était là. Sa réponse a éclaté comme un coup de tonnerre dans le petit studio : « *I want a journalist, not a French-Canadian.* »

Quand il m'a raconté la chose, le futur gouverneur général du Canada en était encore blanc de colère...

Que faire des trois ou quatre fâcheux qui ne m'aimaient pas avant même de me rencontrer ? Je vais les ignorer. Ils me rendront la pareille, et c'est très bien ainsi. L'important est que le reste de l'équipe m'ait bien accueilli.

■ ■ ■

Ma première affectation à *Weekend* fut une entrevue avec le tout nouveau premier ministre du Québec, Robert Bourassa. Il avait balayé la province au cours des élections tenues quelques mois plus tôt, le 29 avril. Je lui avais proposé de discuter de quelques dossiers chauds : la situation économique, la Constitution, les grands travaux qu'il voulait lancer à la baie James et ses préoccupations face au FLQ. Tous ces sujets intéressaient au plus haut point les téléspectateurs du Canada anglais, auxquels Bourassa avait envie de s'adresser.

Robert Bourassa était un ami d'enfance. Je l'avais connu par notre voisin Jacques Godbout, avec qui il formait un couple inséparable et on ne peut mieux assorti : Jacques était le fort en lettres, Robert le fort en chiffres. Mes parents décidèrent un jour de lui confier la lourde tâche de me faire aimer les mathématiques. Pauvre Robert ! Il ne savait pas à qui il avait affaire. Ses leçons privées devaient durer toute une année, deux fois par semaine, les mardi et jeudi. Jamais il n'arriva à susciter la moindre lueur d'enthousiasme chez son pupille. J'étais, et suis resté, nul.

Robert n'était pas rancunier. Bien des années plus tard, quelques semaines avant sa victoire de 1970, il me proposa de devenir candidat libéral. J'ai refusé. Il ne m'aurait pas, j'imagine, confié de ministère à vocation économique.

L'entrevue avait lieu au Saint-Tropez, fréquenté par la faune de Radio-Canada, juste à côté. Le restaurant était vide l'après-midi, et nous avions monté une table au milieu de la salle, pour donner l'impression que l'interview était enregistrée à la fin du repas. À la place du lait, que Bourassa buvait de préférence, on avait mis sur la table une bouteille de Perrier. C'était plus chic.

Le cameraman venait de Toronto et avait des prétentions artistiques. Peut-être pour ajouter une *french touch* à l'entrevue, il eut l'idée d'ouvrir en mettant le Perrier à l'avant-plan. Puis il se mit à virevolter autour de nous comme une mouche attirée par les restes du repas : car il aimait aussi l'effet de la caméra à l'épaule, pour donner un *look* moderne et nerveux au tournage. Sans le savoir, il était un pionnier du style MTV, si populaire aujourd'hui, même en information.

Le premier ministre et moi, absorbés par notre discussion en anglais, n'étions pas conscients d'être les cobayes d'un exercice de style. Ce fut un choc de voir ensuite l'entrevue montée, aux limites de l'hallucinant. Le Perrier en avant-plan ressemblait à du champagne pétillant, et les mouvements de caméra au-dessus des plats donnaient la nausée. Tout le sérieux des propos de Bourassa était annulé.

L'interview fut diffusée le dernier dimanche de septembre 1970. L'Histoire fit que sa mise en scène saugrenue fut vite oubliée.

Quelques jours plus tard, le 5 octobre, un commando du FLQ enlevait le diplomate britannique, James Richard Cross. Le nouveau premier ministre du Québec allait être durement mis à l'épreuve. Et ce serait aussi le cas, à une moindre échelle, pour le non moins nouveau correspondant de *Weekend,* l'émission prestigieuse de la CBC.

■ ■ ■

Branle-bas de combat dans toutes les télévisions. L'enlèvement de Cross, suivi cinq jours plus tard par celui de Pierre Laporte, ministre du Travail dans le gouvernement Bourassa, devenait l'événement de l'année au pays.

La direction de *Weekend* décida naturellement de consacrer au FLQ la totalité de son émission du 11 octobre. La diffusion se ferait de Montréal et l'animation ne serait pas confiée aux présentateurs habituels Kay Surghensen et Lloyd Robertson, mais au correspondant de l'émission au Québec. Je passais donc du « festin de Robert » à la description d'un Québec hypertendu et d'un Canada interloqué et inquiet...

Par prudence, parce que je n'avais jamais travaillé en anglais, j'avais obtenu de commencer lentement ma collaboration à *Weekend*. Les premiers mois, je ne devais participer qu'à des émissions enregistrées. Et là, je me retrouvais à devoir improviser en direct et en anglais devant trois millions de personnes. En outre, au Canada anglais, les émissions en direct sont doublées, et même triplées, à cause des fuseaux horaires. Une émission programmée à vingt et une heures au Québec sera d'abord diffusée à vingt heures dans les provinces maritimes, puis à vingt-deux heures et à vingt-trois heures dans les provinces de l'Ouest et la Colombie-Britannique. Ce dimanche 11 octobre 1970, j'ai donc animé quatre heures d'émission sur ce qui devait devenir la Crise d'octobre.

J'avais cependant deux coanimateurs, depuis des années les stars de l'information télévisée au Canada anglais : Norman de Poe, extraordinaire chef correspondant à Ottawa, et Larry Zolf, l'intervieweur le plus redouté de la télévision, qui avait mis en boîte à peu près tout ce qui occupait une fonction importante au pays. Ils avaient tous les deux du *punch* et une riche culture politique.

C'était rassurant d'être encadré par deux colosses du journalisme, mais il ne fallait surtout pas que je pense aux comparaisons qu'on allait faire entre eux et moi dans les foyers de Mattawa, Kelowna et Moose Jaw.

Finalement, les choses allèrent tellement vite que je n'eus pas le temps de me préoccuper de ce qu'on pouvait penser de ma prestation. J'étais dans le bain, il fallait décrire, analyser, chercher les commentaires. Ce n'était pas le moment de se regarder dans le miroir. Comme toujours quand les événements nous forcent à réagir, qu'on est happé par un mouvement qu'on ne peut ralentir, tout s'est bien passé. La glace était rompue. Je me sentais prêt à affronter le Canada anglais en direct n'importe quand.

■ ■ ■

Pendant un mois, la crise du FLQ a constitué la matière unique de mon travail pour *Weekend*. Un travail qui n'était pas toujours facile, vu le climat de psychose collective qui régnait au Québec, mais aussi au Canada.

Les événements d'octobre, faut-il le rappeler, ont pris tout le monde par surprise. Jusque-là, le FLQ s'était manifesté dans des opérations parfois spectaculaires, mais qui n'ébranlaient quand même pas les fondements de la société. On s'en était surtout pris à des symboles de la présence fédérale, manèges militaires ou boîtes aux lettres, puis à des symboles du capitalisme, comme la Bourse de Montréal. Les attentats semblaient un peu improvisés. On ne sentait pas une grande cohésion dans le mouvement...

Avec les enlèvements de Cross et de Laporte, on passait à un autre niveau. Pour la première fois, le pouvoir était attaqué en la personne de ceux qui l'occupaient. Le FLQ acquérait une tout autre image, celle d'une force structurée et armée jusqu'aux dents. Pour Jean Marchand, ministre à Ottawa, le mouvement comptait peut-être trois mille membres, et pourrait aller jusqu'à dynamiter la Place-Ville-Marie.

La paranoïa se répandit un peu partout. Le président de la Bourse publia un communiqué dans lequel il annonçait qu'il serait certainement la prochaine personnalité kidnappée. Hugh McLennan, le célèbre auteur de *Deux Solitudes*, passa toute la crise terré dans sa maison des Cantons-de-l'Est transformée en place forte.

Si la paranoïa était réelle chez certains, elle était une arme politique ailleurs. À Montréal, où la campagne électorale continuait, le maire Drapeau sut tirer profit de la psychose collective. En appelant à la répression, en accusant ses adversaires du FRAP d'être liés au FLQ, il s'assurait de remporter une écrasante victoire.

Un événement particulier devait illustrer ce mélange de peurs réelles et de manipulation : la fameuse affaire du « gouvernement parallèle ». À l'origine, il y eut l'inquiétude de quelques personnalités, soucieuses de ne pas voir Ottawa imposer la ligne dure à un Bourassa visiblement dépassé par les événements. Claude Ryan évoqua l'hypothèse que René Lévesque, lui-même et quelques autres pourraient peut-être donner un coup de main au cabinet Bourassa pour l'aider à tenir le coup face aux pressions d'Ottawa. Une sorte de gouvernement d'unité nationale, en somme. L'idée fut rejetée aussitôt qu'évoquée... mais se rendit à Ottawa, où l'on décida de la prendre au sérieux. Pour Pierre Trudeau et Marc Lalonde, cette hypothèse constituait une véritable menace de coup d'État : un gouvernement provisoire entendait se substituer au gouvernement élu !

En fait, on n'était pas fâché, à Ottawa, d'embêter ce donneur de leçons qu'était Claude Ryan qui, tout fédéraliste fût-il, ne se privait jamais de critiquer le cabinet Trudeau. L'accusation de complot fut refilée au réputé journaliste Peter Newman, qui la joua en première page du *Toronto Star*.

Cet article devait démolir Ryan. Depuis des années, il était considéré par l'opinion canadienne-anglaise comme le grand analyste de la question québécoise, une sorte de « décodeur » de cette *terra incognita* qu'était le Québec. Et voilà qu'il se retrouvait désigné par la presse de Toronto comme membre d'un complot. Et aux côtés de René Lévesque en plus, de Belzébuth en personne ! Pour Ryan, c'était la catastrophe.

Le lendemain de la publication de ces allégations, j'allai l'interviewer chez lui pour *Weekend*. Après l'enregistrement de l'entrevue, il me dit avec une émotion qui n'était pas feinte combien il nous était reconnaissant de « pouvoir m'expliquer auprès du public canadien-anglais auquel je m'adresse depuis des années. La publication de cet article aux affirmations non fondées risquait de me faire perdre ma crédibilité. »

Avec le réalisateur Jean Lebel et le cameraman Michel Brault, j'ai interviewé Claude Ryan trois fois pendant la Crise d'octobre. Il put ainsi dissiper tout doute qui aurait subsisté sur sa participation à ce nébuleux complot.

Je fus moi-même un peu victime de la paranoïa d'octobre 1970. Deux jours après l'enlèvement de Pierre Laporte, je recevais un appel d'un enquêteur de la GRC. Il voulait m'interroger à propos de mon entrevue télévisée avec les felquistes Sélim et Salem, faite en juin en Jordanie, et dont le texte avait été publié en août dans *Perspective*. L'entrevue venait aussi d'être diffusée à *Weekend* et à Radio-Canada.

Il était normal que la police veuille m'interroger, mais je trouvais non moins normal de refuser, parce que j'étais journaliste, et surtout parce que j'avais écrit tout ce que j'avais à dire dans *Perspective*. Les enquêteurs se firent pressants. Ils exigeaient de me voir le plus tôt possible.

L'idée me vint d'avoir recours à un jeune et brillant avocat criminaliste que je ne connaissais pas personnellement, mais dont des amis me disaient qu'il saurait m'éviter l'interrogatoire. J'ai donc appelé Me Serge Ménard, qui a gentiment accepté de parler aux policiers. J'ignore ce qu'il leur a dit, mais je n'ai jamais eu à répondre aux questions des enquêteurs. Au téléphone toujours, Me Ménard m'a dit ne pas vouloir être payé pour son intervention. Je l'ai alors invité à dîner à sa convenance. Plus de trente ans plus tard, cette dette n'est pas acquittée, et je n'ai d'ailleurs toujours pas rencontré Serge Ménard. S'il lit ces lignes, qu'il sache que je lui suis toujours reconnaissant de son aide... et que mon invitation tient encore !

Le 16 octobre, immédiatement après l'adoption de la Loi des mesures de guerre, l'armée envahissait Montréal. Plus de cinq cents personnes furent arrêtées durant la nuit et emmenées dans des centres de détention pour y être interrogées.

Des journaux publièrent la liste des interpellés. Mon nom y figurait. À cause de ma rencontre avec Sélim et Salem, j'étais considéré, sinon comme un sympathisant felquiste, en tout cas comme une source de renseignements, malgré l'intervention de Ménard. On m'a dit par la suite que mon nom avait été biffé de la liste juste avant la rafle.

Coïncidence de l'histoire : depuis plusieurs semaines, il était prévu que le film sur les fedayin où apparaissaient Sélim et Salem serait projeté dans une salle du cinéma de la Place-Ville-Marie... précisément ce 16 octobre, jour de l'entrée en vigueur de la Loi des mesures de guerre. Le film fut interdit de projection : on craignait tout ce qui pouvait ressembler à une apologie du FLQ.

Le lendemain, le corps de Pierre Laporte était découvert dans le coffre d'une voiture abandonnée près de l'aéroport de Saint-Hubert.

En tuant Laporte, les felquistes de la cellule Chénier perdaient la sympathie de la très grande majorité de ceux qui les considéraient comme des Robin des Bois des temps modernes. La mort du ministre était horrible en elle-même. Elle était aussi une grave erreur de stratégie.

Toute cette crise, Lebel, Michel Brault et moi-même l'avons décrite à un Canada anglais interloqué, horrifié et qui se sentait visé par les actes du FLQ. C'était souvent difficile.

Dans notre métier, on apprend vite à se blinder, à ne pas trop s'investir dans les histoires que l'on couvre. Mais cette fois, il ne s'agissait pas d'un conflit dans une région lointaine du globe, dont nous aurions pu parler avec un certain détachement. L'événement se passait chez nous, il n'était pas facile à comprendre et à analyser, et je devais en rendre compte à un auditoire qui réagissait lui aussi de façon émotive, peut-être plus encore qu'au Québec.

Il était impossible de ne pas se sentir impliqué. Durant toute cette période, je ne dormis presque pas. J'avais constamment une barre d'angoisse sur l'estomac.

Avec nos collègues de Toronto, la tension était parfois vive. Nous n'avions pas toujours la même lecture des événements. J'essayais quand même de ne pas laisser mes émotions interférer avec mon jugement professionnel, ce à quoi n'arrivaient pas tous mes collègues. La plupart étaient d'obédience NPD, et donc contre la Loi des mesures de guerre en principe. Mais ils couvraient la crise depuis Toronto et ils ne connaissaient pas beaucoup le Québec en général. Il s'en trouvait qui cherchaient à orienter mes reportages dans un sens qui ne me plaisait pas du tout. Je me souviens entre autres d'une engueulade royale que j'eus avec Barry Callaghan, un journaliste.

Avec la fin du mois d'octobre et le dénouement de la crise, le calme est revenu. Il était temps. J'allais dorénavant connaître des moments professionnellement passionnants à *Weekend*. J'allais surtout apprendre une autre manière de réaliser des reportages, une autre façon de raconter l'histoire. Ce pourquoi j'avais accepté de travailler pour Toronto...

Chapitre 23

Règle 1 : un reporter est d'abord un conteur.
 Règle 1.1 : un bon reportage, c'est une histoire bien racontée...
 C'est à *Weekend* que j'ai appris comment scénariser et tourner un sujet pour un magazine d'informations. Je n'avais pas le choix : à Toronto, je ne pouvais pas nécessairement compter sur l'aide d'un réalisateur. Déjà à cette époque, les réalisateurs en information de la CBC étaient presque tous des journalistes. Même les recherchistes pouvaient se voir confier l'entière responsabilité d'un reportage : réalisation, entrevues, écriture et enregistrement des textes de liaison.
 À Montréal, pareille souplesse aurait été inimaginable. En 1958, j'avais appuyé la grève des réalisateurs ; douze ans plus tard, je me rendais compte de ce qu'elle avait entraîné. Les réalisateurs de la chaîne française de Radio-Canada étaient dotés de juridictions bétonnées, qui alourdissaient sérieusement le fonctionnement des équipes de reportage.
 Ces équipes se déplaçaient rarement à moins de six : le réalisateur avec son indispensable assistante, le journaliste, un cameraman lui-même flanqué d'un assistant, et un preneur de son. Un aréopage d'une lourdeur insensée... Pour se déplacer, il fallait au minimum deux voitures. Et bien sûr, au moment de partir, il y avait toujours quelqu'un en retard.
 Cette pratique a subsisté jusque dans les années quatre-vingt. Simon Durivage raconte à ce propos une anecdote très drôle. À l'époque où nous coanimions *Le Point*, il était allé à Harvard tourner une entrevue avec John Kenneth Galbraith, le célèbre économiste qui a été conseiller de tous les présidents démocrates depuis F.D. Roosevelt. En entrant dans la pièce

où l'attendait notre pléthorique équipe de tournage, Galbraith eut ce mot magnifique : «*My God, is there anybody left in Canada?*»

La convention des réalisateurs leur assurait aussi le contrôle total sur la production. Il était pratiquement impossible de leur faire effectuer des coupures dans les reportages destinés aux magazines d'informations. À l'époque où j'étais à *Weekend*, la chaîne française diffusait une émission équivalente appelée *Format 60*. La formule voulait que chaque émission soit constituée de deux reportages de vingt minutes maximum chacun, suivis d'une table ronde ou d'une entrevue en studio. Cette troisième partie de l'émission devait faire en principe une quinzaine de minutes, mais cette durée en était souvent réduite à cause de l'intransigeance de certains réalisateurs. Leurs reportages étaient plus longs que prévus, mais ils refusaient mordicus de les raccourcir.

À *Weekend*, la règle était stricte. Aucun reportage ne devait dépasser les quinze ou seize minutes, sauf dans le cas d'une émission spéciale avec un sujet unique. L'idéal était un reportage qui ne fasse pas plus de dix ou douze minutes. À ce propos, il me faut citer Douglas Letterman, un des réalisateurs de la célèbre émission *This Hour has Seven Days,* qui a fait les beaux jours de la télévision canadienne au début des années soixante. Pour Letterman, la capacité de concentration du téléspectateur moyen ne dépassait pas dix minutes.

Ce genre de remarque, paraît-il, traduit le mépris du milieu de la télévision pour son public. Ou peut-être Letterman était-il simplement réaliste? Mais quel que soit le bien-fondé de ce commentaire, je demeure persuadé que, sauf exception, un bon reportage doit aller au but rapidement. Certains sujets commandent une exposition plus longue, mais ils sont rares. Avec une ligne claire, un angle bien défini, un ou deux exemples suffisamment forts pour illustrer le propos, nul besoin de s'éterniser. «Ce que l'on conçoit bien s'énonce clairement»...

De nos jours, il est vrai, certaines émissions donnent l'impression de tomber dans le travers inverse : de dix minutes par sujet, on y est passé à deux ou trois. La concision y est devenue facilité et pauvreté. Mais cela est un autre sujet...

Jusqu'à la diffusion de *Weekend*, nous ne savions jamais à quel minutage nos reportages auraient droit. C'était fonction de l'intérêt que présentaient les autres sujets. Si ceux-là étaient plus intéressants, la cure d'amaigrissement était pour nous. Et pas question d'en avoir des états d'âme!

Le patron de *Weekend*, Dick Nielsen, et son adjoint, le réalisateur Andrew Simon, avaient la charge d'évaluer l'intérêt des sujets et de commander éventuellement des coupures. Jean Lebel et moi avons beaucoup appris à les voir fonctionner. Andrew Simon était particulièrement catégorique; pour lui, les reportages étaient toujours trop longs. Fréquemment il nous faisait réduire nos sujets de quinze à neuf minutes. Nous avions beau pousser des cris de divas indignées, rien ne l'ébranlait. Mais il savait aussi expliquer pourquoi il fallait réduire: «Il y a des redites, ici. Là, cette intervention est inutilement longue.» Nous râlions, pour finir par admettre qu'il avait raison.

Un jour, Andrew était en tournage dans une région rurale du Québec. Je ne sais plus quel était le sujet, mais il s'agissait d'interviewer, entre autres personnes, un prêtre et un cultivateur.

Le cultivateur attendait l'équipe de *Weekend* chez lui. Pour recevoir la télévision, il avait mis son «habit du dimanche». C'était le soir. Il neigeait et il faisait froid. Mais l'idée de tourner dans la maison déplaisait à Andrew Simon. On perdrait de précieuses secondes à filmer le personnage pour dire qu'il était cultivateur. Il y avait mieux à faire: «Vous avez des bêtes, dit Andrew. J'ai vu qu'il y a une belle étable derrière la maison. Vous ne voyez pas d'objection à vous changer en vêtements de travail et à nous laisser vous interviewer au milieu de vos vaches?»

Cela ne faisait pas du tout l'affaire du cultivateur. Devant l'insistance d'Andrew Simon, il a pourtant fini par accepter. Ainsi, une seule image a suffi à le situer aux yeux des téléspectateurs.

Même méthode avec le prêtre, qui avait adopté la tenue post-Vatican II, un costume noir avec une petite croix à la boutonnière. «Mon père, dit Andrew Simon dans un excellent français, vous devez bien avoir un col romain? — C'est que je ne le porte plus très souvent, dit le prêtre. — Vous ferez bien cela pour nous!» de répliquer Andrew.

Il a donc convaincu le clerc de porter son col et ainsi gagné quinze précieuses secondes dans l'exposition du sujet. Avec le recul, je m'étonne qu'il n'ait pas demandé à tourner l'entrevue à l'église au beau milieu de la messe. Il y serait sans doute arrivé. Le diable d'homme *wouldn't take no for an answer!*

Tel était le grand principe appliqué par Andrew Simon : la concision. C'est ce principe qu'il nous imposait de respecter quand, vers quatre heures du matin le jour de l'émission, il faisait la tournée des salles de montage.

Car à *Weekend*, les équipes étaient de garde nuit et jour, dans les heures qui précédaient la diffusion. Notre salle de montage était à dix mètres de l'hôtel où Jean et moi logions, et nous nous relayions pour accompagner des monteurs aux limites de l'épuisement.

« Andrew, le sujet idéal, pour toi, c'est celui que tu peux ramener de quinze minutes à zéro », lui dis-je un jour.

« J'ai bien peur que, dans certains cas, tu n'aies raison », me répondit-il…

C'est ainsi qu'à la dure j'ai appris — ou réappris — l'art du reportage. Mais je suis aussi reconnaissant à Andrew Simon d'avoir passé des heures à me diriger dans mes narrations en anglais. Je maîtrisais bien la langue, mais je n'arrivais pas toujours à mettre l'accent tonique au bon endroit. « Economic et économique ne se prononcent pas de la même façon », disait-il…

La première saison de *Weekend* fut un grand succès d'écoute et d'estime, à tel point que la direction de la CBC décida de doubler l'émission la saison suivante. Il y aurait *Weekend* le dimanche et *Midweek* le jeudi.

Lloyd Robertson, un des deux animateurs-présentateurs, quitta cependant l'émission et la CBC, pour devenir lecteur de nouvelles au grand bulletin d'informations de CTV. Pendant quelques décennies, il sera le plus grand *anchorman* du Canada anglais.

Avec le départ de Lloyd et la mise en ondes d'une deuxième heure de l'émission, on décida de former deux équipes de présentateurs. Je fus un des quatre retenus. Les autres étaient Kay Surghensen, qui restait en poste, Clive Baxter, chroniqueur au

Financial Post, et Peter Desbarats, autrefois journaliste au *Montreal Star* — plus tard doyen de la Faculté de journalisme de l'université Western, aujourd'hui titulaire de la chaire d'éthique de la communication à l'université Ryerson.

L'idée de présenter les émissions me plaisait au plus haut point, d'autant que je m'entendais le mieux du monde avec mes trois coprésentateurs. Mais j'aimais aussi qu'on m'ait conservé mes attributions de correspondant québécois et reporter itinérant.

Parmi mes reportages les plus intéressants pour *Weekend* — dont certains devaient aussi être diffusés à Radio-Canada — il y eut cette rencontre à Alger avec Eldridge Cleaver.

Avec Bobby Seale et Huey Newton, Cleaver avait fondé les Black Panthers, un des mouvements nationalistes noirs plus revendicateurs, dont il devait devenir le principal porte-parole — ou «ministre de l'Information». Depuis sa tendre enfance, Cleaver avait constamment eu maille à partir avec la police. En 1957, il fut condamné pour tentative de meurtre et envoyé à la sinistre prison de San Quentin. C'est là qu'il écrivit une série de textes révolutionnaires qui furent ensuite publiés dans *Soul on Ice*. Ce livre deviendrait la bible des Black Panthers.

C'était un livre particulièrement violent. Dans un des chapitres, Cleaver exaltait les mérites du viol des femmes blanches qu'il décrivait comme «un acte d'insurrection» destiné à déclencher «des vagues de consternation dans la race blanche».

En 1968, il se porta candidat à la présidence des États-Unis, sous la bannière du *Peace and Freedom Party* (Parti de la paix et de la liberté). Cette même année, il fut impliqué dans un échange de coups de feu avec la police d'Oakland. Recherché par toutes les polices américaines, il s'enfuit en Algérie, où on lui accorda l'exil. C'est là que je l'ai rencontré en 1971.

L'entrevue en elle-même ne fut pas très révélatrice. J'essayai de le faire parler des militants du FLQ que les Black Panthers avaient aidés à trouver refuge à Cuba ou en Algérie. Là-dessus, Cleaver n'avait rien à dire: ou bien il n'était pas au courant, ou bien il ne voulait pas se commettre sur un sujet politiquement délicat. Il fut beaucoup plus prolixe à propos d'Angela Davis, membre du Parti communiste américain et égérie des Black Panthers, une femme dont il me vanta longuement l'intelligence et le courage.

Cette entrevue fut plus intéressante pour ce qu'elle me révéla de l'homme. Je m'attendais à trouver un révolutionnaire méfiant, amer, agressif peut-être. Un tigre en cage qu'il me faudrait dompter avant d'en extraire quelques confidences. Au lieu de quoi, il se montra aimable et hospitalier. Je fus impressionné par son calme, sa quasi-sérénité. Il avait l'air de s'embêter en Algérie, de remettre ses choix politiques en question. Mais peut-être sa transformation était-elle déjà amorcée ?

Cleaver revint aux États-Unis en 1975 et devint ce que les Américains appellent un *born-again christian*. Non seulement s'afficha-t-il désormais comme anticommuniste, mais il alla même jusqu'à poser sa candidature sous la bannière républicaine lors d'une élection au Sénat de la Californie. Il ne fut pas élu, et devait mourir à Los Angeles en avril 1998.

Mon travail à *Weekend* me valut de connaître une autre star du mouvement contestaire de cette époque. La rencontre eut lieu à Charlotte, en Caroline du Nord, à l'automne 1971. J'étais arrivé tard le soir et m'étais couché tout de suite, pour être à pied d'œuvre de bonne heure le lendemain. Le matin, il faisait très beau, et je décidai de prendre mon café sur le balcon de ma chambre. Ma voisine immédiate avait eu la même idée. J'échangeai quelques mots avec elle, en essayant de masquer ma surprise et mon ravissement. C'était précisément elle que je venais interviewer : Jane Fonda.

Jane Fonda était connue et vénérée par les cinéphiles du monde entier. On l'avait d'abord vue dans les films plutôt médiocres de son mari Roger Vadim, comme *Barbarella* et *La ronde*. Rentrée aux États-Unis, elle s'était imposée comme une actrice de talent, notamment par sa magnifique interprétation d'une danseuse de *ballroom* des années trente, dans le film de Sydney Pollack *They shoot horses, don't they ?* Et juste avant notre rencontre, elle avait terminé le tournage de *Klute*, qui allait lui valoir l'Oscar de la meilleure interprétation féminine quelques mois plus tard.

Mais ce n'était pas la star du cinéma qui nous intéressait à *Weekend*, plutôt l'activiste du mouvement de contestation à la guerre au Viêtnam. Elle avait trente-quatre ans et avait décidé de mettre sa carrière en veilleuse pour combattre l'engagement américain en Asie du Sud-Est. Elle en avait particulièrement contre les bombardements du Nord-Viêtnam par les B-52 de la US Air Force. Quelques mois après notre rencontre, elle allait se rendre au Viêtnam pour une tournée très médiatisée et très critiquée aux États-Unis. Elle s'y fit photographier, à côté d'une batterie antiaérienne, brandissant une roquette. L'image choqua beaucoup les Américains et lui valut le surnom de Hanoï Jane, qui évoquait la célèbre Tokyo Rose de la Deuxième Guerre mondiale.

Ce qui n'arrangeait rien était sa liaison avec Tom Hayden, son futur mari, dont la renommée comme activiste anti-guerre s'était établie lors de la houleuse convention démocrate de Chicago en 1968.

Durant cette journée avec nous, Jane Fonda allait livrer son message à la University of North Carolina, reconnue pour ses facultés de droit et de médecine. Nous allions la suivre, caméra à l'épaule, pendant toute la journée et recueillir ici et là ses impressions — en français, qu'elle parlait fort bien, et en anglais, puisque nous tournions pour les deux réseaux.

Dans l'équipe de *Weekend*, nous étions tous totalement subjugués par Fonda.

« Je vais avoir de la difficulté à conserver un esprit critique », dis-je à Jean Lebel, le réalisateur. Jane Fonda n'était pas seulement une superbe femme : elle était aussi intense, charismatique, et d'une simplicité et d'une gentillesse qu'on n'imaginait pas chez une femme élevée dans le terreau hollywoodien. Toute la journée, elle nous présenta à ses interlocuteurs comme si nous étions des amis de toujours.

À l'université, on lui avait réservé un gigantesque amphithéâtre, qui était bondé à notre arrivée. Elle fut accueillie par un tonnerre d'applaudissements. Sa conférence dura une vingtaine de minutes, dans un silence quasi religieux seulement ponctué de nouvelles salves d'applaudissements. L'actrice était une oratrice passionnée, et ses propos anti-militaristes faisaient mouche. Les étudiants, fils et filles du Sud conservateur, buvaient littéralement ses paroles.

Plus tard dans la journée, dans un coin en retrait de l'activité du campus, Jane Fonda nous expliqua posément les raisons de son engagement. Pour elle, les États-Unis n'avaient pas à imposer leurs valeurs à un peuple parfaitement capable de se déterminer par lui-même. « Cette guerre est injuste, nous devons nous retirer du Viêtnam. » Sa voix était douce, son propos ferme et convaincant.

Il est vrai qu'elle s'adressait à un convaincu. Comme la très grande majorité des gens dans le milieu du journalisme, je croyais qu'il était temps de tourner la page. En dépit de leurs moyens militaires, les Américains ne viendraient jamais à bout de la détermination du Viêt-cong et de ses alliés nord-vietnamiens. Il fallait mettre fin à ce gaspillage de ressources et surtout de vies humaines. Une impression qui devait m'être confirmée au cours d'un autre reportage au Viêtnam, quelques mois plus tard. C'était à Saigon en 1972 ; on sentait que la fin de la guerre approchait et tous les membres du gouvernement que je rencontrais tenaient un discours optimiste auquel il était visible qu'ils ne croyaient pas eux-mêmes.

Mes souhaits n'allaient cependant pas plus loin que la fin de l'engagement américain. Personne ne s'arrêtait vraiment à réfléchir aux conséquences d'une victoire des communistes. Comme si le retrait américain suffisait à garantir des « lendemains qui chantent » aux Vietnamiens.

La crise des boat people, avec ses images de réfugiés fuyant la dictature de Hanoi, devait ouvrir les yeux à beaucoup de gens. Ce fut mon cas, ce fut celui de la belle Jane Fonda. Avant de se recycler dans l'aérobique, elle s'excusa publiquement de l'affront à ses compatriotes qu'avait été sa visite à Hanoi.

Elle ne fut pas la première ni la dernière à renier ses engagements de jeunesse. Eldridge Cleaver, Bobby Seale, Tom Hayden, presque toutes les grandes figures du mouvement contestataire devaient rentrer dans le rang. Il paraît que seuls les imbéciles ne changent jamais d'idée…

■ ■ ■

Être animateur de la plus prestigieuse émission d'informations de la CBC devait me valoir une proposition bien séduisante. De passage à Montréal, Peter Jennings était venu dîner à la maison, et alors il a offert de m'aider à dénicher un boulot dans une des grandes chaînes américaines, à CBS, NBC ou ABC, où il travaillait depuis 1964. « J'ai parlé à mon agent Marvin Josephson et il est tout à fait disposé à s'occuper de toi. Tu pourrais certainement être engagé comme correspondant à l'étranger. Par la suite, tout serait possible… »

Pour quelqu'un comme moi qui ai toujours eu la bougeotte, c'était extrêmement tentant. Je savais aussi les moyens formidables dont disposaient les réseaux américains, j'imaginais sans peine les reportages que je pourrais faire à l'étranger.

Mais j'ai dit non. J'avais le sentiment qu'après ces deux années passées à la CBC il était temps que je revienne travailler à la chaîne française. Il y avait aussi la famille, les enfants en particulier. Ils avaient déjà passé trois années en France avec un père souvent absent. Je ne pouvais pas exiger d'eux qu'ils vivent à Buenos Aires ou Rio de Janeiro pendant que je parcourais le continent.

Et j'ai beau aimer l'anglais, appris dans la rue à me bagarrer avec de petits anglophones, je ne me voyais pas travailler dans cette langue uniquement. J'ai donc remercié Peter de son offre.

Il m'est arrivé de regretter ma décision. En toute franchise, ce n'est pas arrivé souvent.

De toute façon, un nouveau défi m'attendait à Montréal. Je venais de passer deux saisons de télévision à Toronto, et je voulais maintenant appliquer chez moi ce que j'avais appris de mes collègues anglophones.

Et, vous l'avouerai-je, j'étais impatient.

Chapitre 24

SAIGON, 15 SEPTEMBRE 1966

« Monsieur le premier ministre, je vous présente le journaliste de télévision Pierre Nadeau. »

Je tends la main à Nguyen Cao Ky... qui ne tend pas la sienne. Le premier ministre sud-vietnamien me regarde avec hostilité. Ancien pilote de chasse, il est réputé pour son style flamboyant et son absence de diplomatie. Ma main flotte toujours en l'air, incertaine. « C'est un Canadien », ajoute finement Henry Cabot Lodge, l'ambassadeur américain qui fait les présentations. Du coup, le visage de Cao Ky se fend d'un large sourire, et il tend la main à son tour.

Cet incident est révélateur de la dégradation des relations entre la France et le Viêtnam du Sud. Il y a quinze jours, je faisais partie du contingent de journalistes qui accompagnait le général de Gaulle en visite au Cambodge, le pays voisin. Devant cent mille personnes réunies au stade de Phnom Penh, De Gaulle a dit sa certitude que les combats qui ravagent l'ancienne Indochine n'aboutiraient à rien. Pour lui, il n'y a pas de solution militaire possible au Viêtnam.

Cao Ky, le soldat devenu politique, s'est senti directement visé par les propos du Général. D'où l'hostilité qu'il m'a montrée, ce court instant où il m'a pris pour un Français.

Par contre, être canadien est un atout au Viêtnam du Sud. Avec la Pologne et l'Inde, notre pays fait partie de la Commission internationale de contrôle chargée d'appliquer les accords signés en 1954 à Genève après la cuisante défaite des Français à Dien Bien Phu. Ces accords, qui mettaient fin à la présence française, prévoyaient notamment que des élections seraient tenues sur l'ensemble du territoire. Les élections n'ont jamais eu lieu et le pays est toujours en guerre.

La Pologne, pays communiste, est forcément du côté des Nord-Vietnamiens, et l'Inde, leader des pays non alignés, est en quelque sorte en position d'arbitre, car le Canada passe pour être l'allié des Sud-Vietnamiens.

Dans les faits, ce titre n'équivaut pas à grand-chose, parce que cette commission ne sert plus à rien. Les Canadiens que j'ai rencontrés ici ne me donnent pas l'impression de jouer un rôle bien utile. Le pays est en guerre, une guerre accentuée par l'intervention de plus en plus massive des Américains, et plus personne ne se préoccupe de faire respecter les accords de Genève.

Le matin suivant, le cameraman Daniel Fournier et moi allons vérifier l'ampleur de l'engagement américain. Depuis le débarquement massif des Marines à Danang, l'an dernier, le déséquilibre des forces en présence est de plus en plus évident. D'un côté, les va-nu-pieds du Viêt-công, qui règnent sur le terrain la nuit. De l'autre, les Américains et les Sud-Vietnamiens, qui ont la voie libre le jour avec toute leur quincaillerie.

Nous nous retrouvons dans un local de l'aéroport de Than Son Nhut, en banlieue de Saigon. Outre Daniel et moi, quatre pilotes assistent au briefing. Ce sont eux que nous allons accompagner en mission. Un officier nous explique rapidement ce que nous allons filmer : le bombardement au napalm d'un de ces réseaux de tunnels creusés par le Viêt-công, où ses combattants trouvent refuge le jour.

Pendant l'exposé, on entend le sifflement des bombardiers légers qui décollent et atterrissent sans trêve. Ils ont tous ou à peu près la même mission : détruire les positions viêt-côngs dont on a repéré l'emplacement. L'activité à Than Son Nhut est affolante. Il s'agit en ce moment de l'aéroport le plus achalandé du monde, plus encore que Chicago, Londres ou New York. D'ailleurs, l'avion dans lequel je vais m'embarquer devra décoller d'un autre aéroport, Biên Hòa, à une vingtaine de kilomètres de là.

Mon avion est un monomoteur à hélice équipé de quatre fusées fumigènes, deux sous chaque aile. Le cockpit étant dépourvu de verrière, le pilote et moi avons la tête au grand vent.

Dans cette guerre où la technologie américaine s'étale, triomphante, je me fais l'impression d'être le Baron rouge ou un autre de ces héros fous de la guerre de 1914-1918. Un casque muni de micros et d'écouteurs nous permet de communiquer entre nous, ainsi qu'avec les deux F-104, les chasseurs-bombardiers équipés des bombes au napalm, et le F-100 dans lequel se trouvent Daniel et sa caméra.

Mon avion est un FAC, pour Forward Air Control. Il vole bas et lentement, afin de repérer les entrées des tunnels viêt-côngs. Dès qu'on en voit un, l'avion pique du nez avant d'effectuer un redressement à environ deux cents pieds du sol. À ce moment, le pilote tire une fusée qui va, en percutant l'entrée du tunnel, laisser échapper une fumée épaisse. Elle indique aux chasseurs où diriger leurs bombes au napalm. Sitôt la fusée larguée, il nous faut vite dégager, pour éviter d'être descendus par une roquette viêt-công... ou de nous retrouver dans la trajectoire d'un F-104.

Quand une bombe au napalm atteint sa cible, l'enveloppe de métal se brise, et le napalm prend feu au contact de l'air. Du haut du ciel, je vois une traînée orange s'allonger sur le sol et s'engouffrer dans le tunnel. S'il y a des Viêt-côngs à l'intérieur, ceux qui se trouvent à l'avant vont connaître une mort horrible, grillés par le napalm. La flamme consumant l'oxygène, les autres à l'arrière risquent de périr asphyxiés.

Des hommes que je n'ai jamais vus sont en train de mourir des suites de cette mission à laquelle j'ai participé comme spectateur. Comme témoin aussi, puisque c'est ce que les Américains attendent de moi : que je dise aux Canadiens que nos voisins mettent tout en œuvre pour écraser l'insurrection communiste au Viêtnam.

Je pense à ce que Robert Kennedy vient de dire sur cette guerre : « J'ai la certitude qu'en certaines circonstances on ne peut pas tuer une idée avec des armes. » En substance, c'est ce que disait aussi le général de Gaulle à Phnom Penh.

Qu'on aime ou non les communistes nord-vietnamiens, on peut douter de l'efficacité de l'énorme machine déployée par les Américains. En toute logique, la guerre devrait déjà être terminée. Les Viêt-côngs sont grillés au napalm, le Nord-Viêtnam est bombardé par les B-52, et pourtant rien n'indique que les communistes sont prêts à mettre un genou en terre.

Avec Daniel, j'ai fait trois cents kilomètres dans le delta du Mekong, et nulle part n'avons-nous senti que les Américains étaient maîtres du terrain. Au contraire, ceux-ci nous prévenaient du danger toujours présent, des Viêt-côngs qui pouvaient à tout moment surgir d'un fossé et s'emparer de nous — ce que nous souhaitions presque : quel formidable reportage cela aurait fait !

Avec la même combinaison de patience et de harcèlement qu'ils utilisent aujourd'hui, les Vietnamiens ont vaincu les Mongols, les Mings et les Français. Est-ce au tour des Américains ?

Les Vietnamiens comptent en plus sur un allié inattendu : l'opinion publique américaine, au sein de laquelle la contestation de la guerre prend de l'ampleur. Une image du réseau CBS a provoqué un choc un an plus tôt : celle d'un G.I. boutant le feu avec son Zippo à une paillote, une maison de paysans pauvres. Cela se passait le 3 août 1965, dans la région de Danang.

Depuis, il y a eu d'autres « opérations Zippo », comme on les a baptisées, et les Américains se sont habitués à l'image. Mais les Vietnamiens comptent sur un autre facteur : s'ils tuent suffisamment de G.I., ils vont démoraliser les Américains et les contraindre à partir. Giap avait énoncé la même idée à propos des Français, et il a eu raison. Les Vietnamiens ont gagné la guerre d'Indochine à Paris, ils espèrent gagner celle-ci à Washington et dans le Middle West...

Ce soir-là, comme tous les autres soirs pendant notre séjour, il y a couvre-feu dans Saigon. Sur le toit de notre hôtel, Daniel et moi buvons un scotch en regardant les fusées lumineuses qui montent dans le ciel des banlieues de la ville. Des DC-3 truffés de mitrailleuses tournent dans les airs, tirant parfois vers le sol, là où on a cru voir la présence de combattants ennemis.

La nuit, ici, appartient au Viêt-công...

Chapitre 25

Mon retour à Radio-Canada, en juin 1972, marque le début de la plus belle période de ma carrière de journaliste et d'animateur. Je revenais à Montréal pour lancer *Le 60,* un magazine d'informations qui prendrait la relève du très sage *Format 60.* Tout frais émoulu de mon expérience *Weekend,* entièrement gagné aux principes que m'avait inculqués Andrew Simon (« mettez-y du punch, les sujets sont toujours trop longs ! »), j'étais convaincu que nous allions faire des flammèches et connaître beaucoup de succès.

Ma conviction s'appuyait d'abord sur le fait que le réalisateur-coordonnateur serait Pierre Castonguay, un être exceptionnel, un homme cultivé, un bourreau de travail doté d'un humour efficace. Pendant les trois années suivantes, nous allions former un tandem en parfaite symbiose. Pierre, comme moi, était toujours disponible pour améliorer l'émission. Tard le soir, tôt le dimanche matin, nous pouvions nous appeler pour discuter la modification d'un reportage, corriger les textes de présentation, réajuster le contenu de l'émission en fonction de l'actualité. Les changements étaient possibles jusqu'à la dernière minute avant l'entrée en ondes.

Le 60 était aussi le fait d'une équipe de journalistes et de réalisateurs alertes et stimulants. Parmi les journalistes, il y avait Claude-Jean Devirieux, Gil Courtemanche et René Mailhot. De fortes têtes, pas toujours faciles, mais des êtres à l'esprit fertile et imaginatif.

Au *60,* la ligne d'autorité était tout ce qu'il y avait de plus simple. Le chef du service de l'information télévisée était Louis Martin, journaliste doté d'une bonne expérience en télévision. Il devait nommer Paul Doucet comme rédacteur en chef pour la saison 1972-1973, puis Mario Cardinal pour les deux saisons suivantes. Avec l'un et l'autre, nous n'avons, Pierre Castonguay et moi, jamais connu de problème. Ils nous ont toujours laissé beaucoup de corde et imposé une seule exigence : faire arriver à l'antenne ce qui nous intéressait.

La recette du *60* était élémentaire. Notre modèle était un magazine hebdomadaire américain, *60 minutes*, de la chaîne CBS. La série tient l'antenne depuis des décennies et reste une des émissions d'affaires publiques les plus regardées. Certains de ses journalistes, comme Mike Wallace, sont devenus des institutions.

Le menu type de l'émission était constitué de trois reportages : l'un à caractère politique, le deuxième sur un problème de société, par exemple les conditions de vie dans un pénitencier, et enfin un reportage sur un fait d'actualité internationale.

Dans la mesure du possible, on devait tourner ces sujets en maximisant les éléments de controverse. C'est à ces conditions que nous pourrions « brasser la cage », si on me permet cet anglicisme très populaire dans le milieu de l'information.

Dans ce domaine, nous avions un autre modèle : *This Hour has Seven Days*, émission restée légendaire, la meilleure série d'information des années soixante au Canada anglais. Une émission-choc, sans longueur, parfaitement impertinente, mais au contenu inattaquable. Patrick Watson et Laurier Lapierre en étaient les présentateurs. Leur série a secoué le public et indisposé le gratin politique, à tel point qu'elle fut finalement retirée de l'antenne. Une décision qui suscita un beau tintamarre.

Pierre Castonguay et moi voulions aussi que *Le 60* fasse du bruit, juste assez pour que nous ne soyons pas éjectés. Avec la complicité tacite de Louis Martin, nous avons donc tracé une ligne imaginaire, que nous n'allions pas transgresser mais en deçà de laquelle nous entendions occuper tout le terrain.

Quant aux journalistes et réalisateurs, la plupart d'entre eux ne demandaient pas mieux que de pouvoir « brasser la cage ». Et c'est ce que nous avons fait.

À Radio-Canada, tout le monde n'était pas d'accord avec le ton du *60*. Je sais ainsi que Marc Thibault n'aimait pas trop l'émission, qu'il trouvait sensationnaliste.

À ce genre de critique, j'ai apporté la même réponse pendant des années : la télévision n'est pas un cours du soir. La formule traditionnelle, encore pratiquée à *Format 60*, supposait un ou deux longs reportages suivis d'un long débat avec trois ou quatre spécialistes. Ce style était peut-être vertueux, mais il accrochait de moins en moins. Il n'était plus possible de présenter en pleine soirée un document en profondeur sur l'Inde ou le Brésil, comme en d'autres temps Judith Jasmin et André Patry l'avaient fait. Ces émissions n'attiraient pas assez de « ménagères de moins de quarante-neuf ans », pour employer une expression bien connue dans le monde de la publicité télévisée.

Le 60 n'était pas une émission sensationnaliste. Mais pour amener les spectateurs à s'intéresser de nouveau à l'information, nous voulions nous adresser au cœur tout autant qu'à l'intelligence. Nous voulions instruire sans embêter.

Notre désir de faire du bruit procédait d'une réflexion véritable. En Europe, on attendait d'un journaliste d'expérience qu'il dise au moins un peu ce qu'il pensait. Chez nous, il fallait surtout ne rien laisser transparaître. J'en avais assez de cette neutralité insipide qui donnait des reportages et des entrevues ni chair ni poisson.

Les critiques étaient nombreuses, mais le public suivait. *Le 60* a vite fait la preuve qu'une émission d'informations intelligente et accrocheuse avait sa place à la télévision. La cote d'écoute a atteint des sommets inimaginables aujourd'hui. Nous avons vite été l'émission la plus populaire de Radio-Canada après *Rue des pignons*.

Il faut dire qu'avec notre concept du *60*, nous tombions pile, nous étions dans l'air du temps. Une émission au rythme nerveux, des sujets punch, un animateur un peu frondeur. Nous n'avions pas peur de la compétition !

La compétition, en l'occurrence, c'était Claude Blanchard, le crooner maître-ès-blagues du canal 10. À l'heure où j'annonçais gravement les sujets de notre sérieuse émission, il descendait le grand escalier de Télé-Métropole, sérénadant son public dans un décor de blondes aérodynamiques en tenues ajourées. Personne n'aurait parié un vieux deux sur nos chances de défaire pareil concurrent. Et pourtant, quelques mois après les débuts du *60*, Claude était bien obligé de chanter *Que reste-t-il de mes téléspectateurs?* Encore maintenant, beau joueur, il reconnaît avoir été doublé par cette série d'informations qu'il n'avait pas prise au sérieux.

Toute modestie mise à part, une des raisons du succès du *60* était sans doute le genre d'entrevue que j'y faisais. Il nous arrivait fréquemment, en effet, de remplacer un des trois reportages par une interview, que je menais la plupart du temps en studio. Quand je revois aux archives certaines entrevues que j'ai faites à cette époque, je n'en reviens pas de mon agressivité. Je pratiquais ce que l'on appelle dans le métier le *hot seat,* dont la traduction approximative serait « mise en boîte ». Mes invités trouvaient souvent cette « chaise chaude » bien inconfortable.

Encore là, c'est au réseau anglais que j'ai été initié à cette forme de pugilat télévisuel. Mon maître en cette matière fut Jack Webster, qui a été dans ma formation d'interviewer ce que Andrew Simon a été pour le reportage.

Né à Glasgow en Écosse, il avait été officier dans la marine britannique pendant la Deuxième Guerre, et il était venu s'établir en Colombie-Britannique où il allait être embauché par le *Vancouver Sun*. C'était une grande gueule, à la façon de Gilles Proulx, et il deviendrait rapidement animateur à la radio puis interviewer à *This Hour has Seven Days,* et plus tard à *Weekend*. C'est là que j'ai fait sa connaissance.

Jamais un téléspectateur ne s'est endormi en regardant une interview menée par Jack. Il en imposait tellement par sa voix et son physique, par son esprit vif et sa gouaille, que ses interlocuteurs étaient parfois terrifiés. Il était sans pitié particulièrement avec les personnalités politiques. Plus elles étaient de haut niveau, moins Jack était-il porté à les ménager.

Je me souviens d'une interview avec Robert Stanfield, chef du Parti conservateur au tournant des années soixante-dix. Stanfield était un homme d'une grande probité, mais il avait le défaut d'être tout à fait dépourvu de charisme. Dans ses interventions publiques, il était franchement ennuyant.

L'interview allait bon train, du Jack Webster typique, qui posait ses questions et y répondait lui-même quand cela n'allait pas assez vite à son goût. Tout à coup, au beau milieu d'une explication laborieuse de Stanfield, il ne put s'empêcher de l'interrompre : *Bullshit, mister Stanfield !* Je n'en croyais pas mes oreilles, et Stanfield non plus. Ce fut la fin de l'entrevue. Les politiques avaient intérêt à remiser leur langue de bois quand ils rencontraient le tonitruant Écossais.

D'une quinzaine d'années mon aîné, Jack Webster m'a pris en affection pendant mon passage à *Weekend*. Nous avons un jour interviewé ensemble Pierre Trudeau, alors premier ministre. J'ai ajusté mon comportement au sien, et il en a été très fier.

Jack Webster était donc mon modèle quand j'ai commencé à faire des entrevues au *60*. J'essayais de toujours aller droit au but, de faire dire à mes invités ce qu'ils ne voulaient surtout pas dire. Si la réponse ne me satisfaisait pas, je revenais à la charge. J'étais impertinent, abrasif, agressif s'il le fallait. Passer en entrevue au *60*, c'était être soumis à la question. Tout en exerçant mon métier sérieusement, j'avais un plaisir fou à jouer les « justiciers ».

Ce style n'était pas du goût de tout le monde. On m'a reproché parfois de « faire mon show ». Marcel Adam, à l'époque à *La Presse*, a écrit que je braquais mes invités, à essayer de leur arracher des informations inédites ou des aveux incriminants. Il trouvait que je gâchais mon talent à jouer les fiers-à-bras.

Là-dessus, ma défense a toujours été que je ne voulais pas faire de la télé pour un cénacle de beaux esprits. Ma hantise était d'être « platte ». Mes entrevues devaient véhiculer de l'information mais aussi, pour retenir le spectateur, avoir un certain côté théâtral. Je faisais du spectacle et n'en avais pas honte.

S'il est une entrevue qui illustre bien ce que j'effectuais au *60*, c'est celle que je fis avec Dédé Desjardins, le patron de la FTQ que l'on a toujours décrit comme le stratège de la gigantesque casse dans les chantiers de la baie James. Desjardins a été assassiné en 2000 et à cette occasion on a rediffusé la majeure partie de cet entretien. Plus que comme journaliste, j'agissais comme un procureur de la Couronne.

Mon style me valut parfois des menaces, et même un jour des menaces de mort. La direction de Radio-Canada m'a alors proposé un garde du corps que j'ai refusé : je ne me voyais pas flanqué d'un ange gardien à longueur de journée. Mais trois jours de suite, une voiture est restée garée devant mon domicile, des costauds anonymes s'y succédant derrière le volant. Pour me débarrasser de mes protecteurs, il a fallu que je signale que certains d'entre eux dormaient la majeure partie de leur quart de veille.

En février 1974, une entrevue avec le député libéral Marcel Prudhomme me valut pire que des menaces : je fus insulté publiquement par Réal Caouette, le chef créditiste. J'avais osé demander à Prudhomme pourquoi le Canada était si prudent avec les réfugiés chiliens, alors qu'il avait toujours accueilli à bras ouverts les réfugiés d'Europe de l'Est. Caouette était sorti de ses gonds : « C'est évident que le Canada doit accueillir ceux qui fuient le communisme et se méfier des révolutionnaires d'Amérique du Sud. Faut-il que Nadeau soit innocent pour ne pas être capable de comprendre ça ? » Comble de mesure, il me traita d'irresponsable et ressortit un de ses vieux refrains en demandant au gouvernement de « nettoyer » Radio-Canada.

Un de mes invités préférés au *60* était Robert Bourassa, alors dans son premier mandat de premier ministre. Il venait à l'émission deux ou trois fois par année. Je l'ai donc beaucoup pratiqué et, aujourd'hui encore, je peux dire que, de tous les hommes politiques que j'ai interviewés, il a été celui qui m'a donné le plus de fil à retordre.

Il n'y avait aucune question ou allusion qui pût le jeter hors de ses gonds. Il avait réponse à tout et développait ses idées avec un flegme que je n'arrivais jamais à lui faire perdre. Il était toujours poli, mais pas de cette politesse nerveuse et un peu obséquieuse que je suscitais chez d'autres.

Nerveux, je savais quand même qu'il l'était, je le voyais avant les interviews. Je l'ai surpris quelquefois en train d'avaler une barre de chocolat noir une dizaine de minutes avant d'entrer en ondes, « question de me donner un surplus d'énergie ». Cela lui réussissait, puisqu'il ne perdait jamais les pédales, restait froid comme une carpe.

Mon ancien professeur privé de mathématiques prenait bien sûr un malin plaisir à me narguer quand nous abordions les questions économiques : « Monsieur Nadeau, on sait que vous aimez les sujets de pure politique, mais les chiffres ne sont pas votre fort », me dit-il un jour, l'œil malicieux, avant de répondre à une question sur les coûts des travaux à la baie James.

De tous les premiers ministres qui se sont succédé au Québec pendant la deuxième moitié du XXe siècle, aucun n'a fait face à autant de crises que Robert Bourassa. Octobre 70, les turbulences sur les chantiers de construction de la baie James et sur les sites olympiques, le débat autour de Meech, les événements d'Oka : autant de dossiers explosifs que dut gérer Robert Bourassa. Courageux, homme de bon jugement et de modération, il n'a pas encore dans notre histoire la place qu'il mérite. Mais cela viendra...

Chapitre 26

Le 60 plaisait à cause des entrevues que j'y effectuais. Mais la première force de l'émission, c'était vraiment les reportages.

Ces reportages n'étaient pas tous tournés par nos équipes. Il nous arrivait souvent de diffuser des documents achetés à l'étranger, une pratique destinée à économiser de l'argent qu'on pouvait mettre ensuite dans des productions maison. C'est un de ces reportages, choisi par Pierre Castonguay, qui nous permit de franchir pour la première fois le cap du million de téléspectateurs, lors de notre deuxième saison.

Le document avait été produit par la chaîne britannique ITN. Il traitait d'une famine dont on n'avait pas beaucoup parlé jusque-là, qui sévissait dans la Corne de l'Afrique. Dans cette région du monde, les pays comme l'Éthiopie, la Somalie et l'Érythrée sont depuis longtemps aux prises avec un problème de famine endémique, engendré par la sécheresse.

Ceux qui ont vu les images du documentaire britannique, ce soir de novembre 1973, ne les ont sans doute jamais oubliées. Il y a eu plusieurs autres catastrophes depuis trente ans, mais celle-là est restée pour beaucoup de gens l'archétype de la détresse humaine.

De ce reportage, je me rappelle surtout un plan. Je n'en ai oublié aucun détail.

Une foule massée de part et d'autre du chemin menant à un centre d'approvisionnement, quelque part en Éthiopie. Des centaines de femmes et d'enfants, accroupis en silence. Presque pas d'hommes : on les voit rarement dans ce genre d'images ; occupés à se battre ou attendant que leur femme les nourrisse ? Il n'y a qu'un bruit, le vrombissement de milliers, de millions de mouches, agglutinées sur la tête et le visage des enfants, trop faibles pour les chasser.

Le cameraman a ouvert sa lentille à neuf millimètres, ce qui donne une image de type grand angulaire. Il tourne d'abord un plan d'ensemble, le chemin et la foule entassée. Puis il s'avance, la caméra pendant au bout du bras, presque à hauteur du sol. Le plan continu dure de trois à quatre minutes. Une éternité. Entre cent et deux cents personnes défilent sous nos yeux. Chaque regard nous happe, implacable. Une interrogation.

En 1973, la télévision existait depuis vingt ans. Tous, nous avions déjà vu des images de catastrophe. Mais ce soir-là, impossible de jouer au blasé, impossible d'échapper à l'émotion. Ces images étaient insoutenables.

La plupart du temps, nous enregistrions l'émission le mardi en fin d'après-midi, pour diffusion le soir même. Cette fois-là, le sujet sur l'Éthiopie était le troisième et dernier reportage. Au retour, il me restait une trentaine de secondes pour conclure l'émission. Une bonne partie de la journée, je me suis demandé ce que j'allais pouvoir dire qui ajouterait vraiment quelque chose. Les images me semblaient suffisantes, les mots inutiles.

L'inspiration m'est venue à la dernière minute. J'ai invité les téléspectateurs à donner quelque chose à Oxfam, ne fût-ce qu'« un p'tit deux dollars ». Je m'engageais à veiller à ce que l'argent recueilli aille aux affamés d'Éthiopie.

Pourquoi Oxfam plutôt qu'une autre agence? En cette période de l'année, Oxfam était en campagne de financement et j'avais dû, le matin même, voir leur annonce dans un quotidien.

La réaction s'est fait sentir tout de suite. Le lendemain, il n'était plus question que de la famine en Éthiopie. Oxfam reçut une pluie de contributions, d'hommes et de femmes bouleversés par le spectacle des Éthiopiens mourant de faim. Des donateurs nous écrivirent, plusieurs nous envoyant leur contribution en nous demandant de la faire suivre. Un grand courant de compassion avait traversé l'auditoire.

J'ai rarement éprouvé pareil sentiment après une émission. Quel que soit le métier pratiqué, il est toujours gratifiant de sentir qu'on a apporté sa contribution. Cette fois, la contribution était réelle, mesurable, nous allions apporter un peu de soulagement à des affamés à l'autre bout du monde. Mais j'étais tout aussi ému de la solidarité manifestée par nos compatriotes.

Cette émission constitua un point tournant pour *Le 60*. Nous avons atteint la zone du million de téléspectateurs pour la première fois, et allions nous y maintenir jusqu'en 1975.

■ ■ ■

Parmi les tournages effectués pour *Le 60*, il en est un qui m'a particulièrement touché. En fait, il ne se passe pas une semaine sans que j'y repense pour une raison ou une autre, et cela depuis trente ans ou presque. Il s'agit de notre reportage sur les derniers jours du régime Allende, à la fin de l'été 1973.

J'ai séjourné cette fois-là deux semaines au Chili, avec Pierre Castonguay, son assistante Hélène Saint-Martin, le cameraman Claude Pelland et le preneur de son Robert Reid. On sentait bien dans le pays, en particulier dans la capitale, Santiago, que quelque chose allait se passer. Il y avait, flottant sur la ville, une nervosité aussi lourde que cette couche de gaz carbonique causée par la fumée du chauffage au mazout dans l'hiver austral. Cela sautait aux yeux : le gouvernement Allende vivait ses dernières heures.

Salvador Allende, marxiste, président du Parti socialiste, avait été élu en 1970, au terme d'une lutte âprement disputée. Ses deux adversaires de droite n'avaient pas accepté le verdict électoral, qui ne faisait pas non plus l'affaire des intérêts économiques dominants, les grands propriétaires et les multinationales étrangères comme la ITT.

Les adversaires d'Allende lui reprochaient essentiellement deux choses. D'abord, d'avoir formé un gouvernement de coalition réunissant des éléments aussi suspects que le Parti communiste et l'extrême gauche révolutionnaire (trotskistes et maoïstes). Et en deuxième lieu, des mesures sociales et économiques par trop progressistes, notamment la réforme agraire et la nationalisation de quatre-vingts pour cent des industries ainsi que des mines de cuivre. Mesures par ailleurs jugées trop modérées par certains de ses alliés politiques : pour compliquer la vie à Allende, l'Unité populaire était une coalition fragile, où l'unanimité était difficile.

À Washington, on se méfiait au plus haut point d'Allende, perçu comme un Castro sud-américain. Henry Kissinger, à l'époque conseiller du président pour les questions de sécurité nationale, en faisait même une affaire personnelle. On craignait surtout l'effet domino : que d'autres pays d'Amérique latine imitent le Chili et virent à gauche eux aussi. Quand Allende décida, en 1971, de ne pas indemniser les propriétaires américains des mines de cuivre qu'il nationalisait, ce fut le tollé. Richard Nixon accorda huit millions de dollars à l'opposition, et la CIA s'impliqua dans la campagne de déstabilisation du régime. Une implication niée à l'époque, aujourd'hui étayée par des masses de documents et de témoignages. Il fallait se débarrasser d'Allende, peu importe les moyens.

Telle était la situation que nous étions venus observer pour le compte du *60* à la fin du mois d'août 1973.

Le premier signe de l'incertitude était la formidable inflation. Pour payer le taxi ou le restaurant, il fallait sortir une épaisse liasse de billets de banque. À cette époque, la valeur du dollar canadien était beaucoup plus élevée que de nos jours : un repas dans un bon restaurant arrosé d'une bouteille d'un excellent vin chilien revenait à cinq dollars, pourboire inclus... Mais ce qui était avantageux pour l'étranger de passage était catastrophique pour la classe pauvre du Chili.

Malgré cela, les couches défavorisées appuyaient Allende, parce qu'il représentait le changement et l'espoir de jours meilleurs. Nous avons beaucoup tourné dans les *poblaciones*, les communes peuplées de défavorisés qui ceinturaient la ville de Santiago. Allende y était roi et maître, son nom évoqué avec une passion toute latine. Mais on sentait aussi le désespoir que suscitait l'imminence du coup d'État pressenti. Certains parlaient de lutter — le mot d'ordre de l'extrême gauche était qu'il fallait armer le peuple — mais avec quels pauvres moyens ?...

Les dés étaient pipés, on le savait. La presse, en majeure partie conservatrice, se déchaînait contre Allende. À la télévision, toutes les chaînes proposaient des émissions de débat, dans lesquelles les opposants d'Allende tenaient le haut du pavé. La grève générale des camionneurs, qui protestaient contre le projet de nationalisation des transports, perdurait depuis des mois, ce qui avait provoqué la désorganisation totale de la vie économique du pays (grève, on l'a su depuis, qui était financée par la CIA).

Je me souviens d'une soirée en banlieue de Valparaiso, la deuxième ville en importance du pays. Le long du Pacifique, des centaines de camionneurs avaient garé leurs véhicules. Un magnifique coucher de soleil éclairait la scène. Il régnait dans cette vallée un étrange silence, à peine couvert par le bruit des vagues de l'océan tout proche.

Le lendemain du regroupement de camionneurs à Valparaiso, les partisans d'Allende, notamment les habitants des *poblaciones,* répliquaient en descendant dans les rues de Santiago. La manifestation devait aboutir à la place de la Moneda, en face du palais présidentiel. Nous n'avions jamais vu foule aussi imposante. Plus de cent cinquante mille personnes scandant d'une seule voix *un pueblo unido jamas sera vincido* (un peuple uni ne sera jamais vaincu). Dans le ciel, cinq ou six hélicoptères de l'armée exerçaient une surveillance lourde de menaces.

Cet appui extraordinaire n'était cependant pas suffisant pour réconforter Allende, que nous rencontrions vingt-quatre heures plus tard dans le palais de la Moneda à l'occasion d'une conférence de presse. Il avait l'air abattu, sans cette fougue qu'on lui connaissait habituellement. Il s'attendait lui aussi au pire.

Le 11 septembre 1973, l'aviation militaire bombardait et détruisait à moitié la Moneda. Allende, qui avait refusé un sauf-conduit pour quitter le pays, fut retrouvé mort dans les décombres du palais. Il est établi aujourd'hui qu'il avait retourné son arme contre lui.

Nous étions rentrés à Montréal depuis quelques heures quand on nous a annoncé le coup d'État de Pinochet et la mort d'Allende. Le temps pour Pierre Castonguay de monter le reportage et pour moi d'écrire les textes de narration, nous prenions l'antenne en direct pour une spéciale d'une heure sur la chute du premier président marxiste démocratiquement élu en Amérique latine…

Pourquoi l'histoire d'Allende m'a-t-elle touché à ce point ? Je ne suis pas marxiste ni socialiste, et je ne l'ai jamais été ; mais comme toute personne qui a beaucoup voyagé dans le Tiers-Monde, j'ai trop souvent été frappé et choqué par l'incroyable misère qui peut y régner, et par le côté odieux des inégalités sociales.

Au Chili en 1973, il était impossible de ne pas être remué par l'espoir que représentait Allende pour les masses miséreuses. J'ai eu droit à des dizaines de témoignages de la ferveur qu'il suscitait. J'ai aussi vu la haine qu'on lui vouait dans l'autre camp, et senti ce qu'on y préparait. Tout le monde le savait : Allende et ceux qui l'appuyaient n'avaient aucune chance. Ils allaient à la défaite. Le Chili était une tragédie grecque en train de s'écrire, et Allende le héros tragique par excellence.

■ ■ ■

Un de nos reportages les plus controversés, au *60*, fut réalisé par mon vieil ami et complice Claude-H. Roy, avec le journaliste Claude-Jean Devirieux.

Nous étions en mars 1975 et le quotidien *Le Jour*, l'organe du PQ, venait de publier un article très incriminant pour le premier ministre Bourassa. On y laissait entendre que des membres de sa famille avaient bénéficié de contrats gouvernementaux, par l'intermédiaire d'une société dont ils étaient actionnaires et qui aurait vendu de la papeterie à différents ministères. *Le 60* se devait d'essayer d'en savoir plus long sur cette affaire.

Le sujet était complexe, et on ne peut pas dire que le reportage de Claude-H. et Claude-Jean l'éclairait tout à fait, même s'il soulevait quelques interrogations légitimes. S'il y avait matière à controverse, elle était plutôt dans la réalisation. Nos deux collègues avaient eu l'idée de s'inspirer du film *Z*, de Costa-Gavras, qui exposait la corruption et la violence dans la Grèce des colonels. À la fin du film, on voyait défiler, sur fond de musique martiale et rythmée, toute une galerie de portraits de tortionnaires à la mine patibulaire. La séquence avait la force d'un réquisitoire.

Pour présenter les acteurs de leur reportage, Claude-H. et Claude-Jean avaient décidé de reproduire cette séquence en l'adaptant. La musique était la même, mais les portraits étaient ceux des proches de Bourassa. L'effet était saisissant...

... et un peu gênant. Pierre Castonguay et moi avons hésité à diffuser le sujet. Nous trouvions que nos camarades y allaient fort : le Québec de Bourassa n'était quand même pas la Grèce des colonels ! Il y avait nettement abus de style. Mais, Dieu sait pourquoi, nous avons renoncé à exiger la suppression de cette séquence.

Nous aurions peut-être dû le faire. La diffusion du reportage bizarrement intitulé *A-t-on le gouvernement qu'on mérite ?* causa tout un tapage, qui nous valut une sévère réprimande de la haute direction de Radio-Canada.

Avec le temps, je crois que c'était justifié. On a souvent accusé *Le 60* de tomber dans le sensationnalisme. Cette fois-là, l'accusation était fondée. D'autant que cette affaire, au bout du compte, s'est révélée n'être qu'un pétard mouillé.

■ ■ ■

À côté des sujets controversés, il y avait les sujets ratés. Au *60*, il nous arrivait d'être complètement à côté de la plaque, voire même de nous ridiculiser.

Un recherchiste qui collaborait parfois à l'émission nous avait convaincus, Pierre Castonguay et moi, que certains foyers pour personnes âgées étaient ni plus ni moins que des prisons. Les pensionnaires y étaient traités de façon ignoble, passant parfois plusieurs heures par jour attachés dans leur lit.

Le sujet cadrait parfaitement avec la mission que nous nous étions donnée au *60*. Il y avait là une situation intolérable, nous allions la dénoncer avec fracas et exiger que justice soit faite. La méthode était simple : un reportage choquant à souhait, suivi d'une entrevue-matraque avec le ministre responsable du dossier. Les redresseurs de torts que nous étions en salivaient d'avance.

Me voilà donc parti avec le recherchiste et une équipe de tournage. Direction, une maison d'accueil de Côte-Saint-Luc, que le recherchiste a définie comme un lieu de sévices pour vieux. Il est sûr de son coup et nous suggère la marche à suivre pour avoir un maximum d'impact : « Nous entrons sans sonner et nous fonçons vers les chambres. Nous trouvons celles où des vieillards sont attachés et nous filmons. Après seulement, nous allons voir la directrice et nous lui demandons des comptes. »

Je n'aime pas beaucoup cette façon de fonctionner. Entrer chez les gens sans s'être annoncé, sans frapper, filmer sans leur consentement, c'est contre mon éthique journalistique. Mais, en même temps, dénoncer l'exploitation de pauvres vieillards par une direction cupide et inhumaine, cela vaut bien un manquement à mes principes.

Alors 1-2-3 : on y va.

Nous grimpons un escalier mal éclairé, moi devant, micro à la main, l'équipe derrière, le recherchiste fermant la marche. Nous débouchons dans un hall circulaire, sur lequel s'ouvrent quatre ou cinq chambres. Le cameraman se précipite dans la première, camera en marche. Il y trouve une dame qui somnole dans son fauteuil, une revue de mots croisés sur les genoux. La télévision est allumée sur un jeu-questionnaire qui joue *sotto voce*. Il y a des fleurs sur la table de chevet, la fenêtre diffuse une agréable lumière de début de printemps. Ce n'est pas la bonne chambre.

Vite, nous fonçons dans la suivante. Cette fois, la dame est au lit, bien calée dans des coussins, et elle est en train d'écrire ce qui doit être une lettre à sa fille de Toronto. Troisième chambre : deux octogénaires qui ont l'air d'être des sœurs jouent aux cartes près de la fenêtre. Leurs cheveux permanentés ont ce blanc lumineux des grands-mères qui mangent des petits gâteaux en cachette de leur médecin. Là aussi, ça sent le propre et les draps frais, et il y a un fort joli bouquet de fleurs dans un grand vase de porcelaine bleue. La fenêtre donne sur un petit parc où de grands arbres encore nus promettent de belles journées d'été à l'ombre.

Quelque chose ne va pas. Où sont nos vieillards torturés ? Où est le scandale promis ?

Entre-temps, une femme qui a l'air d'être la responsable des lieux a surgi, rouge de stupéfaction et de colère. « Mais c'est épouvantable ! Qui êtes-vous ? Que faites-vous là ? » Dans cet établissement de la communauté juive, on nous prend certainement pour un commando de chemises brunes venu se jouer un remake de la *Kristallnacht*.

Le cameraman finit de visiter les autres chambres, à la recherche de l'image-choc qui justifiera notre visite. Il revient les bras ballants, la caméra piteuse : « Pierre, qu'est-ce qu'on fait ici ? »

Aucun doute : nous sommes venus jouer les gros bras justiciers dans un foyer modèle. Je ne me suis jamais senti aussi bête de ma vie.

Je me confonds en excuses auprès de la directrice, qui continue à ne pas comprendre ce que nous pensions trouver chez elle. J'ai surtout envie de coller une raclée au recherchiste, que je vois fouiller dans ses papiers, l'air de vouloir vérifier si par hasard il ne se serait pas trompé d'adresse.

Ai-je besoin de le préciser, les quelques images tournées ont pris le chemin de la poubelle. Quant au recherchiste, on l'a un peu perdu de vue...

■ ■ ■

Juin 1975. Cela fait trois ans que Pierre Castonguay et moi travaillons au *60*, sept jours pas semaine, onze mois par année. Trois ans dans une même série ou à un même poste, c'est le maximum que ma nature fébrile puisse tolérer. André Payette va me remplacer. Moi, je prends une sorte de sabbatique...

Chapitre 27

Chère Lise Payette,

Ce titre de plus bel homme du Canada, que tu m'as attribué à la Saint-Valentin 1975, l'ai-je assez attendu !

Dix ans que j'ai passés à être un des dix plus beaux, pour chaque fois me retrouver Gros Pierre comme devant, battu par un collègue (Garneau), un chanteur (Pierre Lalonde), un comédien (Léo Ilial), et même, le comble, deux ministres unionistes (Marcel Masse et Jean-Guy Cardinal). Le seul dont j'ai accepté la victoire de bonne grâce était Jean Lesage, le tout premier gagnant. De mon point de vue de fils de libéral, un premier ministre libéral était un vainqueur légitime et même nécessaire (j'admets toutefois que son successeur Robert Bourassa n'était franchement pas le plus sexy. A-t-il d'ailleurs jamais reçu un vote ?).

Officiellement, j'étais content parce que « ce vote populaire représente la reconnaissance par le public du *60*, le magazine que j'anime ». C'est ce que j'ai dit quand tu m'as remis le trophée à la Place-des-Arts, ce soir du 14 février.

J'étais content aussi parce que j'allais pouvoir cesser de faire le guignol, de parader devant ces dames chaque année : je n'étais plus éligible, chouette !

Mais au fond du fond, Lise, étais-je assez flatté quand tu as dit : « Pierre Nadeau a toujours été séduisant et beau, et d'année en année, il devient encore plus séduisant et beau. » Je le jure, j'ai failli rougir.

Et pourtant, j'étais habitué depuis longtemps aux flatteries de ce genre. Dès les débuts de ma carrière, les journaux à potins m'affublaient de titres comme « le Don Juan de Radio-Canada ». *Le Journal des Vedettes* vantait même mon « œil de velours », ma « bouche sensuelle » et mon « profil romain »... De quoi rendre n'importe qui narcissique, non ?

Oui, j'étais bien fier, ce 14 février 1975. Mais Dieu que j'ai trouvé mon règne difficile, du moins le début. J'avais pourtant pris la précaution de me réfugier quelques jours dans les Caraïbes, sur les conseils d'amis qui avaient gagné le titre. Mais là-bas, tous les Québécois croisés sur la plage ou au restaurant connaissaient déjà la nouvelle. Ou, s'ils l'ignoraient encore, venaient aux renseignements quand ils me rencontraient : « Pis, monsieur Nadeau, avez-vous gagné, finalement ? »

Très vite, j'ai eu l'impression que toute l'île était au courant. De braves retraitées, assises à quelques pas de moi, me couvaient d'un regard amoureux. Certaines s'affranchissaient un moment de leur mari resté sous le parasol et venaient me dire : « Monsieur Nadeau, on est donc contentes pour vous. » Il y en a eu quelques-unes pour me dire qu'elles avaient voté pour moi.

Lise, tu brûles de le savoir : ai-je profité « indûment » de ma gloire nouvelle ? Hélas... Du côté des femmes, j'ai vite réalisé que le vote en ma faveur avait été le fait surtout d'adolescentes... et de femmes, disons, plus mûres. Ça m'a un rien déçu. « Tu as le même genre de fans que le petit Simard », m'a fait remarquer quelqu'un. Peut-être que si René n'avait pas été si jeune — à l'époque en tout cas — il m'aurait devancé dans les votes ? J'en tremble rétrospectivement.

Du côté des hommes, je n'ai évidemment pas eu droit aux regards amoureux, mais aux moqueries et aux sifflets ironiques : tout le monde s'y mettait, collègues, chauffeurs de taxi, serveurs de restaurant... Même le douanier, quand je suis rentré à Montréal : « Monsieur Nadeau, vous êtes aussi beau que sur votre photo de passeport », m'a-t-il dit. Du véritable harcèlement ! Le mot n'avait pas encore acquis son sens actuel, mais j'ai compris ce que les femmes pouvaient éprouver en pareille circonstance. Enfin, compris un peu... Je sais bien qu'un homme ne pourra jamais comprendre ce que vivent les femmes.

J'avais trente-huit ans quand j'ai été élu le plus bel homme du Canada. J'ai aujourd'hui... quelques années de plus. Je porte beau encore, paraît-il, mais je sens bien que je me suis fané un peu. Je ne sais pas si tu dirais toujours que je suis chaque année plus beau et plus séduisant.

Au fil des ans et des émissions de télé, mon front s'est dégarni un peu plus, ce qui a accentué subtilement mon statut d'*elder statesman* du journalisme. Les maquilleuses ont appris à me poudrer plus généreusement, de façon à éviter le fameux *flare*, le reflet qui est la hantise des animateurs de télévision. « Un peu plus haut », comme chante mon ami Ferland...

Mais honnêtement, ça ne me dérange pas d'en laisser voir un peu plus de ma personne. D'abord, je ne suis pas seul dans ce cas : quand les anciens gagnants du trophée se sont retrouvés avec toi sur la scène des Gémeaux en octobre 1998, j'ai bien remarqué que nous étions plusieurs à avoir droit à un supplément de poudre...

Et puis, comme le disent si bien les Américains : *Grass never grows on a busy street*: l'herbe ne pousse pas dans les rues passantes...

Amicalement,
Pierre

Chapitre 28

BUJUMBURA, AOÛT 1972

Pour une ville où un génocide serait en cours, Bujumbura est remarquablement tranquille.

On n'entend pas les coups de feu habituellement associés aux massacres. Il est vrai qu'ici on ne tue pas par balles. Le mot d'ordre est d'épargner les munitions. C'est à coups de barre de fer ou de marteau que l'on procède.

Les rues de la ville semblent désertées par la population. Officiellement, il n'y a pas de couvre-feu, mais on nous a fortement recommandé de ne pas sortir le soir. Devant notre hôtel ne circulent que des camions militaires, chacun avec sa charge de prisonniers. On nous a dit qu'en prison les cellules sont bondées au point que les gens meurent étouffés. Les fosses communes se multiplient à la sortie de la ville.

C'est dans ce climat que j'entreprends le tournage de deux reportages pour ma nouvelle émission *Le 60*, que je vais présenter le mardi soir à la télévision de Radio-Canada.

Bujumbura est la capitale du Burundi, un tout petit pays coincé entre le Rwanda au nord, la Tanzanie à l'est et le Zaïre à l'ouest. En fait de capitale, Bujumbura a plutôt l'air d'un gros village, placidement baigné par les eaux du lac Tanganyika où s'ébattent les hippopotames.

L'image est idyllique. Sur le terrain, c'est l'horreur. Certains parlent de génocide.

Il y a quelques mois, des Hutus réfugiés au Rwanda et en Tanzanie ont traversé la frontière pour venger les massacres survenus l'an dernier. Ils se réclamaient de Pierre Mulele, un révolutionnaire zaïrois exécuté par le régime Mobutu. Ils n'ont pu renverser le gouvernement, mais ils ont quand même tué quelques milliers de Tutsis.

En représailles, ceux-ci ont déclenché une répression visant à l'élimination systématique de toute la classe dirigeante hutu, incluant ministres, fonctionnaires, enseignants, étudiants, etc. Depuis deux mois que les massacres ont commencé, on avance des chiffres qui donnent la nausée : cent mille, deux cent mille personnes massacrées ?

À Bujumbura, on ne voit plus que des Tutsis. Le soir, leurs milices ratissent la banlieue hutu, laissant des cadavres qu'on découvrira le lendemain.

Comment expliquer cette folie aux téléspectateurs de Radio-Canada ?

Il faudra commencer par la démographie. Les Hutus constituent la large majorité des habitants du pays, environ quatre-vingt-cinq pour cent. Les Tutsis ne sont que quinze pour cent, mais ils contrôlent l'armée et le gouvernement. Deux peuples forcés de coexister, qui sont comme des scorpions dans une bouteille.

D'où vient cette animosité ?

Ces frères ennemis se partagent le Burundi depuis quatre siècles, depuis l'arrivée des Tutsis (on dit aussi Watutsis) en provenance d'Éthiopie. Ces derniers ne se sont pas installés dans un désert : la région était déjà habitée par un peuple d'origine bantoue, les Hutus.

Même s'ils parlent la même langue, le kirundi, Hutus et Tutsis ont des caractéristiques physiques bien différentes. Les Tutsis, des éleveurs de bétail, sont très grands, sveltes et ont la peau plus claire. Les Hutus sont des cultivateurs, plutôt trapus, avec un faciès plus négroïde.

Au départ, les deux peuples vivaient en relative symbiose. Avec les années, les Tutsis ont institué un système féodal, dans lequel ils étaient maîtres et protecteurs des Hutus. La division a été accentuée par les colonisateurs allemands, puis belges, qui ont fait des Tutsis leurs subalternes immédiats.

Au départ des administrateurs belges en 1962, tous les ingrédients étaient réunis pour que la violence éclate. Les Hutus se sentaient inférieurs et les Tutsis dangereusement minoritaires. Le Rwanda-Urundi allait éclater, donnant deux pays, le Rwanda et le Burundi, tous les deux dotés d'une minorité tutsie et d'une majorité hutue ne rêvant que d'en découdre.

Le *casting* de ce reportage : des Tutsis, des Hutus, des membres du gouvernement, et aussi, à l'excellente suggestion du réalisateur Pierre Castonguay, des missionnaires québécois. On en trouve au Burundi comme à peu près partout sur la planète, ils sont ici depuis des années et ils connaissent intimement le pays.

De Bujumbura, nous nous rendons à Gitega, une petite ville au centre du pays. Sur la route, dans un paysage de collines et de vallées, nous ne croisons ou dépassons que des véhicules militaires, plus quelques camions d'approvisionnement. Les champs sont presque vides de monde, et pourtant le Burundi est censé être, avec le Rwanda, le pays le plus densément peuplé d'Afrique. Les agriculteurs étant des Hutus, nous ne sommes pas étonnés de ne voir que très peu de gens travailler la terre.

À Gitega, l'évêque, un Tutsi, nous reçoit plus que froidement. La majorité de ses fidèles sont des Hutus, mais dans l'interview qu'il m'accorde, il se garde bien de condamner l'armée et le gouvernement.

Chez les missionnaires québécois, même déception. Nos compatriotes refusent de jouer le rôle de témoins privilégiés que nous leur avions assigné. Ils nous accueillent chaleureusement mais, devant la caméra de Claude Pelland, ils sont presque à court de mots. Visiblement, ils craignent de tenir des propos critiques qui pourraient leur valoir d'être expulsés du pays...

En fait, nulle part au Burundi ne trouverons-nous de personnes qui accepteront de témoigner de l'horreur de la répression. Pierre Castonguay et moi ne sommes pas trop préoccupés de cela : nous savons que nous trouverons ces témoignages au Rwanda, où des milliers de Hutus du Burundi ont trouvé refuge depuis quelques semaines.

À défaut de témoignages, le Burundi nous réserve une image forte, que nous trouverons à Nyanza-Lac, au sud de Bujumbura, à une vingtaine de kilomètres de la frontière de la Tanzanie.

À la sortie de cette ville de vingt mille habitants, aujourd'hui quasi déserte, nous nous arrêtons pour tourner quelques images du lac Tanganyika et des maisons qui le bordent. La lumière est magnifique. Sur la grève, trois ou quatre gros chiens noirs, dont Claude Pelland s'approche pour les filmer. Le preneur de son, Robert Reid, pousse un cri : ce que les bêtes sont en train de dévorer, ce sont des cadavres d'humains...

Les molosses décident de s'approcher de nous. Il n'y a rien de moins rassurant qu'un chien inconnu qui n'aboie pas quand il s'avance. Le chien qui aboie a peur. Celui qui est muet fait peur... Nous avons tout juste le temps de nous réfugier dans nos voitures.

C'est là que nous réalisons que nous nous sommes garés près d'un charnier. Les corps ne sont recouverts que d'une mince couche de terre. Combien sont-ils ? Difficile à évaluer, et personne n'a envie de sortir de nouveau pour faire cette sinistre comptabilité.

Deux jours après notre retour à Bujumbura, nous apprenons que nous ne pourrons interviewer le président Michel Micombero. Aucune raison particulière n'est invoquée, mais on nous propose quand même de rencontrer un ministre. Pour moi, c'est évident : on se méfie de moi à cause de mon attitude d'hier, après le petit larcin dans ma chambre d'hôtel.

À Bruxelles, pendant l'escale entre Montréal et Bujumbura, j'ai acheté une petite chaîne en or pour ma fille Pascale, qui vient d'avoir dix ans. En rentrant de notre périple en province, je constate que la chaîne a disparu, de même que mes chèques de voyage. J'en saisis la direction de l'hôtel, qui transmet le renseignement au ministère de l'Information.

Le lendemain matin, un officier vient me voir à l'hôtel. Il me présente ses regrets pour le vol dont j'ai été victime, ajoutant que « nous connaissons le coupable. C'est le garçon d'étage, un Hutu, qui ne s'est d'ailleurs pas représenté à l'hôtel depuis hier matin. » Il me demande de l'accompagner à la caserne militaire.

Surpris, je le remercie de ses efforts mais l'assure que la petite chaîne n'est pas une grosse perte. On ne va pas ameuter l'état-major pour si peu ! Et pour ce qui est des chèques de voyage, je n'aurai aucune difficulté à me les faire rembourser. Vraiment, il n'y a pas de quoi en faire un plat...

L'homme est d'une politesse appliquée. Visiblement, il ne comprend pas mon hésitation. Pourquoi il veut m'embêter, ce Blanc ? Il insiste : je dois me rendre à la caserne pour y faire une déposition, c'est la procédure normale. Dix minutes plus tard, je me retrouve dans ce qui ressemble à l'antichambre d'une prison. Je commence à m'interroger sérieusement sur le sort du garçon d'étage hutu, si jamais on lui met la main au collet. En présence d'un autre gradé, je déclare que, tout compte fait, je ne porte pas plainte, ça n'en vaut pas la peine.

L'officier interrompt ma tirade d'un geste de la main. Le sourire est impeccable, le ton juste un rien méprisant. « Nous sommes persuadés que nous allons le retrouver. Nous nous sommes présentés chez lui ce matin et avons cueilli son père, qui est maintenant en cellule. Nous le relâcherons dès que le fils se livrera aux autorités policières. »

Je n'en reviens pas. Le vol de la chaîne de Pascale prend des proportions un peu trop extravagantes. « Capitaine, je vous redemande de laisser tomber l'affaire. C'est un vol sans importance, il ne faut pas vous donner tant de peine pour si peu. »

Il se crispe, son geste de la main est plus autoritaire cette fois. J'ai touché sa fierté, il ne va pas se laisser admonester par un Blanc. « Monsieur, laissez-nous faire notre travail. Ne venez pas nous dire comment administrer la justice. » Il se lève et me tend la main, la rencontre est terminée. Un subalterne m'amène dans un bureau voisin où l'on va prendre ma déposition.

Le lendemain, nous apprenons qu'il n'y aura pas d'interview avec le président, qui délègue plutôt un de ses ministres. C'est le bouquet. On ne s'attendait quand même pas à ce que j'aborde le vol de la chaîne dans l'interview présidentielle ?

À l'évidence, les autorités tutsies se méfient de nous, comme de toute la presse internationale d'ailleurs. Dans l'exercice de ses fonctions, le reporter fait toujours valoir le point de vue de l'*underdog,* du défavorisé, de l'opprimé. En général, l'oppresseur n'apprécie pas. Au Burundi en 1972, s'intéresser au sort des Hutus ne peut qu'exaspérer, sinon attiser la colère des Tutsis...

L'interview avec le ministre a lieu en fin de journée, l'habituel amalgame de platitudes et de langue de bois. Il nie toute répression de la part des Tutsis. Les seuls massacres dont il admet la réalité sont ceux perpétrés par les Hutus.

Nous partons le lendemain pour le Rwanda, pays où ont trouvé refuge quelques dizaines de milliers de Hutus.

Sur le lac Cyohoha Sud, à la frontière entre les deux pays, flottent des îles de papyrus. Vers dix-sept heures, les éléphants viennent boire au lac. Encore un décor de carte postale, façon Afrique centrale. À un kilomètre de la piste des éléphants se trouve cependant un village pas tout à fait comme les autres. Constitué d'une centaine de cases en feuilles de bananier, il a surgi il y a deux mois à peine. Les enfants qui courent dans la boue ont froid. À deux mille mètres d'altitude, au mois d'août, les averses sont fréquentes. La « pluie des vaches » fait le bonheur des paysans et l'inconfort des réfugiés.

Ils sont plus de deux mille ici, venus de toutes les provinces du Burundi. Le gouvernement rwandais leur a accordé des terres à défricher. Des terres de broussaille sur lesquelles ils peinent à trouver le bois nécessaire à la construction de maisons en dur.

Un paysan nous raconte ce qu'il a vécu. En pleine nuit, sa femme et ses deux fils ont été arrêtés par un détachement de l'armée. Il ne les a jamais revus. Ils sont sans doute dans une fosse commune à quelques kilomètres de chez lui.

Des étudiants témoignent aussi. L'un d'eux était en terminale à l'Athénée de Bujumbura. Dans la nuit du 2 au 3 mai, trois de ses confrères ont été arrêtés. Ils se trouvent maintenant dans une fosse commune près de l'aéroport de la ville.

Les témoignages s'accumulent : villages vidés, femmes violées, corps abandonnés sur le bord de la route. Dans un lycée, un soir, les lumières se sont éteintes dans le réfectoire. On a entendu des cris de terreur. Quand on a rallumé, huit personnes étaient mortes.

Les Hutus nous disent aussi qu'ils comptent bien se venger, et le plus tôt sera le mieux. Ils ont des armes, leurs machettes de paysans.

Effectivement, quelques semaines plus tard, des Tutsis rwandais vont payer pour les crimes de leurs frères du Burundi. À l'université de Butaré, fondée par notre compatriote le père Georges Lévesque, le célèbre dominicain à qui l'on doit la

Aujourd'hui, avec Annie Cordy.
PHOTO : JEAN-LOUIS FRUND/ARCHIVES RADIO-CANADA

Soirée des élections 1966, avec Guy Lamarche, Claude-Jean Devirieux, Richard Garneau et Jean-Paul Nolet.
PHOTO : ANDRÉ LE COZ/ARCHIVES RADIO-CANADA

L'ombre au volant, c'est moi. Nous sommes interceptés par deux miliciens chypriotes turcs.
Photo : Henri Bureau, Star Photographe français

Georges Romanoff, preneur de son et bon vivant.

À l'aéroport de Biên Hòa (Viêtnam), en conversation avec le pilote avant le bombardement de tunnels viêt-côngs.

Les cameramen Jean Reitberger et Jean Forgue.

Yvon Turcot, mon ami depuis 50 ans.
PHOTO: GUY DUBOIS/ARCHIVES RADIO-CANADA

En 1966, à la frontière du Cambodge et du Viêtnam avec le cameraman Daniel Fournier.

Avec Pierre Castonguay, réalisateur du *60*.
PHOTO: ARCHIVES RADIO-CANADA

Gilles Loiselle, chasseur de lions devenu journaliste et plus tard ministre.

Pascale, mannequin d'un jour dans le journal *Combat* (Paris).

Avec Félix Leclerc, à Paris, en 1967.

En 1983, *Déjà 20 ans,* avec
Bernard Landry et Yvon Dupuis.
PHOTO : ARCHIVES RADIO-CANADA

1973, une émission spéciale au plus fort
du débat sur la langue.
PHOTO : JEAN-PIERRE KARSENTY/ARCHIVES RADIO-CANADA

L'équipe du *Point* de la saison 1987-1988 : Pierre Nadeau, Madeleine Poulin
et Simon Durivage.
PHOTO : ARCHIVES RADIO-CANADA

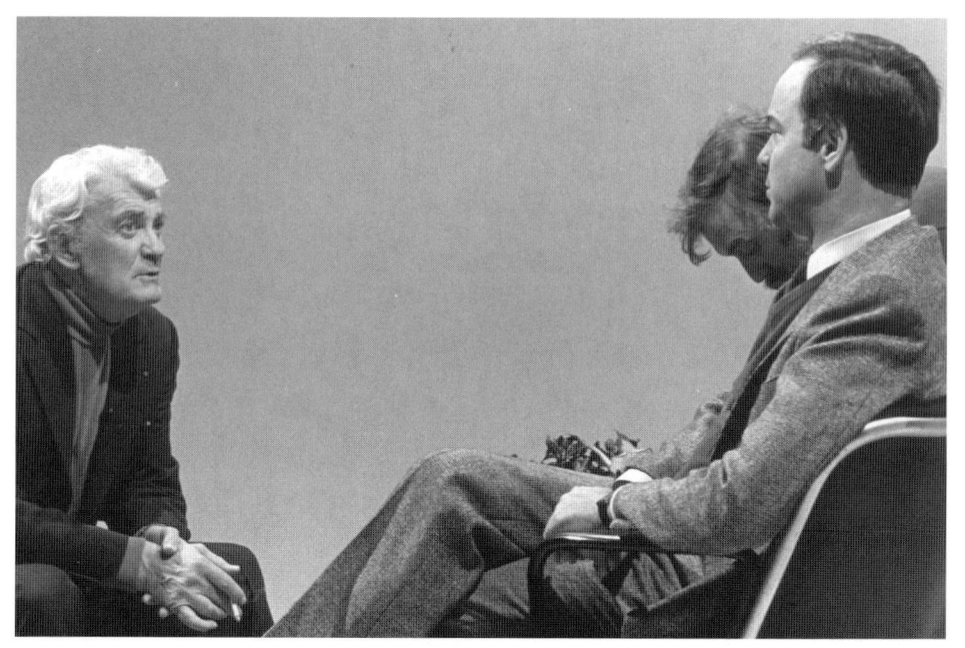

En 1983, *Pierre Nadeau rencontre* Jean Marais à Radio-Québec.
PHOTO: RADIO-QUÉBEC

Interview avec François Mitterrand.
PHOTO: JEAN FORGUE

Ferland-Nadeau en vacances à TVA.
PHOTO: GROUPE TVA

Richard Garneau a reçu l'Ordre du Québec, en mai 2000, des mains du premier ministre Lucien Bouchard.
PHOTO: SECRÉTARIAT DE L'ORDRE NATIONAL DU QUÉBEC. CLÉMENT ALLARD, PHOTOGRAPHE.

En préparation de l'émission *Le Point*.

Avec Clarence et Candice à Anguilla.

Pascale et Sylvain, adolescents.

Ma mère et ses petits-enfants Pascale et Sylvain.

Faculté des sciences sociales de l'Université Laval, les élèves tutsis seront chassés, et plusieurs seront exécutés à coups de barre de fer.

■ ■ ■

En 1972, nous l'ignorions : ces massacres n'étaient qu'un prélude. Au Burundi, il y aura de nouveaux massacres en 1988. En 1994, un demi-million de Tutsis rwandais seront massacrés. Un génocide parfaitement prévisible, que les grandes puissances seront incapables d'empêcher.

À quand le prochain épisode de ce film d'horreur ?

■ ■ ■

Un petit Cessna bimoteur nous amène de Kigali, capitale du Rwanda, à Kampala, en Ouganda. Nous sommes quatre passagers dans un avion qui peut transporter huit personnes, mais notre matériel de tournage et nos valises nous assurent d'atteindre le poids maximum au décollage. Kigali est dans une espèce de cuvette, et notre avion a dû tourner au-dessus des collines où vivent les grands gorilles pour arriver à son altitude de croisière. Nous allons survoler le nord de la Tanzanie et le grand lac Victoria. Nous arriverons à Entebbe, l'aéroport de la capitale de l'Ouganda.

Bienvenue au pays d'Idi Amin Dada. Nous allons tourner un autre reportage, celui-là sur un exode massif, en cours depuis quelque temps : celui des Asiatiques, d'origine indienne et pakistanaise, qui vivent ici depuis des générations. Comme dans la plupart des anciennes colonies britanniques, ce sont eux qui tiennent le commerce. L'import-export, la vente au détail, c'est eux, presque exclusivement eux. Il y a quelque temps le dictateur ougandais a décidé de les expulser du pays et de redonner ainsi aux Africains le contrôle de leur économie.

Idi Amin est au pouvoir depuis l'an dernier. Il y est arrivé après avoir renversé Milton Obote, sous lequel il était commandant en chef de l'armée. Illettré qui s'est entouré d'illettrés, Idi Amin s'est vite taillé une réputation de bouffon, nourrie par toutes sortes de comportements extravagants. Il est allé jusqu'à défier Julius Nyerere, président de la Tanzanie voisine, de l'affronter dans un match de boxe. Pour compenser l'avantage que lui donnent ses six pieds quatre, Amin voulait bien se battre avec une main attachée dans le dos. Nyerere, que ses compatriotes appellent le Sage, a décliné l'offre.

Amin a aussi fait torturer et exécuter des centaines, on parle même de milliers d'adversaires politiques. Et maintenant, répondant à un ordre de Dieu, il chasse les Ougandais d'origine asiatique, piliers de son économie.

Les Asiatiques sont anxieux et paniqués. Leur communauté vit ici depuis le XIXe siècle, mais Amin leur a donné quatre-vingt-dix jours pour quitter le pays. Quand nous arrivons à Kampala, nous ne sommes qu'à deux semaines de l'expiration du délai. Plusieurs sont partis, mais la plupart sont encore en train de faire leurs bagages. Il n'y a personne à qui ils pourraient vendre leurs commerces. Ils sont ruinés.

Et, surtout, ils ne savent pas où aller. La majorité d'entre eux n'ont qu'un seul passeport, le passeport ougandais. La Grande-Bretagne, qui les a amenés en Ouganda au siècle dernier, veut bien en prendre plusieurs milliers mais pas tous.

L'expulsion des Asiatiques a rendu Idi Amin plus populaire que jamais auprès de ses compatriotes, mais l'a mis au ban de la société internationale. Un seul chef d'État africain lui a donné son appui. Il s'agit de Jean-Bedel Bokassa, qui s'est proclamé il y a quelques mois président à vie de la République centre-africaine.

Coïncidence, Bokassa est ici en visite officielle. Il est d'ailleurs arrivé en même temps que nous, et nous avons pu filmer l'atterrissage de sa Caravelle. Au passage, une des ailes a accroché un camion-citerne. La catastrophe a été évitée de justesse.

Le lendemain matin, dépôt d'une gerbe de fleurs au pied d'un monument militaire. Une seule caméra est là, la nôtre, et nous pouvons filmer de très près les deux chefs d'État, duo comique involontaire, les Mutt & Jeff du continent noir. Amin, qui fut pendant neuf ans champion ougandais de boxe, catégorie poids lourds, est imposant, voire gigantesque. À ses côtés Bokassa, ancien capitaine de l'armée française, a l'air d'un puceron. Chacun a mis son plus bel uniforme chamarré, constellé d'une vingtaine de décorations toutes plus rutilantes les unes que les autres.

Bokassa ne parle pas l'anglais, Amin ne dit pas un mot de français, et il n'y a pas d'interprète. Qu'importe, ils pérorent à souhait. Chacun abreuve l'autre de félicitations enthousiastes pour la grandeur de son œuvre. Les dictateurs sont seuls au monde.

■ ■ ■

Ce sont près de quarante mille Asiatiques qui auront été expulsés d'Ouganda. Le geste patriotique d'Idi Amin mènera son pays à la ruine. Le dictateur sera renversé en 1979 par l'armée tanzanienne de Julius Nyerere, finalement décidé à relever le défi que lui avait lancé l'ancien boxeur...

Quant à Bokassa, auto-proclamé empereur en 1975, il sera déposé en 1979, quelques mois après la chute de son ami Idi Amin.

Chapitre 29

« Nadeau, il est péquiste ou libéral ? »

Quand un journaliste devient une figure publique, on en vient toujours à se demander de quel côté il penche. Il a beau prétendre à l'impartialité, ses choix de sujets ou sa façon de poser les questions peuvent sembler trahir un parti pris... « T'as vu comment il était avec Bourassa ? C'est un péquiste, c'est sûr. » « Oui, mais regarde avec Parizeau l'autre fois... »

Au cours de ma carrière, j'ai suscité ce genre d'interrogations, et j'ai toujours veillé à ne jamais y répondre, à ne rien faire qui puisse confirmer que je favorisais un parti plutôt que l'autre. J'ai aussi refusé de me lancer en politique quand la proposition m'en a été faite. La première fois, l'offre émanait de Robert Bourassa, peu avant les élections d'avril 1970.

Au printemps de 1976, je fus amené à prendre une rare position politique ouverte. À cette époque, j'apparaissais depuis trois ans dans les publicités d'Air Canada pour ses liaisons vers l'Europe. « L'Aircaneurope, c'est bien mieux que l'Europe ordinaire » était l'efficace slogan de cette campagne concoctée par le guru de la pub québécoise, Jacques Bouchard.

Mon rôle de porte-parole d'Air Canada prit fin le jour où un vice-président décida d'interdire le français dans les cabines de pilotage. Je ne voulais plus être identifié à une entreprise où on respectait si peu ma langue maternelle. En adoptant cette position, je ne me souciais pas de passer pour un nationaliste ou même un indépendantiste. Un des animateurs de la lutte pour le français dans les communications aériennes n'était-il pas le très fédéraliste Serge Joyal, député libéral à Ottawa ?

N'empêche. Ma prise de position devait me valoir, quelque temps plus tard, un coup de fil inattendu du président du Parti québécois, René Lévesque. Il voulait me voir. Nous nous donnâmes rendez-vous pour le surlendemain.

À l'heure convenue, par un bel avant-midi de mai, René se pointa chez moi. Après quelques minutes de bavardage sur des thèmes convenus — le bon vieux temps à Radio-Canada, ma carrière, ses problèmes avec les radicaux du PQ —, il lâcha sa bombe : même si les libéraux en avaient encore pour deux ans à gouverner, la rumeur courait que des élections auraient lieu à l'automne... et il voulait que je sois un de ses candidats-vedettes.

Son plaidoyer dura deux bonnes heures, pendant lesquelles il but une quantité industrielle de café noir en enchaînant une cigarette après l'autre. Ses arguments étaient autant de flèches bien dirigées. J'étais l'unique spectateur d'un remake de *Point de mire* auquel il ne manquait que le tableau noir. Il rappela ma décision récente de quitter Air Canada : « Tu nous as vraiment beaucoup aidés en les lâchant. Les gens croiront en toi. Ils savent que tu es un homme de convictions, qui a préféré perdre beaucoup d'argent plutôt que de défendre une entreprise qui nous méprise depuis trop longtemps. »

Il me parla de mon métier, de ce que j'y avais appris, de la lassitude que j'en éprouvais parfois : « Ça fait vingt ans que tu es journaliste, tu es mûr pour passer à autre chose. Et puis tu as vu le monde, tu sais comment il fonctionne. Tu as développé un bon sens politique, tu saurais comment naviguer. » Il me parla même de ministères qu'il pourrait me confier s'il prenait le pouvoir. « Dans ce domaine, je suis pour les contre-emplois. En 1960, tout le monde me voyait faire du social, mais moi, je voulais les Richesses naturelles, et c'est ça que Lesage m'a donné finalement. Toi, je ne te vois pas aux Communications ou à la Culture, mais peut-être dans un ministère économique. »

Cette perspective me fit sourire. Nadeau, ministre du Commerce ? J'imaginais la réaction de mon ancien prof de mathématiques, Robert Bourassa : il en tomberait sûrement en bas de sa chaise !

Argument émotif entre tous, René évoqua même mon père. « Si Jean-Marie était toujours là, il te recommanderait de passer chez nous. » Ce n'était pas un argument démagogique. Le Parti québécois comptait une masse d'ex-libéraux déçus du fédéralisme, dont René lui-même. Pourquoi pas mon père?

Jean-Marie, je le pense, aurait été d'accord avec les politiques sociales du programme du PQ. Il aurait applaudi avec enthousiasme aux mesures d'assainissement de la vie politique. Mais la souveraineté?

Mon père était contre un État fédéral centralisateur. Il croyait au « Maîtres chez nous » de Jean Lesage. Pour secouer le Canada anglais, peut-être aurait-il voté oui au référendum de 1980, comme je l'ai fait moi-même. Et il aurait sans doute été pour l'accord du lac Meech, comme je l'ai été aussi. Mais souverainiste, je ne crois pas: il ne l'aurait pas été.

Je le crois d'autant moins que — je peux bien l'écrire maintenant — je n'ai jamais été souverainiste moi-même. C'est dans mes gènes, pourrais-je dire, mais c'est aussi un choix qui procède d'une réflexion. À quoi cela servirait-il de casser la baraque, pour ensuite chercher à rebâtir une alliance dans laquelle nous ne serions peut-être pas tellement plus autonomes que nous ne le sommes maintenant? Je crois aussi que mondialisation et État-nation sont des concepts qui ne font pas bon ménage. Par contre, j'ai toujours été séduit par cette idée d'une véritable confédération que proposait parfois Lévesque.

Voilà pourquoi, en ce matin de mai 1976, j'ai été tenté de dire oui à René. Je l'écoutais me parler de son espoir de prendre le pouvoir, pour « changer les choses », et une part de moi était remuée. Il était difficile de dire non à cet homme, à cause de sa sincérité et de son honnêteté, de la passion qu'il mettait à convaincre. Spontanément, j'ai failli répondre que j'acceptais de faire équipe avec lui. Au lieu de cela, je lui ai seulement promis de réfléchir.

« Nous allons te réserver une des circonscriptions les plus sûres de Montréal, conclut René. Tu serais élu sans problème. » Il revint me voir l'après-midi, pour me donner des documents destinés à alimenter ma réflexion. Il allait ensuite chez ma collègue Lise Payette qui, elle, acceptera d'être candidate — et sera effectivement nommée à un ministère contre-emploi.

Dans les jours qui ont suivi cette rencontre, j'ai beaucoup pensé. L'offre de René m'amenait à réfléchir sur mon travail, sur mes valeurs, sur moi-même. J'ai repensé à mon père avocat, qui aurait pu se contenter de pratiquer son métier et de gagner beaucoup d'argent. Mais il s'était engagé, parce que le Québec lui semblait en retard sur le reste du monde, parce qu'il voulait changer les choses.

J'ai pensé aux journalistes qui avaient sauté la barrière, à commencer par René Lévesque lui-même. J'ai pensé à cet ex-collègue à Paris, Stanley Burke de la CBC, qui est parti un jour au Biafra. Il ne voulait plus être un simple témoin de la misère des autres : il voulait faire sa part pour la soulager.

J'ai pensé à tous ceux pour qui l'engagement à défendre une idée primait sur le reste. René était un bon exemple. Avec Trudeau, Marchand, Parizeau et d'autres figures dominantes de cette époque, il appartenait à ce groupe de gens qui faisaient passer leurs objectifs politiques avant tout le reste.

Cet examen de conscience m'a amené à réaliser à quel point j'étais — et suis demeuré — un individualiste, socialement assez égoïste. Certes, comme tout bon journaliste, je suis porté à m'indigner devant l'injustice, à vibrer pour la cause des défavorisés. Mais je ne me suis jamais véritablement engagé.

Inconsciemment, c'est sans doute une des raisons pour lesquelles je suis devenu journaliste. Dans ces moments où il faudrait prendre position, y a-t-il situation plus confortable que celle qui commande de rester neutre ?

Et puis, quand on est populaire et estimé par près de cent pour cent de la population, comme je devais l'être à cette époque, pourquoi risquer de se retrouver avec cinquante pour cent d'adversaires ?

Il y a aussi qu'en tant que journaliste je pouvais traiter de tous les grands problèmes dans un esprit de liberté totale. Je serais devenu homme politique qu'il m'aurait fallu tenir compte de la ligne du parti, avec laquelle je n'aurais pas nécessairement été d'accord. Je serais devenu ministre que je me serais retrouvé l'otage de fonctionnaires qui auraient connu les dossiers mieux que moi et qui m'auraient eux aussi dicté ma ligne de conduite.

La politique, ai-je l'impression, est un domaine où l'on subit plutôt que d'influencer. Celui qui décide de s'y consacrer risque vite de voir qu'il n'a qu'un contrôle minimal sur le cours des choses.

J'envie les gens qui ont la foi et sont capables de se battre pour leurs idées. Ce n'est pas mon cas. La politique, ce n'était pas pour moi.

Je ne suis pas nécessairement fier de ce choix que j'ai fait — ou n'ai pas fait. Mais en même temps, je rêvais, tout petit déjà, d'être journaliste. Je le suis devenu, et je l'ai été avec toute ma passion. J'ai été un témoin, un passeur d'informations, j'ai contribué à éclairer des débats. Quand je faisais des *hot seats*, j'étais même une sorte de justicier. C'est ainsi que j'ai apporté ma pierre, et de cela je suis fier.

En mai 1976, j'ai dit non à René Lévesque. Il devait me rappeler quelques mois plus tard, après le déclenchement des élections : « Pierre, me dit-il, tu peux encore changer d'idée. Mais tu dois faire vite : la période de mise en candidature se termine dans deux heures. » Il m'a fallu lui redire que je ne ferais pas équipe avec lui.

Je n'ai donc pas été élu le 15 novembre suivant, et je ne suis pas devenu ministre du Commerce ou des Finances...

Pour clore ce chapitre : en 1993, Jean Chrétien m'a proposé, par personne interposée, de me présenter sous la bannière libérale. J'ai refusé, et c'est Paul Martin qui est devenu ministre des Finances.

En somme, j'ai été sollicité par tout le monde, sauf par les créditistes et le Parti rhinocéros, mais je n'ai jamais fait le saut.

■ ■ ■

Après trois années au *60*, à courir le monde et à interviewer chefs d'État et leaders politiques d'ici et d'ailleurs, j'ai passé une saison nettement plus calme en compagnie de mon ami Pierre Castonguay. Nous n'avions qu'une petite équipe, et le mandat de produire une série d'émissions-forums diffusées en direct le vendredi soir.

Le pour et le contre traitait de sujets controversés, question de ne pas faire ronfler les téléspectateurs, qui étaient par ailleurs invités à donner leur avis par téléphone. Nous occupions deux studios : dans le premier, j'étais assis avec trois ou quatre invités, spécialistes ou acteurs de la question à débattre. Dans le second, Serge Arseneault officiait avec une cinquantaine de téléphonistes chargées de recueillir les opinions des téléspectateurs.

Serge, de nos jours producteur de télévision, était à l'époque un jeune annonceur frais émoulu de la Faculté de sciences politiques de l'Université d'Ottawa. Il m'avait été recommandé par Richard Garneau, qui l'avait pris sous son aile protectrice. Outre qu'il était fichtrement télégénique — au milieu d'une cinquantaine de femmes, il avait la fière allure d'un coq dans son poulailler — Arseneault faisait un bon boulot à résumer les opinions des gens qui appelaient.

Le pour et le contre fut appréciée mais ne tint l'antenne qu'une saison à Radio-Canada. La formule des débats du vendredi soir devait quand même être bonne, puisqu'elle fut tout de suite reprise par le Canal 10, avec Pierre Pascau d'abord puis Gilles-Philippe Delorme, et ensuite par Radio-Québec, où une longue succession d'animateurs-animatrices ont présidé à *Droit de parole*.

Je ne comprends d'ailleurs pas que de nos jours on ne retrouve pas plus d'émissions de ce type, qui permettent de traiter de questions d'actualité dans une perspective de choc des idées. Deux ou trois invités qui vident leur sac, et le public qui commente, par Internet ou par le bon vieux téléphone. La « ménagère de quarante-neuf ans et moins » apprécierait, j'en suis sûr…

■ ■ ■

Dans l'année qui suivit, en 1976-1977, je passai beaucoup de temps à l'étranger, pour y tourner une série de cinq reportages avec différents réalisateurs pour qui j'avais une grande estime personnelle et professionnelle. Ces reportages m'amenèrent aux États-Unis, en Europe, au Proche-Orient et en Amérique centrale. Les tournages duraient au minimum trois semaines, une norme inhabituelle, bien plus que ce que j'avais connu au service des nouvelles ou même aux magazines d'informations comme *Weekend* et *Le 60*.

Madrid, octobre 1976. La manifestation est commencée depuis une demi-heure quand nous rejoignons le cortège. Nous n'avons pas le droit de filmer, mais nous avons pris le risque de venir quand même. René Jeanneret dirige discrètement sa caméra vers la foule compacte. Nous attendons le passage des manifestants communistes, ce sont surtout eux qui nous intéressent.

Depuis quelques mois, un spectre hante l'Europe de l'Ouest : l'eurocommunisme. Le terme désigne ces partis communistes qui s'émancipent de Moscou et essayent de définir un communisme « national », plus adapté à l'évolution des sociétés, plus démocratique aussi. Deux partis donnent le ton : le PC italien d'Enrico Berlinguer, et le PC espagnol, dirigé par Santiago Carillo.

L'idée du reportage vient de la réalisatrice Micheline Di Marco. Nous avons d'abord tourné en Italie, puis en France, où j'ai interviewé le premier secrétaire du PCF, Georges Marchais, un personnage atypique, à mille lieues du politicien français habituel, qui est plutôt pompeux. Marchais incarne le prolétaire mal embouché, qui adore mettre en boîte les journalistes (« Elkabach, taisez-vous ! » a-t-il déjà intimé en direct à l'un des intervieweurs les plus célèbres de la télévision). Marchais, fidèle à Moscou, se méfie de l'eurocommunisme.

Après la France et l'Italie, nous nous retrouvons en Espagne. Ici, l'eurocommunisme est un objet de débats, mais le Parti communiste est hors la loi, du moins officiellement. Franco est mort en novembre dernier, et le pays s'extirpe lentement de quatre décennies de dictature. Le roi Juan Carlos, nommé par Franco lui-même, est en train d'assurer la transition vers la démocratie. On attend les premières élections depuis 1936.

Nous avons décidé de couvrir une gigantesque manifestation dans les rues de Madrid, même si elle est interdite aux journalistes. Une interdiction qui ne nous inquiète pas trop, elle a certainement été émise pour la forme, une habitude héritée des années de dictature.

Arrivés sur place, dans le centre de Madrid, nous nous rendons vite compte que l'interdiction est sérieuse et que les journalistes l'ont respectée. À part nous, il n'y a pratiquement personne pour filmer la manif. Postés à toutes les intersections, devant les édifices publics, des policiers de la *Guardia Civil*, revêtus des uniformes gris qui leur valaient le surnom de *los grises*.

René Jeanneret filme depuis quelques minutes, le plus discrètement possible. Micheline surveille nerveusement les policiers pas loin, qui ne semblent pas nous voir. Allons-nous nous en tirer ? Ont-ils ordre de fermer les yeux ? Tout à coup, ça y est, ils nous ont repérés. Je vois un gradé donner une consigne en nous désignant du doigt. Une dizaine de policiers s'avancent vers nous à grands pas. La foule s'écarte sur leur passage.

Nous détalons. Micheline a de grandes jambes et court comme une gazelle. René et Louise Gougeon, l'assistante de Micheline, la suivent. Tous les trois, ils s'engouffrent dans un immeuble à logements à quelques mètres de là. Vite, ils prennent l'escalier et montent se réfugier dans un appartement au dernier étage, où une porte s'est ouverte pour eux.

Guy Fost, le preneur de son, et moi sommes partis de plus loin. Nous arrivons sur leurs talons, la police derrière nous. Nous avons juste le temps de nous cacher sous l'escalier qui mène aux étages supérieurs…

Deux ou trois minutes passent. La police ne nous a pas suivis. Elle ne nous a pas vus entrer dans l'immeuble ou bien a décidé qu'une bonne frousse était un châtiment suffisant. Je commence à me trouver idiot, tapi sous cet escalier avec mon collègue. C'était quand déjà, la dernière fois que je me suis caché pour échapper à l'autorité ? Chez mes parents ? À Brébeuf ? Je me retourne vers Guy qui sourit dans la pénombre, il doit trouver la situation absurde lui aussi. Il chuchote : « On attend combien de temps encore ? »

La porte de l'immeuble s'ouvre avec fracas. J'entends quelqu'un crier :

« ¡ *Estan aqui* ! » Il ne leur faut que quelques secondes pour nous débusquer. Guy y passe le premier. On m'empoigne à mon tour et je suis poussé vers la rue sans ménagement. J'ai beau être plus grand et assez costaud, ils sont trois à me tenir solidement.

Je m'adresse à celui qui a l'air d'être le gradé. Dans mon plus bel espagnol, je lui explique que nous sommes de la télévision canadienne. «*Somos periodistas de la television canadiense.*» Il ne dit pas un mot et fait un signe de la tête. Deux ou trois policiers déploient leurs matraques, de longs bâtons de plomb recouverts de caoutchouc. Les coups commencent à pleuvoir, secs, professionnels. Guy se protège comme il le peut avec son Nagra. Je peux seulement mettre les mains sur ma tête, et c'est sur mon dos que s'abattent les matraques. Je compte les coups : il y en a huit. La correction dure une longue minute. Finalement, on nous laisse. Nous ne sommes pas aux arrêts, on ne nous a même pas donné d'avertissement. Le but de l'exercice était simplement de nous faire mal.

Guy ne s'en est pas tiré trop mal, mais son magnétophone a rendu l'âme. Pour ma part, j'ai le dos en feu après tous ces coups. À l'hôtel, je m'examine : je suis couvert d'hématomes, on dirait une carte géographique. Ces matraques sont conçues pour éviter l'effusion de sang, mais elles cassent les veines sous la peau. Pendant deux semaines, j'aurai peine à m'asseoir et il me faudra dormir sur le ventre.

Je repense à ce qui s'est passé. Ces jeunes hommes qui m'ont frappé avaient sans doute plus peur que moi, peur de ce que je représentais : l'étranger, la nouveauté, ces idées dangereuses qui risquent de contaminer le peuple espagnol...

■ ■ ■

À Madrid, les matraques. À Beyrouth, les snipers.

Nous sommes en 1976 toujours. Avec Claude Sylvestre, ancien réalisateur du *Point de mire* de René Lévesque, je tourne un reportage sur la diaspora palestinienne. Notre périple nous conduit à Beyrouth, dévastée par un an de guerre civile.

Le centre-ville est méconnaissable. De l'élégant bord de mer dominé par les grands hôtels comme le Saint-Georges et le Phénicia, où j'avais séjourné lors de voyages précédents, il ne reste que des ruines. La ville est devenue le royaume des snipers, ces francs-tireurs qui tirent sur tout ce qui bouge dans les secteurs ennemis. Chaque camp a les siens : chrétiens des

Forces libanaises, musulmans du mouvement Amal, Palestiniens de la Saïqa pro-syrienne... On prétend qu'en moyenne cinquante personnes meurent chaque jour dans les rues de Beyrouth, victimes des francs-tireurs. Officiellement, la paix règne au Liban, la *pax syriana*, la paix syrienne.

Nous logeons au Cavalier, un petit hôtel du centre-ville, juste à côté du journal *El Nahar*. L'immeuble héberge aussi la rédaction du seul quotidien français du Liban, le célèbre *L'Orient-Le Jour*. Les quelques journalistes qui restent à Beyrouth habitent pour la plupart notre hôtel. Parmi eux, Edouard Saab, rencontré précédemment, et que je verrai pour la dernière fois au cours de ce voyage : il va tomber sous les balles d'un sniper peu de temps après.

Il y a aussi Antoine Sfer, devenu au fil des ans un ami proche. Il m'a souvent aidé à obtenir des rendez-vous dans des pays arabes, avec le roi Hussein en Jordanie, avec Boutros Boutros Ghali au Caire, les Palestiniens de l'université Bir Zeit en Cisjordanie. Il m'a aussi présenté Ibrahim Souss, futur représentant de l'OLP à Paris.

Antoine est presque toujours seul pour assurer la rédaction de *L'Orient-Le Jour*, quatre pages composées de dépêches d'agence et de un ou deux papiers sur la situation dans le pays. Je lui rends visite un soir au journal, ce qui me vaut d'être grondé : pour circuler dans le centre de Beyrouth, à la nuit tombée, il faut ignorer le couvre-feu et longer les murs pour ne pas se faire tirer dessus.

Antoine est admirable de courage, pour continuer à travailler dans de pareilles conditions. Mais il va lancer l'éponge peu de temps après. Las et inquiet des menaces qui pèsent sur lui, ayant échappé à quelques tentatives d'enlèvement, il va partir pour Paris avec sa famille. Il y vit toujours.

Un après-midi, nous nous rendons dans un quartier habité par des musulmans pro-Palestiniens. De l'autre côté de la ligne de démarcation, une zone contrôlée par les milices de Bachir Gemayel, le maronite. Soudain, des coups de feu éclatent. Nous sommes heureusement protégés par des sacs de sable. Les balles sifflent au-dessus de nos têtes et s'écrasent sur le mur que nous longeons. Des éclats de ciment volent devant mes yeux.

Le lendemain matin, je me rends à Achrafieh, là même d'où on a essayé de nous abattre la veille. L'immeuble où étaient embusqués les tireurs est juste à côté des quartiers généraux de Bachir Gemayel, devenu président des Forces libanaises au mois d'août. Il a vingt-huit ans et il vient d'une des grandes familles chrétiennes du Liban. Son père, Pierre, a fondé les Phalanges libanaises en 1936. Son frère Amin a ses propres milices, implantées dans le Metn, à l'est de Beyrouth.

Quand je raconte à Bachir que ses hommes nous ont tiré dessus, il sourit. « Au Liban, il faut toujours choisir son côté, monsieur Nadeau. Vous devriez rester de ce côté-ci avec nous. Ici, vous ne risquez rien. »

Pure vantardise. Au Liban en ces années de guerre, personne ne peut prétendre être en sécurité où que ce soit. Six ans après notre rencontre, dans ces mêmes lieux où il m'a reçu au cœur de son fief, le chef des Forces libanaises sera tué dans un attentat à la bombe, le 14 septembre 1982. Trois semaines plus tôt, il avait été élu président du Liban, un poste dont la Syrie le jugeait indigne... Son frère lui succédera.

∎∎∎

Mon année « sabbatique » m'a aussi donné l'occasion de tâter d'un genre nouveau pour moi, en compagnie de mon vieux compère Jacques Godbout.

Jacques est un sacré bonhomme. Essayiste, romancier, éditeur, poète, réalisateur, il excelle aussi dans la polémique teintée d'ironie. J'ai l'impression de le connaître depuis toujours : enfants, nous habitions la même rue, et sa sœur Louise a été ma première « blonde » quand j'avais douze ans. C'est aussi par elle que j'ai connu France, ma première femme.

J'avais des amis à Paris qui dirigeaient une boîte de production, « Le Seuil-Le Monde audiovisuel », propriété conjointe de la maison d'édition et du célèbre quotidien. Au printemps de 1976, l'idée nous est venue de produire avec eux un documentaire d'une heure sur le commerce des armes. Il nous fallait un réalisateur d'envergure : en intéressant Jacques Godbout au projet, nous nous assurions aussi d'une participation de l'ONF.

Le commerce des armes est un métier vieux comme le monde, qui aurait pu nous fournir matière à une émission de plusieurs heures. Mais Jacques ne voulait pas seulement constater le phénomène : conformément à sa pratique ONF-ienne, il voulait aussi en tirer une réflexion, démarche très différente de celle à laquelle j'étais habitué. Faute de temps, nous, de la télé, donnons rarement dans le deuxième degré, nous n'allons pas souvent plus loin que le simple constat assorti de témoignages. Nos amis de l'ONF, eux, mettent plus d'un an à sortir le moindre sujet, ainsi que j'aimais dire à Jacques pour le taquiner. Mais le résultat en vaut souvent la peine.

Le tournage d'*Arsenal* nous a amenés en Israël, au Texas, à Washington, en France et en Angleterre, plus précisément à Manchester, où nous avons rencontré Sam Cummings, le patron d'Interarms. Ancien de la CIA, Cummings s'était lancé dans le commerce des armes lors du coup d'État au Guatemala en 1954. L'entrevue avec lui avait quelque chose de surréaliste. Elle préfigurait ces pubs comme on en voit tellement aujourd'hui, dans lesquelles des concessionnaires automobiles annoncent eux-mêmes leurs bagnoles. Seul au milieu de son gigantesque entrepôt, Cummings nous vantait avec force trémolos les mérites et l'efficacité de ses armes — mitraillettes, bazookas, lance-grenades, etc. — qu'il couvait du regard avec une réelle émotion. Une pièce d'anthologie…

Le tournage nous amena aussi chez Vincent Bull, brillant scientifique qui se spécialisait dans la physique des canons géants. Il était installé sur une base bien gardée et située à cheval sur la frontière entre le Vermont et le Québec. Des ingénieurs allemands à la mine préoccupée y œuvraient dans des salles truffées d'appareils technologiquement très avancés pour l'époque. Il y avait surtout cet immense canon dont Vincent Bull nous disait qu'il pouvait envoyer des obus à des milliers de kilomètres de là. Une arme redoutable qui n'a cependant jamais été utilisée, pour ce que l'on en sait du moins. Sa seule victime connue est Bull lui-même, assassiné à Bruxelles en mars 1990. Il s'apprêtait à vendre son super-canon à Saddam Hussein, le dictateur irakien, et on croit généralement que c'est le Mossad, le service secret israélien, qui l'a exécuté.

Après *Arsenal*, qui devait connaître un beau succès de diffusion internationale, j'ai tourné deux autres documentaires en cette saison 1976-1977. Avec Pierre Leduc, recherchiste-réalisateur, j'ai rencontré des survivants du massacre de l'université Kent State, où quatre étudiants furent tués par la Garde nationale de l'Ohio lors d'une manifestation contre la guerre au Viêtnam en 1970. Et j'ai aussi tourné une heure sur le Guatemala, en compagnie de Pierre Charlebois.

Une année « sabbatique » enrichissante, pendant laquelle je fus libéré des contraintes de la production hebdomadaire. Il était temps de reprendre du service à la barre d'un magazine : au cours de l'été 1977 commençait l'aventure *Télémag*...

Chapitre 30

C'est à *Télémag* que j'ai réalisé ce que je considère comme la plus mauvaise entrevue de ma carrière. Il se trouve que c'était avec un homme politique pour qui j'avais la plus haute estime, et comme homme, et comme politicien : René Lévesque.

Cela se passait le 15 novembre 1977, à l'occasion du premier anniversaire de l'élection du PQ.

Il est connu que les gouvernements fraîchement élus bénéficient d'une sorte de période de grâce, qui peut durer de cent jours jusqu'à quatre ou même six mois. Ils peuvent s'installer, roder leur système, présenter leurs premiers projets de loi, tout cela sans trop s'exposer aux critiques, notamment celles des journalistes. Pour ne pas avoir droit à cette lune de miel, il faut être singulièrement malhabile.

Dans le cas de Lévesque et du PQ, j'avais l'impression que cette période s'étirait indûment. Elle durait depuis un an, et je n'en voyais pas la fin. Il faut dire que le premier gouvernement péquiste était particulièrement apprécié de la population. Il avait fait adopter la loi 101, qui est devenue avec le temps une sorte d'article 1er de la constitution du Québec-pas-encore-indépendant, une pierre d'assise de notre identité nationale. Chez les Québécois francophones, elle reste probablement la loi la plus populaire jamais votée à l'Assemblée nationale.

Quoi qu'il en soit, je croyais que le temps était venu de mettre fin à ce qui me semblait de la complaisance. Et puis, pourquoi ne pas l'avouer : après deux ans de forums et de grands reportages, je découvrais que je m'étais ennuyé du *hot seat* de l'entrevue à la sauce Nadeau qui avait fait en partie ma réputation.

Ce mardi 15 novembre, je me rendis donc à Québec pour interviewer René Lévesque en début d'après-midi ; je devais ensuite rentrer à Montréal, ruban vidéo sous le bras, pour incorporer l'entrevue à l'émission *Télémag* du même soir.

L'entrevue fut tellement mauvaise que j'en ai développé un véritable blocage quant à son contenu. De quoi fut-il question, je ne le sais plus. Je me rappelle très bien, cependant, que René et moi étions assis côte à côte à une table circulaire. Une très mauvaise installation : beaucoup plus grand que mon invité, je me trouvais à le dominer physiquement, voire à l'écraser.

Si j'ai oublié les questions, je n'ai rien oublié de mon ton, de ma manière. Je cherchais des poux au premier ministre. Je parlais fort, j'étais agressif et péremptoire, je l'interrompais dans ses réponses, trop souvent et trop rapidement.

Réaction normale ou calcul stratégique, plus je m'emportais, plus René s'enfonçait dans sa chaise. Il en avait l'air encore plus petit, et moi encore plus matamore. Pour les téléspectateurs, il devait être évident que j'allais trop loin.

À la fin, je savais que j'étais passé à côté. Dans une salle attenante au studio, Robert MacKay, secrétaire de presse de Lévesque et un de mes anciens collègues à la salle des nouvelles, vint me voir. Il me suggérait de refaire l'interview. Quelques instants plus tard, René lui-même m'abordait :

« Dis donc, Pierre, c'était pas ta meilleure. » Cela, sur le même ton qu'il aurait eu pour dire « c'était pas la trouvaille du siècle ».

« Veux-tu que nous recommencions ? ajouta-t-il.

— Ça va passer comme tel.

— Comme tu voudras... »

Je savais très bien que cette entrevue était ratée. Je savais qu'elle ne me montrait pas sous mon meilleur jour, que je m'étais comporté de façon odieuse avec un homme que j'estimais. J'en étais furieux contre moi-même. Mais par orgueil, parce que je ne pouvais pas admettre m'être trompé à ce point, je n'ai pas saisi la perche que René me tendait.

Le soir même, l'entrevue fut diffusée telle quelle. Le lendemain, mes camarades de travail furent remarquablement discrets sur ma prestation : je n'ai eu droit à aucun commentaire, fût-il négatif. Un silence qui en disait plus long que n'importe quelle critique...

J'ai fait plusieurs autres interviews avec Lévesque par la suite. Il ne m'en a jamais voulu de mon étrange comportement.

Pourquoi m'en aurait-il voulu ? Je m'étais moi-même tiré dans le pied.

...

À *Télémag*, j'ai réalisé une autre entrevue qui figure à mon palmarès des ratages complets, cette fois avec Pierre Elliott Trudeau, à l'époque premier ministre.

Ce ratage-là, cependant, ne tenait pas tant à ma performance qu'à celle de Trudeau lui-même. L'entrevue portait sur des questions économiques, domaine qui ennuyait Trudeau au plus haut point. Visiblement, il aurait préféré parler d'autre chose, mais je n'en démordais pas et revenais constamment à la charge. Et plus j'insistais, plus son ennui devenait apparent... Peu lui importait d'être interviewé en tant que premier ministre, peu lui importait que l'émission soit vue par plus d'un million de personnes, il n'avait aucune envie d'être là et ne le cachait pas. Il avait l'air du gamin traîné de force chez tante Jeannine et qui attend seulement de pouvoir rentrer à la maison.

Comme Lévesque, je connaissais Trudeau depuis longtemps. Il faisait partie des visiteurs occasionnels de mon père, et j'ai appris le judo avec lui et quelques autres comme Jacques Fauteux et Roger Rolland. Il m'a toujours fasciné par ce côté de sa personnalité : que ce soit en personne, en entrevue à la télévision, ou à la Chambre des communes, il ne faisait aucun effort pour masquer ses sentiments. Cela pouvait donner des entrevues comme celle-là. Cela pouvait aussi donner des entrevues qui ressemblaient à des batailles de rue. Si une question ne lui plaisait pas, il avait pour tactique de demander à l'intervieweur de répondre lui-même.

Il pouvait aussi être impitoyable et méprisant, comme une de mes collègues de Radio-Canada, Madeleine Poulin, l'a un jour appris à ses dépens. Cette fois-là, en bonne intervieweuse qu'elle était, elle posait avec douceur mais fermeté des questions que visiblement Trudeau n'aimait pas. Agacé, au bord de la colère, il s'est conduit d'une façon si odieuse qu'il s'en est attiré des critiques unanimes le lendemain.

La complexité du personnage me stimulait. Faire une entrevue avec Trudeau était un défi que j'aimais relever. Nous nous sommes ainsi rencontrés une bonne quinzaine de fois, et ce fut chaque fois un plaisir. Ma meilleure interview avec Trudeau fut sans doute celle que j'ai réalisée en 1982 à Ottawa pour la série *Pierre Nadeau rencontre* de Radio-Québec. Trudeau était en forme, je l'étais aussi, c'est-à-dire d'humeur combative mais pas trop. Ce fut une très bonne demi-heure de télévision.

■ ■ ■

Avec *Télémag*, je revenais à mes amours passées, la présentation d'un magazine d'actualité.

Au contraire du *60*, où Pierre Castonguay et moi avions les coudées franches, *Télémag* était une émission très structurée. Il y avait un rédacteur en chef, Gilles Gariépy, intellectuellement et physiquement impressionnant, journaliste de métier unanimement respecté dans la profession, et avec qui j'avais un lien particulier. Sa mère, que j'appelais tante Thérèse, était une amie de longue date de ma propre mère, à qui elle avait d'ailleurs présenté mon père. À ma naissance, ce fut elle qui me porta aux fonts baptismaux en compagnie de ma marraine, grand-maman Yvonne.

À *Télémag*, il y avait aussi une réalisatrice-coordonnatrice, une des premières femmes à occuper pareil poste dans une émission d'informations, Micheline Di Marco. Comme Gariépy, elle en imposait par sa taille et par sa forte connaissance du métier. Son jugement était sûr, ni rien ni personne ne l'impressionnait. Journalistes et réalisateurs avaient intérêt à être convaincants dans la défense de leur sujet. Autrement, la guillotine Di Marco tombait implacablement. J'adorais ça...

Il faut dire que l'équipe de réalisateurs et de journalistes était intéressante. Elle ne comptait pas beaucoup de béni-oui-oui. Marc Renaud, Rolland Guay, Jean St-Jacques, Nicole Aubry, Pierre Charlebois étaient quelques-uns des réalisateurs.

Daniel Pinard, René Mailhot, Gilles Gougeon, Armande St-Jean, François Perrault et Richard Vigneault formaient une bande de reporters délurés et déterminés. On ne s'embêtait pas beaucoup avec eux.

Évidemment, avec un pareil groupe de fortes têtes, il y avait souvent des étincelles. Quand cela dégénérait en crise, Micheline et Gilles Gariépy sortaient leur numéro de *good cop, bad cop* (Gilles étant le gentil et Micheline la méchante), qui permettait la plupart du temps d'éteindre les feux.

Mais parfois, il leur fallait affronter la haute direction de l'information, surtout quand un sujet était litigieux. Ce fut le cas à l'automne 1978, avec un topo des inséparables Renaud et Pinard sur un groupuscule d'extrême droite baptisé la «Compagnie des Jeunes Canadiens pour un monde meilleur». Ils venaient de se faire connaître par leur opposition virulente à la pièce *Les fées ont soif*, de Denise Boucher, dont ils exigeaient le retrait de l'affiche du TNM parce qu'elle présentait la Vierge Marie comme un symbole de l'oppression des femmes.

Le reportage de mes collègues donnait des «Jeunes Canadiens» l'image d'une secte de skinheads en cravate et chemise blanche. L'effet était saisissant, mais l'image n'avait absolument pas été manipulée : Pinard et Renaud n'avaient fait que montrer ces jeunes dans toute leur démesure. Pierre O'Neil, le directeur de l'information télévisée, n'en suggéra pas moins d'annuler la diffusion du topo. Il craignait que l'on n'accuse *Télémag* de caricaturer l'opposition à la pièce de Denise Boucher, qui ne se limitait pas à ces intégristes. Mais Gilles Gariépy sut résister aux pressions qui venaient «d'en haut», comme nous disions, des étages supérieurs où logeait la direction de l'information.

Il y eut aussi le cas d'une entrevue de Denise Bombardier avec Jacques Cossette-Trudel, le felquiste qui avait participé à l'enlèvement de James Richard Cross en octobre 1970 et qui avait trouvé refuge par la suite à Cuba puis à Paris. Gérard Pelletier, alors ambassadeur en France, avait demandé à Radio-Canada de ne pas diffuser cette entrevue, parce qu'il craignait qu'elle ne constitue une tribune offerte au FLQ. Gilles Gariépy résista là aussi aux pressions.

Une entrevue à moi fit quelques vagues. Je m'étais montré particulièrement acerbe avec l'ancien ministre des Finances de Robert Bourassa, Raymond Garneau, candidat au leadership du PLQ en 1978. Garneau devait perdre contre le directeur du *Devoir*, Claude Ryan, et je sais que pendant longtemps sa femme m'en a beaucoup voulu, comme si elle me tenait responsable de la défaite de son mari.

Continuant sur la lancée du *60*, *Télémag* devait établir de nouvelles normes pour une émission d'affaires publiques. Nous atteignions des cotes d'écoute incroyables. Un soir de mars 1979, nous avons eu un million huit cent mille téléspectateurs. Du jamais vu !

J'aurais pu me laisser porter par le courant. Mais j'avais quarante-deux ans et je m'ennuyais un peu. *Télémag* avait trouvé une formule rentable, et un certain conformisme s'était établi. J'animais des magazines d'informations depuis presque dix ans et j'avais l'impression d'avoir fait le tour du jardin. Le temps était venu de relever de nouveaux défis.

J'entrais dans une période de grands bouleversements qui allait durer quelques années — et me voir quitter le domicile familial après vingt ans de mariage...

En 1979, je décidai d'explorer une avenue inédite pour un journaliste à cette époque : fonder ma propre société de production télévisée. J'avais des projets de séries en tête, et j'étais convaincu qu'avoir ma propre organisation, si petite soit-elle, était la meilleure façon d'y donner suite. C'est ainsi que sont nées Les Productions du Sagittaire.

Je ne pensais pas d'abord aux avantages matériels. Je voulais surtout la liberté de développer mes idées, sans patron au-dessus de moi pour m'encadrer, me critiquer, me censurer... Je voulais créer mes propres produits et les vendre à qui voudrait les diffuser.

En 1979, je décidai aussi de quitter Radio-Canada. Je venais d'y passer plus de vingt ans et j'avais envie de nouveaux horizons... Plusieurs propositions de travail m'étaient faites. J'allais en accepter deux : celle de CFGL et celle de Radio-Québec...

Chapitre 31

« Pierre Nadeau Inc. »

Tel était le titre d'un article du *30*, le magazine des journalistes québécois, en septembre 1979. Pour certains collègues du milieu de l'information, mon ubiquité nouvelle donnait l'impression que je cherchais à tirer profit de ma réputation. « Pierre Nadeau a mis dix ans à se bâtir une crédibilité, écrivait Benoit Aubin. Maintenant, il passe à la caisse. »

Ceux qui me connaissent savent que l'appât du gain n'a jamais été un puissant facteur de motivation chez moi. Si cela avait été le cas, je n'aurais pas pris tous ces risques au cours de ma carrière. Je ne serais pas parti à Paris quelques mois après avoir obtenu ma permanence à Radio-Canada, je n'aurais pas quitté la barre de ces émissions où j'avais acquis un statut de vedette... et je n'aurais pas décidé d'animer une émission à Radio-Québec, qui avait encore l'image d'une télévision communautaire.

Toute ma vie, j'ai eu besoin d'aller voir ailleurs si j'y étais. En acceptant les offres de CFGL et de Radio-Québec, je satisfaisais doublement mon désir de nouveauté.

À CFGL, je retrouvais une vieille connaissance, Rolland Saucier, propriétaire de la station lavalloise avec Jean-Pierre Coallier. J'y tenais l'antenne du lundi au vendredi de seize heures à dix-huit heures trente, avec un mélange d'informations, de commentaires et d'analyses de l'actualité du jour. En échange de quoi, je devenais actionnaire (très minoritaire) de la station et touchais un salaire minime.

Sans doute en écho au rire sonore de Jean-Pierre Coallier, tout le monde riait à CFGL. Il y avait au sein de l'équipe une sorte de bonne humeur permanente à laquelle mes années à

Radio-Canada ne m'avaient pas préparé. Il faut dire qu'il y avait de quoi être de belle humeur : comme la plupart des radios privées, CFGL était une machine à imprimer les dollars. Cela m'a d'ailleurs tout de suite frappé : la station comptait autant d'employés aux ventes que de techniciens et d'animateurs...

Il faut dire que CFGL était entre bonnes mains. Rolland Saucier était ce qu'il est convenu d'appeler un « success story ». Employé puis patron d'une grosse agence de publicité, Rolland devait ensuite ouvrir avec ses partenaires Mario Verdon et Guy D'Arcy une première station de radio à Montréal, CKLM, puis, à la vente de celle-ci, s'associer à Jean-Pierre Coallier et lancer CFGL sur la bande FM, pas très achalandée à l'époque.

Quant à Coallier — le mot va sembler fort mais il est souvent employé quand on parle de lui — il est un génie de la radio. Un visionnaire qui a toujours eu dix ans d'avance sur le troupeau. Il a été le premier à concevoir sur la bande FM une programmation axée sur la chanson, uniquement sur la chanson. Plus tard, il a introduit la dimension commentaires et analyses, celle que j'allais apporter à CFGL. Il y a quelques années, il a lancé sa station de musique classique, qui a tout de suite connu un franc succès.

Pendant deux ans, j'allais avoir beaucoup de plaisir à me rendre tous les jours à Laval pour y lire les nouvelles écrites par un jeune plein de talent, aujourd'hui chef d'antenne occasionnel à TVA, Georges Pothier. À quelques reprises, nous avons réalisé des émissions spéciales plutôt réussies, comme lors de l'attentat contre Ronald Reagan en 1981, événement dramatique à souhait dont nous avons pu suivre les développements de minute en minute avec l'aide de journalistes que je connaissais aux États-Unis.

Quand nous avions le temps de nous préparer, nous pouvions faire mieux encore. Notre couverture des présidentielles françaises de 1981 en est un bon exemple. En plus de reporters à Paris, parmi lesquels Serge Turgeon, l'inséparable camarade de Jean-Pierre Coallier, nous avions réuni une petite équipe de Français de Montréal, commentateurs improvisés mais ô combien volubiles.

L'expérience CFGL a duré deux ans, au terme desquels nous avons constaté, Rolland, Jean-Pierre et moi, que nos objectifs d'auditoire n'avaient pas été atteints. Les cotes étaient loin d'être mauvaises, mais nous avions espéré mieux. Le mélange chanson française et information ne prenait pas, comme si les deux secteurs touchaient des publics distincts incapables de se rencontrer sur la même fréquence. J'ai donc quitté CFGL.

• • •

À l'automne de 1979, en même temps que je commençais mon séjour à CFGL, je devenais la nouvelle tête d'affiche de Radio-Québec. L'expression tête d'affiche est appropriée, puisque pendant des semaines mon visage fut placardé partout à Montréal. Personne ne pouvait échapper à Pierre Nadeau. Certains collègues du merveilleux monde de l'information en furent peut-être un peu agacés, mais pour ma part j'avais décidé de jouer le jeu à fond. Radio-Québec misait sur ma renommée pour modifier son image : tant pis si ma modestie devait en souffrir.

J'ai animé *Les lundis de Pierre Nadeau* pendant deux saisons. La première année, le réalisateur était Michel Robitaille, à qui succéda l'année suivante mon ami Claude H. Roy.

Les *Lundis* étaient présentés en direct le lundi à vingt heures. J'y recevais une personnalité politique que j'interviewais pendant une douzaine de minutes ; il répondait ensuite aux questions du public installé dans une autre partie du studio. Le processus questions Nadeau — questions public se déroulait encore deux fois durant l'émission.

Michel Robitaille et moi avons pensé que le public en studio devrait idéalement être formé de groupes constitués, les membres d'une association par exemple. Se retrouvant entre connaissances, entre amis, ils se sentiraient plus à l'aise, et les questions n'en seraient que meilleures.

Pour la première émission, nous avions réussi un coup d'éclat grâce à André Payette, celui qui m'avait succédé comme animateur au *60* en 1975. Après avoir quitté Radio-Canada en termes plutôt mauvais avec la direction, André avait créé toute une surprise en se présentant sous la bannière conservatrice aux élections fédérales du 4 juin 1979. Une décision qui avait beaucoup fait jaser ses amis et ex-collègues, pour qui il était indépendantiste et de centre gauche. Comme à peu près tout le monde, quoi !

Défait dans sa circonscription, Payette avait ensuite été nommé responsable des services de presse du nouveau premier ministre, Joe Clark. C'est lui qui recommanda à Clark de m'accorder sa première entrevue à la télévision québécoise. Cela ferait râler à Radio-Canada, ce qui n'était pas pour déplaire à André.

Voilà donc Joe Clark qui s'amène à Radio-Québec entouré d'un imposant dispositif de journalistes, à croire que toute la presse s'est déplacée à Montréal. On ne pouvait pas imaginer meilleur lancement pour une nouvelle émission.

Celle-ci commence. Clark est assis sur une estrade où je vais le rejoindre. Je lui pose les premières questions. J'y vais mollo, sur les conseils de mes recherchistes qui avaient deviné qu'il serait plutôt nerveux au début. Il répond dans un français encore un peu laborieux mais efficace. Il est dépourvu du panache de son prédécesseur, Pierre Elliott Trudeau, mais son air sérieux et modeste compense. Il veut comprendre les Québécois et s'en faire aimer, cela transparaît. Je suis content, je sens que ça démarre bien.

Les choses se gâtent quand je quitte mon invité pour aller susciter des questions dans les estrades. Le public qui s'y trouve a été choisi par le service des relations avec l'auditoire de Radio-Québec.

J'invite quelqu'un à poser une première question. Silence. Pas de réaction. J'attends quelques secondes et réitère mon invitation : « Je suis sûr que l'un d'entre vous a une question à poser au premier ministre du Canada ? »

Toujours rien. Je balaye l'assemblée du regard et n'y vois que des visages fermés et des mines apathiques. Une classe de 4e année où tout le monde se fait petit de peur d'être désigné pour aller au tableau noir. Je jette un coup d'œil du côté de Joe Clark : il a l'air médusé, un peu inquiet, il se demande peut-être dans quel guêpier on l'a fourré... Je commence à m'inquiéter moi aussi. Je décide d'être plus agressif et braque mon micro sous le nez d'un homme qui semble avoir échappé à la torpeur générale : « Monsieur, qu'avez-vous envie de demander au nouveau premier ministre ? »

Ô miracle, il ouvre la bouche. « Comment aimez-vous vos nouvelles fonctions, M. Clark ? » Ce n'est pas la question du siècle — pour parodier l'autre premier ministre du moment — mais c'est un début. Du coup, tout le monde a l'air un peu rassuré, et l'émission peut continuer. À essayer de provoquer des questions, j'ai par moments l'impression d'être un arracheur de dents, mais j'y arrive. Cahin-caha, nous arrivons finalement à remplir notre heure.

L'émission se termine dans une cohue générale, spectateurs et journalistes entremêlés. Fait cocasse et révélateur : plusieurs spectateurs demandent à être photographiés à mes côtés, mais un seul avec Joe Clark.

En sortant du studio, je découvre le fin mot de l'histoire, la raison de ce malaise. Nous avions demandé un groupe constitué, on nous en a fourni un, et pas n'importe lequel : ces gens invités à poser des questions au premier ministre du Canada étaient tous membres de l'Association des clubs de lanceurs de poches du Québec.

Comment ? Vous ignoriez qu'il y avait une Association des clubs de lanceurs de poches du Québec ?

À vrai dire, je ne sais pas si l'Association existe toujours, et si RDS diffuse son championnat annuel. Mais je jure qu'elle existait en 1979, et que c'est elle que le service des relations avec l'auditoire de Radio-Québec avait choisie pour composer le public chargé de poser des questions au premier ministre du Canada. *Croix de bois, croix de fer, si je mens, je vais en enfer !*

Pendant un bref moment, j'ai cru que je m'étais fourvoyé et que Radio-Québec était vraiment une grosse télé communautaire. Mais l'incident ne s'est jamais reproduit et l'émission a connu beaucoup de succès après ce démarrage fantaisiste. Dès novembre 1979, nous avons touché la barre des trois cent soixante-quinze mille téléspectateurs, un sommet jamais atteint à Radio-Québec.

Mon passage à Radio-Québec a coïncidé avec les grandes années de la chaîne d'État québécoise. Dirigée par une équipe compétente dont faisaient partie Jean Fortier, Claude Sylvestre et Claude Desorcy, sous la présidence de Gérard Barbin puis de Jacques Girard, Radio-Québec a augmenté considérablement son écoute. *Passe-partout, Téléservice, Nord-Sud, L'Objectif,* un bon magazine d'informations avec Simon Durivage, Marie-Hélène Poirier et Gilles Gougeon, et *Station Soleil,* une série estivale avec Jean-Pierre Ferland, toutes ces émissions, et d'autres encore, devaient faire de Radio-Québec un joueur respecté dans notre monde télévisuel.

Parmi les émissions des *Lundis de Pierre Nadeau* qui ont fait le plus de bruit, il y a eu celle où j'ai reçu le prince Sihanouk, à l'époque souverain déchu du Cambodge (mais qui a retrouvé son trône en 1991). De passage à Montréal en 1980, il n'avait accordé qu'une entrevue à la télévision, et c'était chez nous.

L'émission commence avec mon premier bloc de questions. J'interroge le prince sur la situation dans son pays après l'invasion vietnamienne, sur son exil à Pyong Yang (Corée du Nord), sur ses liens avec les Khmers rouges. Ses réponses sont souvent trop diplomatiques à mon goût — sauf quand il parle des Vietnamiens — mais cela passe bien parce qu'il y a en lui une qualité d'émotion plutôt rare chez quelqu'un de son rang (c'est aussi un artiste, il est vrai, qui se pique de faire des films et d'écrire de la musique). Puis je me rends dans le public et prends quelques questions auxquelles il répond sans problème.

Au moment où je me rassieds pour poursuivre mon entretien avec Sihanouk, il me dit à voix basse qu'il a repéré dans le studio trois ou quatre membres de son opposition du temps où il régnait sur le Cambodge. Cela lui déplaît au plus haut point, et il me demande de ne pas leur accorder la parole...

Je suis embarrassé. Mon premier réflexe serait de ne donner la parole qu'à ces gens-là, mais nous sommes en direct, et Sihanouk n'est pas un politicien québécois habitué aux contradicteurs. Il est réputé colérique et je n'ai pas envie qu'il me quitte en plein milieu de l'émission.

À la période de questions suivante, les anti-Sihanouk lèvent la main frénétiquement. Je fais semblant de ne pas les voir, mais j'entends des murmures de mécontentement. Quand je retourne auprès de Sihanouk, il me félicite presque de ne pas avoir donné le micro à ces mécréants.

Nous arrivons à la fin de l'émission. Avant de conclure, j'ai encore le temps d'aller chercher une ou deux questions dans le public. Cette fois, plus d'hésitation, je me dirige vers les opposants du prince et leur tends le micro. Ils se lancent dans une diatribe enflammée contre mon invité. Un jeune homme est particulièrement agressif : « Vous êtes responsables de la mort de trois millions de personnes ! » crie-t-il. Un autre homme est plus posé mais demande à Sihanouk de se débarrasser de son entourage corrompu.

Sihanouk se lève immédiatement, au paroxysme de la colère. « Je suis tombé dans un traquenard ! Puisque c'est comme ça, monsieur, je quitte votre studio. » Et, s'adressant à ses détracteurs, il ajoute : « Je vous fais un cadeau : je retourne à Pyong Yang tout de suite ! » Je n'ai pas le temps d'essayer de le calmer qu'il se dirige déjà vers la sortie. Il ne reste que quelques secondes d'émission, je dis bonsoir à tout le monde et le générique roule sur des images de cohue, le prince partant en claquant la porte, entouré d'un essaim de journalistes surexcités qui parlent tous en même temps.

■ ■ ■

Après deux ans, Radio-Québec me proposa de faire une émission d'une demi-heure, *Pierre Nadeau rencontre*, présentée tous les soirs de la semaine à dix-neuf heures, la plupart du temps en direct. Le concept était on ne peut plus simple : j'y interviewais des gens dans tous les secteurs possibles d'activité. Il n'y avait pas de chroniques, pas de reportages, que des entrevues.

L'émission reposait donc pour la plus grande partie sur le travail de l'équipe de recherchistes. Voici l'occasion de faire l'éloge d'un des métiers les plus importants du monde de l'information, un métier obscur, ingrat, sans gloire, et pourtant tellement nécessaire. Nous tous, animateurs couverts de prix Gémeaux, dépendons du travail de ces artisans, d'authentiques journalistes à qui on ne reconnaît malheureusement pas souvent le titre. Leur tâche ne consiste pas seulement, comme on le croit fréquemment, à pressentir des invités, à faire le « booking ». Elle consiste aussi et surtout à rendre comestible une matière dont nous ne savons parfois rien, quelques heures avant d'entrer en ondes. Grâce à eux, nous avons l'air de tout connaître des sujets abordés, grâce à eux nous posons les questions qu'il faut poser. En un mot, ils nous rendent intelligents, et le public avec nous.

Pendant toute ma carrière, j'ai eu la chance de pouvoir compter sur ces collaborateurs si précieux. De Bernard Valiquette jusqu'à Jean-Pierre Gosselin, j'en ai connu pléthore et je leur dis merci.

À Radio-Québec, nous formions une petite équipe très liée qui travaillait toujours dans une formidable bonne humeur. Que ce soit Virginie Boulanger, Monique Belzil, Francine Tremblay, Michèle Ouimet, Christian Dufour, André Sormany, Martine Lanctot, la secrétaire de rédaction Line Richard, j'espère que je n'en oublie pas, tous nous travaillions avec un plaisir fou. Il faut dire que le chef recherchiste, Renald Savoie, était un être extraordinaire, un ami précieux, à l'humour efficace : sa seule présence créait une ambiance qui transparaissait dans l'émission. Ces trois années ont été une belle période de ma vie professionnelle.

■ ■ ■

En même temps que je travaillais à mon émission quotidienne, je m'efforçais de faire démarrer le Sagittaire, ma maison de production. Grâce à l'intervention d'Amin Maalouf auprès de son éditeur Jean-Claude Lattès, j'avais acquis les droits télévisés sur son livre *Les croisades vues par les Arabes* — car avant d'être connu comme romancier, et même « goncourisé », Amin était historien. Son remarquable ouvrage, point de vue neuf sur une page d'histoire archi-connue en Occident, a été traduit dans plusieurs langues. J'étais plein d'enthousiasme et de confiance. Je manquais cependant d'expérience, et les moyens financiers dont nous disposions étaient insuffisants pour servir une œuvre aussi riche que celle d'Amin Maalouf.

Le documentaire que nous avons produit n'était pas à la hauteur de ce que nous et nos partenaires européens, dont TF1, espérions.

Ce n'était surtout pas la faute de la réalisatrice, Kristina Von Hlatky, qui avait accepté de relever le défi de tourner aussi loin qu'en Jordanie avec un budget de misère. Elle allait quand même rendre le document intéressant à voir... et à entendre, le narrateur principal étant mon ami le comédien français Jean Carmet, qui a eu la gentillesse de se déplacer à Montréal pour enregistrer le texte.

Le documentaire fut présenté à Radio-Canada et à TF1 en 1984. Nous ne nous attendions pas à recevoir une brassée de trophées, et nous n'en avons pas eu. Mais à défaut de triomphe, on peut parler de succès d'estime.

Toujours avec Kristina Von Hlatky à la réalisation, et avec Renald Savoie comme chef recherchiste, le Sagittaire s'engagea aussi dans ce qui allait être la première série produite par l'entreprise privée à être tournée dans les studios de télévision de Radio-Canada. L'idée était simple : nous arrivions avec le contenu de l'émission, Radio-Canada fournissait les installations et le personnel technique. Cette formule est aujourd'hui monnaie courante, mais à l'époque elle était révolutionnaire. L'Association des réalisateurs s'y opposa, mais dut retraiter après la décision favorable d'un arbitre.

Le concept de *Déjà 20 ans* émanait d'une idée de Rolland Saucier, scénarisée par moi. Il s'agissait d'un retour dans le passé, à l'aide d'archives complétées par des entrevues avec ceux qui avaient fait l'actualité vingt ans plus tôt. Jean-Paul Nolet lisait des textes de « vieilles » nouvelles rédigés par Jean-Marc Desjardins. Et François Cousineau et son orchestre jouaient des mélodies et accompagnaient des chanteurs des années soixante. La série a beaucoup plu et encore de nos jours des extraits en sont souvent présentés.

Déjà 20 ans devait fournir à ma fille Pascale l'occasion de faire ses premières armes en télévision. Elle commença par être *gofer*, un terme du métier qui désigne les personnes à tout faire — qui peuvent aussi bien servir le café qu'accueillir les invités. Puis elle s'initia à l'administration et à la réalisation en observant ce qui se passait autour d'elle dans l'entreprise. Tout cela devait la convaincre que c'est devant la caméra qu'elle serait heureuse, et c'est là qu'elle a fini par se retrouver.

...

La première moitié des années quatre-vingt a été la période la plus remplie de ma vie professionnelle. En 1979-1980, outre mon émission à CFGL et *Les Lundis de Pierre Nadeau*, je présentais aussi une fois par mois *L'Observateur*, un magazine culturel à Radio-Canada. Entre 1981 et 1984, je menais deux émissions de front : *Déjà 20 ans*, une fois par semaine à Radio-Canada, et *Pierre Nadeau rencontre*, tous les jours à Radio-Québec. Pendant deux saisons, j'ai aussi animé *Présent midi*, une quotidienne à la radio de Radio-Canada.

Avec le recul, je me suis posé beaucoup de questions sur cette boulimie. Pourquoi n'y avait-il que le travail pour me motiver ?

Comme je l'ai déjà écrit au début de ce chapitre, ce n'était pas l'appât du gain qui me motivait. Je gagnais beaucoup d'argent, mais je n'avais pas le temps d'en profiter.

En fait, toute cette activité frénétique n'avait qu'un but, je crois : me permettre de ne pas avoir de moments libres. Je traversais une période compliquée et chaotique sur le plan affectif, et je ne voulais surtout pas m'arrêter pour penser à ce que je vivais.

À cause de cette fébrilité, j'ai maintenant le sentiment d'avoir raté des choses importantes dans ma vie. Mais ce qui est vécu est vécu. Ce qui n'a pas été fait, on ne peut le refaire…

...

Au printemps de 1984, j'ai été convié à une rencontre avec Pierre O'Neil, le patron de l'information télévisée à Radio-Canada, et François Brunet, un ancien camarade de classe à Brébeuf, devenu réalisateur-coordonnateur de l'émission *Le Point*.

La série était à l'antenne depuis l'automne précédent et ses deux animateurs, Denise Bombardier et Simon Durivage, n'avaient cessé de se disputer comme chien et chat. Ils en étaient venus à se détester au point de ne plus s'adresser la parole, sinon en studio. Denise avait décidé de quitter l'émission, et on voulait un nouveau coanimateur. Étais-je intéressé ?

Sachant tout ce qui s'était passé, j'ai d'abord demandé à rencontrer Simon, pour m'assurer qu'il n'y aurait pas de conflit entre nous deux. Je le connaissais depuis sa tendre enfance, lui et ses frères étant amis des miens. Je l'avais aussi souvent croisé quand il présentait, fort bien, ses *Consommateurs avertis* dans les années soixante-dix à Radio-Canada, ainsi qu'à Radio-Québec quand il animait *L'Objectif*.

Notre « pacte de non-agression » s'est négocié en cinq minutes. Notre coanimation du *Point*, elle, devait durer quatre ans, et jamais Simon et moi ne nous sommes disputés. Au contraire, c'était le régime de la rigolade. Nous partagions le même bureau, et il me régalait chaque jour d'une nouvelle histoire drôle, le plus souvent grivoise, à me jeter en bas de ma chaise.

Question de chimie, tout simplement ? Je suis certain que si j'avais eu à coanimer l'émission avec Denise, que je connais aussi fort bien et que j'aime beaucoup, je n'aurais pas eu le moindre problème non plus. L'animosité entre ces deux-là était quelque chose de bien mystérieux.

De mon côté, j'étais arrivé à une période de ma vie professionnelle où je n'avais plus aucune réticence à partager la vedette avec un confrère. Après vingt-cinq années de pratique, il me semblait que je n'avais plus grand-chose à prouver dans ce métier ; j'entrevoyais donc avec plaisir la perspective de faire équipe avec Simon Durivage.

Notre association a duré quatre belles années.

Chapitre 32

OCTOBRE 1987, AÉROPORT DE TÉHÉRAN

Le pire ennemi du grand reporter, ce ne sont pas toujours les balles qui lui sifflent aux oreilles dans une ville en pleine guerre civile; ce ne sont pas nécessairement les matraques de la police qui s'abattent sur lui quand il s'est mêlé à une manifestation illégale.

Le pire ennemi du grand reporter, c'est souvent le bureaucrate. Il n'a jamais de nom et parfois même pas de visage, il est souverainement retranché derrière son guichet ou son code de procédure, et il entend utiliser au maximum ce pouvoir commun à tous les petits potentats de son acabit: le pouvoir d'embêter.

Je viens encore de me tartiner un voyage d'une quinzaine d'heures en avion, sans compter l'escale à Charles-de-Gaulle. À Téhéran, je dois retrouver une équipe du *Point* qui est sur place depuis deux jours. Le réalisateur Jean-Claude Burger a déjà commencé le tournage et j'arrive en Iran pour faire les entrevues.

La raison de notre présence: témoigner de l'atmosphère dans la capitale iranienne pendant les derniers jours de la guerre avec l'Irak. Une guerre qui dure depuis bientôt huit ans et qui aurait fait un million deux cent mille victimes. Il s'agit du conflit armé le plus meurtrier depuis la Deuxième Guerre mondiale.

Les deux pays se disputent la région stratégique du Chatt al-Arab ainsi que le contrôle des eaux du golfe arabo-persique. Il faut dire que, de tout temps, il y a eu rivalité entre Arabes et Perses: dans les années quatre-vingt, c'est aussi le titre de leader régional qui est en jeu.

Après plusieurs années d'une guerre qui ne va nulle part, l'ONU a proposé un cessez-le-feu dont les modalités sont en train d'être étudiées par les deux adversaires. En attendant, le sang continue de couler. On utilise des quantités gigantesques d'armes conventionnelles et chimiques.

Dès l'arrivée, on sent que le pays est en guerre. Les fenêtres de l'aérogare sont obscurcies par de lourdes étoffes, pour ne pas laisser passer la lumière et absorber les éclats de verre en cas de bombardement.

Nous sommes une centaine à être descendus de l'avion d'Air France à Mehrabad, l'aéroport de Téhéran. Dans une grande salle dominée par un portrait de l'imam Khomeiny, nous attendons de passer le contrôle des passeports.

C'est mon tour. Le douanier me regarde avec attention, puis examine le passeport que je lui tends. Il revient à mon visage, satisfait que je ressemble à ma photo, puis se penche sur le visa. Un pli se forme sur son front, cependant que son sourcil gauche s'arque en une interrogation silencieuse. Oh oh... Quelque chose ne va pas ? Il me regarde de nouveau une brève seconde, la bouche légèrement entrouverte comme s'il s'apprêtait à me parler. Je prends le sourire modeste et plein de bonne volonté de l'homme qui n'a rien à cacher, mais le douanier se lève brusquement et quitte son guichet, mon passeport à la main. Dans la file derrière moi, j'entends un « merde » bien parisien, chuchoté mais très distinct.

Que peut-il y avoir de pas conforme dans mon passeport ? J'examine mentalement les possibilités. Voyons : je suis allé en Israël il n'y a pas longtemps, mais bien sûr je n'y ai pas fait tamponner mon passeport. L'aurais-je fait que je serais invité à repartir à bord du prochain vol. En République islamique d'Iran — comme dans tous les pays arabes sauf l'Égypte — Israël est une fréquentation qu'il vaut mieux ne pas avouer.

Mon passeport témoigne de plusieurs voyages aux États-Unis, mais aussi dans quelques pays d'Asie, d'Afrique et d'Amérique latine. Voilà peut-être ce qui les inquiète. Ne suis-je pas un de ces agents de la CIA qui voyagent sous toutes sortes de couvertures ? Un journaliste canadien, ça semble inoffensif à souhait mais si jamais ?...

Quelques minutes passent ainsi, et le douanier n'est toujours pas revenu. Je le vois au fond de la salle, sous une affiche touristique d'Ispahan, délibérer avec deux de ses collègues entre les mains desquels mon passeport fait d'incessants allers-retours. À tour de rôle, ils me regardent. Je reste imperturbable. Je sais depuis longtemps que partout au monde, y compris chez nous, les douaniers sont les plus forts. Ils ont tous les droits, et vouloir les affronter expose à de gigantesques emmerdes.

Je sens une grogne subtile s'installer parmi la vingtaine de passagers derrière moi. Je suis plus grand que tout le monde dans la file et chacun est à même de bien distinguer qui est ce casse-pieds qui bloque le passage. À voix basse, en farsi, en français et en anglais, ils me maudissent de retarder le moment où ils vont retrouver leur famille ou leur hôtel. Je prends bien garde de montrer aucun signe d'impatience : mon attitude très digne prouve que je n'ai rien à cacher. Tout cela est un malentendu. En fait, je suis claqué et au bord de la crise de nerfs : je VEUX poser mes bagages, je VEUX prendre une douche, et au plus vite !

Enfin, après cinq minutes de délibération, le douanier revient. J'entends des soupirs de soulagement dans mon dos. Il reprend place derrière son guichet et me dit quelque chose qui semble très définitif et tient en deux mots… de farsi. Je lui réponds poliment en anglais, puis en français, que malheureusement je ne comprends pas sa langue. Il poursuit en farsi, puis se décide à y aller de quelques gestes plus riches de sens. En bref, il garde mon passeport, je dois laisser passer les autres et attendre.

Attendre quoi ? Sa gestuelle ne lui permet pas de me l'expliquer. Il devient impatient : allez, allez, laissez passer monsieur derrière vous.

Il est près de minuit. Les passagers du vol de Paris ont tous été admis sans problème. Je reste seul dans la grande salle maintenant vide, sauf pour une dame en tchador qui passe le balai à l'autre bout. Et je ne sais toujours pas pourquoi je suis retenu.

De l'autre côté de la vitre qui me sépare de la zone réservée à l'accueil des passagers, je repère mon collègue Burger, qui a eu l'excellente idée de venir me chercher. Il me parle par signes : « Qu'est-ce que tu fais là ? Que se passe-t-il ? » Ses yeux bleus sont encore plus grands que d'habitude, ses cheveux hérissés de stupéfaction. J'essaye de lui expliquer que je n'en sais pas plus que lui et lui suggère d'aller aux renseignements.

Il revient quelques minutes plus tard et hausse les épaules d'impuissance. Il n'a trouvé personne et me fait signe qu'il va partir mais revenir plus tard...

Je suis furieux. Il ne va tout de même pas me laisser croupir ici. Je forme le mot silencieusement en détachant les syllabes : « Da-ne-mark ! Da-ne-mark ! » Il faudrait contacter l'ambassade du Danemark. Jean-Claude lève le pouce et m'adresse un clin d'œil. Il a compris. Depuis la crise des otages et la fuite de six Américains à qui notre ambassadeur avait fourni des passeports, c'est l'ambassade danoise qui s'occupe des ressortissants canadiens en Iran.

Un soupçon me vient : et si le douanier berné à l'époque était celui-là même qui m'empêche de passer ce soir ? Ou son frère, ou son cousin ? Il est minuit trente et je deviens parano.

Un long-courrier arrive de Dieu sait où et déverse son lot de passagers. Beaucoup de familles avec de jeunes enfants qui courent partout. Un ado est équipé d'un énorme *ghetto-blaster* qui joue une mélopée moyen-orientale sirupeuse. Personne ne lui demande d'éteindre. Au bout de quelques minutes, tout le monde est passé sans avoir été embêté. Je me suis glissé derrière le dernier passager et je demande au douanier de service si je peux voir son chef, un chef, n'importe quel chef. Il est un rien plus aimable que son prédécesseur, mais tout aussi unilingue.

Le temps passe. D'autres avions arrivent, d'autres passagers débarquent. On m'a oublié là. Jean-Claude n'est pas revenu, peut-être qu'il s'est recouché.

Il est presque deux heures du matin. J'ai repris mon exemplaire du *Monde* acheté à Charles-de-Gaulle. Il y a des remous dans la cohabitation, tiens donc. On fourbit ses armes pour la présidentielle de l'an prochain. Un reportage en France au printemps ? Je ne sais pas pourquoi je n'arrive pas à trouver l'idée stimulante. J'en ai marre.

Tiens, je ne suis plus le seul naufragé sur mon île déserte. Un couple avec un enfant semble dans la même situation que moi. Je m'approche. Ce sont des Kurdes d'Irak qui baragouinent l'anglais : d'abord réfugiés en Turquie, ils cherchent maintenant à s'installer en Iran. On ne les laisse pas passer eux non plus. L'Iran a déjà son quota de Kurdes.

Je n'en peux plus et décide d'essayer de dormir quelques heures. Peut-être me réveillerai-je de l'autre côté de la barrière maudite ? Il n'y a pas un fauteuil, pas une chaise, encore moins de banquettes. Qu'à cela ne tienne ! J'étends mon imperméable sur le sol en dalles de céramique. Je m'installe du mieux que je peux, sur le côté gauche pour échapper à l'œil noir de Khomeiny. Vais-je prendre *Le Monde* pour me protéger le visage des lumières blafardes ? Mauvaise idée, j'aurais l'air d'un clochard sous un pont de Paris.

Je dors à moitié. Par intervalles, j'entends débarquer de nouveaux passagers. La rumeur me berce un moment, puis le calme revient. Tout le monde est passé. On entre en Iran comme dans un moulin. Peut-être le douanier me cherche-t-il pour me dire que tout est réglé ? Qu'il me cherche, je ne suis pas loin.

Vers les six heures du matin, je me réveille : façon de parler puisque je n'ai pas vraiment fermé l'œil. Un sucre avec votre café, monsieur Nadeau ? Un petit croissant ?

C'est absurde. Je suis retenu ici depuis plusieurs heures. Personne ne me dit pourquoi je ne peux être admis dans le pays. Il faut faire quelque chose.

À l'autre bout de la salle, sous le portrait de Khomeiney, il y a deux petits bureaux à la porte grande ouverte. Je m'approche. Il n'y a personne. Le premier bureau est vide, mais dans l'autre se trouve une table avec un téléphone. Une idée germe dans mon cerveau remarquablement fertile, vu l'heure et les circonstances.

Avant de partir de Montréal, j'ai noté le numéro de l'ambassade du Danemark dans mon agenda. Je décroche le téléphone en espérant qu'il n'y a pas de numéro d'accès pour appeler à l'extérieur. Je compose. Ça a l'air de marcher. Ça sonne, une fois, deux fois. Quelqu'un répond. « *Is this the danish embassy ? — Yes.* »

Je raconte qui je suis et ce qui m'arrive. La réponse est immédiate : « *We're coming...* »

Je sors subrepticement du bureau, juste au moment où un type en uniforme se pointe. Il a l'air paniqué de me trouver là. « *You have no right to be here. What were you doing ?* » Tiens, il y a donc quelqu'un qui parle anglais ici ?

« *I was trying to find someone to speak to. Can you tell me why I am being kept here ?* »

Je sens qu'il a envie de me répondre, mais qu'il n'ose pas. La consigne est de me laisser mariner dans mon jus le plus longtemps possible, peut-être avec l'espoir que je repartirai à pied d'où je suis venu. Finalement, il me sert une des deux réponses autorisées en pareil cas : « *Later, later...* » (l'autre étant « *I don't know.* »). Du geste, il m'invite à retourner dans mon coin.

Trente minutes plus tard, quelqu'un se présente qui me cherche. C'est le consul de l'ambassade du Danemark. Un grand blond maigre qui s'est rasé trop vite, ça se voit. Mais ça se voit aussi qu'il sait ce qu'il fait. Jean-Claude Burger est avec lui. Mon attente arrive à son terme...

Apparemment, le préposé aux visas à l'ambassade d'Iran s'était trompé sur ma date d'arrivée dans le pays. C'est pour cet accroc mineur qu'on m'a laissé moisir pendant des heures...

Les Iraniens me rendent enfin mon passeport dûment estampillé. On me laisse partir, avec le minimum syndical d'excuses. Dans le parking où Jean-Claude m'attend, je quitte le consul danois non sans l'avoir remercié profusément. L'air de Téhéran, en ce matin d'octobre, est plutôt piquant. En route vers de nouvelles aventures, à moi les petits mollahs et les ayatollahs !

Les matraques qui plombent, les balles qui sifflent, les bombes qui pleuvent ? Mais ce n'est rien, tout ça ! Le pire ennemi du grand reporter, c'est la machine molle de la bureaucratie, si prompte à s'arrêter, à s'encrasser, à s'enliser...

Chapitre 33

La mise à l'antenne du *Point,* en septembre 1983, a représenté un tournant dans l'histoire de notre télévision. Pour la première fois, une émission d'informations venait s'accrocher au grand *Téléjournal* de Radio-Canada, avec le mandat de couvrir l'actualité du jour plus en profondeur à l'aide de reportages et d'entrevues effectués par les coanimateurs. Tous les sujets étaient possibles, de la fermeture sauvage d'une usine sur la Côte-Nord aux complications infinies de la guerre civile libanaise, en passant par le portrait d'un comédien célèbre de chez nous.

Et ce qu'il y avait de formidable, c'est que l'émission n'était pas soumise à la dictature de la cote d'écoute. Si elle l'avait été, si les critères d'évaluation avaient été ce qu'ils sont de nos jours, *Le Point* n'aurait pas duré plus d'une saison. La libanite aiguë de la chroniqueuse télé d'un grand quotidien montréalais, qui n'en pouvait plus des Druzes, chiites et autres sunnites, aurait certainement convaincu quelque cadre supérieur de « tirer la plogue ».

Pour que l'émission puisse remplir son mandat exceptionnel, des moyens considérables avaient été mis à contribution. À une certaine époque, l'émission ne comptait pas moins d'une douzaine de recherchistes, parmi les meilleurs dans le métier, dont certains allaient par la suite avoir de brillantes carrières : je pense à Michèle Ouimet, que j'ai d'abord connue dans mon équipe à Radio-Québec, et qui est aujourd'hui éditorialiste à *La Presse*. Il y a du punch et un bon jugement dans ce petit bout de femme...

Le groupe comprenait aussi Suzanne Gouin, par la suite directrice de la salle des nouvelles à CFCF, Judith Brosseau, qui dirige aujourd'hui la programmation des chaînes d'Astral, Marie-Diane Faucher, futur chef des services de presse auprès du ministre de la Défense nationale, Micheline Fortin, attachée de presse de Lucien Bouchard à la fin des années quatre-vingt, Monique Grégoire, aujourd'hui journaliste à TVA, Léo Kalinda, Jean-Claude Le Floch...

Parmi les réalisateurs, il y avait Kristina Von Hlatky, qui avait beaucoup contribué au développement de ma maison de production, Magnus Isaacson le chaleureux gauchiste (qu'on appelait parfois Issac Magnuson), Nicole Messier, Jean-Luc Paquette, Luc Paradis, Jean-Claude Burger, tout ce beau monde étant chapeauté par François Brunet.

Mais l'âme du *Point* était son rédacteur en chef, Marcel Desjardins. Formé à l'école de la presse écrite, ancien correspondant parlementaire, il s'était joint à Radio-Canada quelques années plus tôt. Après avoir modernisé la salle des nouvelles et transformé de fond en comble *Le Téléjournal,* Marcel venait de prendre la direction du *Point* quand je suis moi-même arrivé.

Marcel était notamment très fort dans l'analyse des possibilités d'une équipe. Il savait regrouper journaliste, recherchiste et réalisateur dans le but d'assurer le meilleur traitement possible des sujets.

Il était aussi doué pour sentir venir les choses : c'était un homme de flair. Et quand il croyait que cela valait le coup, il n'hésitait pas à prendre des risques. Pas qu'il fût casse-cou. Simplement, il adhérait au principe sacré selon lequel *qui ne risque rien n'a rien…*

Si le sujet ne donnait effectivement rien, si le reportage tournait en eau de boudin, tant pis : on avait essayé. Si le sujet prêtait à controverse, Marcel s'arrangeait pour prévenir la direction le plus tard possible. Ce fut le cas quand Bertrand De La Grange, voulant tester la sécurité à l'aéroport de Mirabel, réussit à franchir tous les contrôles avec un revolver chargé. Pas sûr que Radio-Canada, avisée à l'avance du projet, n'aurait pas tué dans l'œuf ce reportage par peur de déplaire à quelqu'un en haut lieu.

L'étage du *Point* bourdonnait d'activité. Nous avions en permanence trois ou quatre équipes sur le terrain, et cela, aux quatre coins du monde. Il faut dire que l'information télévisée vivait une époque charnière, avec le développement de technologies permettant de travailler plus rapidement et plus efficacement. Ainsi, c'est dans les toutes premières années du *Point*, en 1983 et 1984, que l'on est passé du film à la vidéo, une transformation qui allait susciter des façons entièrement nouvelles de couvrir les événements. Une équipe pouvait se trouver à mille lieues de Montréal, tourner dans la journée, monter son sujet en un minimum de temps, deux ou trois heures, et l'envoyer par satellite pour diffusion le soir même à Montréal. De nos jours, ce genre de fonctionnement est la norme. En 1983, c'était la révolution…

Même chose pour le travail en studio. Quand je suis revenu à Radio-Canada, après cinq ans à Radio-Québec, j'ai découvert à quel point les choses avaient changé en mon absence. Le télésouffleur était ainsi complètement informatisé, ce qui rendait plus faciles les corrections de dernière minute. Un grand progrès par rapport au système que j'avais connu à *Télémag* et au *60*, les longues bandes de papier sur dérouleur actionné à la main par un technicien.

Aussi primitif fût-il, ce système était efficace, du moins quand il ne provoquait pas quelque incident cocasse. Je me souviens d'un jour où, au beau milieu d'une présentation en direct, le feu a pris dans le texte projeté devant mes yeux. J'ai simplement signalé la chose au public puis j'ai continué à dire mon texte à l'aide de la copie que j'avais sous la main pour ce genre d'éventualité.

Quand un incident se produit en studio, il vaut d'ailleurs mieux éviter de faire comme si de rien n'était. Si le téléspectateur sent qu'il se passe quelque chose d'anormal, il veut savoir quoi au juste. En 1982, je recevais à *Pierre Nadeau rencontre* un militaire israélien de passage à Montréal. Il était en train de répondre à une question sur les massacres de Sabra et Chatila, quand voilà qu'un des trois cameramen a un malaise et tombe à la renverse, entraînant avec lui la caméra qui ne filme plus que le plancher. Imperturbable, mon invité continue de disserter sur la responsabilité israélienne dans les massacres de Palestiniens, mais je préfère l'interrompre et mettre les téléspectateurs au courant. Je leur explique la situation en peu de mots : le cameraman s'est évanoui et ses camarades sont en train de le sortir du studio. Nous allons les tenir au courant de la suite des événements. L'entrevue se poursuit sans histoire. Ce n'est qu'en conclusion de l'émission que, rassuré par un signe du régisseur, je pourrai annoncer que le cameraman est hors de danger...

À mon arrivée au *Point*, j'ai constaté qu'il n'y avait pas que le télésouffleur de changé. Les animateurs avaient recours quotidiennement ou presque à une nouvelle technique d'entrevue en différé qui permettait de donner l'impression du direct : le *double ender* — expression anglaise qu'on a essayé de traduire un peu maladroitement par *entrevue double source*.

Le décalage horaire ne permettant pas toujours d'interviewer l'acteur d'un événement lointain au moment même où nous enregistrions l'émission, Simon ou moi devions parfois faire ces entrevues à des heures incongrues, au milieu de la nuit par exemple. À l'autre bout du monde, notre invité arabe ou russe ou chinois était assis devant une caméra, un écouteur discret à l'oreille, et répondait aux questions que nous lui posions par téléphone. Tout de suite après, la bande vidéo était envoyée par satellite à Montréal, où nous reprenions nos questions en studio. Je pouvais avoir fait cette entrevue chez moi à trois heures du matin, en pyjama et pas rasé, mais le montage final donnait l'impression que je l'avais menée dans les studios du *Point*, en veston-cravate et impeccablement coiffé.

Une des raisons majeures qui m'avaient amené à présenter *Le Point* était que j'allais pouvoir faire du reportage de nouveau. Au cours des quatre années que j'ai passé à l'émission, il s'est rarement déroulé un mois sans que j'aie l'occasion d'aller sur le terrain.

La formule du *Point* prévoyait cependant deux animateurs. Il est rapidement apparu que lorsque Simon ou moi partions en tournage, il fallait une troisième personne pour assurer le principe de la coanimation. Ce troisième larron fut Madeleine Poulin, grande journaliste, chouette camarade de travail et femme de culture. J'avoue que j'ai toujours été impressionné de travailler aux côtés d'une spécialiste de Samuel Beckett, une authentique docteur en lettres d'une grande université britannique. Chez les journalistes de ma génération, qui ont pour la plupart commencé très tôt dans le métier, les universitaires de ce niveau sont rares.

Simon Durivage aussi m'impressionnait. Il y a longtemps eu chez lui une légère touche d'insécurité, qu'il compensait en creusant à fond chaque sujet qui lui était confié. Il en est devenu — et est resté — un véritable perfectionniste.

Il est aussi doté de formidables qualités de communicateur : il est chaleureux et sait « parler » ses textes. Il n'est pas étonnant qu'il connaisse un tel succès maintenant comme lecteur de nouvelles. Il sait de quoi il parle et il dit bien ce qu'il sait.

Un des grands reportages qu'a effectué Simon pendant nos années au *Point* a été celui sur la glasnost et la perestroïka en URSS. Son document était tout à fait éclairant et permettait de bien saisir le bouleversement que constituaient les politiques nouvelles de Mikhaïl Gorbatchev. Simon était revenu enthousiasmé par son voyage.

Il me revient que ses souvenirs n'étaient cependant pas tous d'ordre professionnel : c'est avec l'œil humide qu'il parlait de la Géorgie, région particulièrement accueillante et réputée pour la qualité de ses vins. Comme Simon, la plupart des grands reporters sont aussi de bons vivants. Pour bien s'imprégner de l'esprit d'un pays et de ses habitants, il faut une certaine capacité à en goûter le suc.

Parmi mes reportages, un de ceux que je n'oublie pas est le document de trente minutes que nous avons réalisé sur l'affaire Klaus Barbie, du nom du tortionnaire nazi qui a envoyé dans les camps de concentration des centaines de Juifs de la région de Lyon.

Nous avons tourné dans la prison où Barbie était incarcéré, de même que dans la maison où il fit arrêter le chef de la Résistance, Jean Moulin, en juin 1943. « Interrogé » par Barbie, Moulin devait mourir sous la torture. Nous avons rencontré Raymond Aubrac, arrêté en même temps que Moulin, et sa femme Lucie, qui le fit évader des quartiers généraux de la Gestapo à Lyon — un exploit immortalisé dans un film où Carole Bouquet prêtait son visage à Lucie Aubrac. Et j'ai aussi interviewé Serge Klarsfeld et sa femme Beate, qui ont consacré leur vie à pourchasser les criminels de guerre nazis encore en liberté.

Ce reportage fut très bien reçu, en bonne partie grâce à la remarquable réalisation de Jean-Luc Paquette, qui mêlait habilement extraits d'entrevue et séquences pleines d'atmosphère.

Toujours avec Jean-Luc, je devais tourner une entrevue avec François Mitterrand, et une autre avec Jacques Chirac, qui était à l'époque premier ministre du gouvernement de la « cohabitation », comme on a baptisé ce mariage imposé — par l'électorat — entre un président et un gouvernement de tendances différentes.

Mitterrand nous a reçus à l'Élysée. La présidence lui avait de toute évidence fait oublier notre malheureuse bavure des présidentielles de 1965. Avant que l'interview ne commence, il nous a posé force questions sur le Canada et le Québec, questions qui témoignaient de sa grande connaissance de la situation chez nous sans rien trahir de ses idées personnelles sur le sujet.

Mitterrand était ainsi : un esprit florentin et subtil, souvent impénétrable, ayant parfaitement le contrôle de ce qu'il disait. En entrevue avec lui, on restait dans un cadre strictement professionnel, journaliste-homme politique. Avec Jacques Chirac, le rapport était tout autre. Je dois confesser que j'ai un petit faible pour ce dernier, pas tant pour le politicien, que je ne veux pas juger, que pour l'homme, que je trouve franchement sympathique. Il est impulsif, ce qui l'a amené quelquefois à se mettre les pieds dans les plats. Mais il a du panache et il est intellectuellement généreux, sans pour autant afficher cet air de fort en thème qui est commun à la plupart des politiques français.

Je l'ai rencontré en de multiples occasions, notamment en 1984 à Los Angeles, pendant les Jeux olympiques. Je l'avais interviewé dans un parc où il nous avait menés au pas de course. Même son collaborateur Guy Drut, médaillé d'or du 110 mètres haies à Montréal, avait de la difficulté à tenir la cadence !

Car avec Chirac, ça va toujours vite. En une autre occasion, à Annecy, où il était arrivé en retard à une réunion de supporters, je l'ai vu avaler son repas, vider deux verres de vin, allumer une cigarette et prononcer son discours, tout cela en trois minutes, pas plus. Une performance que la réalisatrice Nicole Messier n'a pas eu le temps de filmer. Dommage, la scène méritait de passer à l'histoire.

Après cela, alléguant qu'on l'attendait ailleurs, Chirac ne voulait plus m'accorder l'entrevue promise. J'ai été ferme et convaincant : il n'était pas question que nous rentrions à Paris sans avoir fait cette interview. Il a fini par céder mais de mauvaise grâce, et il a été d'humeur massacrante jusqu'à ce que la caméra s'allume. Et là, miracle de la communication, un large sourire lui est venu pendant qu'il disait : « Je suis tellement heureux de répondre aux questions de la télévision canadienne. » Comédie de politicien, bien sûr, mais, d'une certaine manière, il était sincère.

Avec Jean-Luc Paquette, je l'ai rencontré quelques semaines plus tard à Matignon, la résidence des premiers ministres. Peut-être parce que le cadre était on ne peut plus officiel, Chirac s'y est montré beaucoup plus homme politique, et l'entrevue a été l'une des nulles de ma carrière. Elle a même fait l'objet d'un rare désaccord entre Marcel Desjardins et moi.

Un des sujets abordés était le conflit entre la France et le Canada au sujet des droits de pêche dans le golfe Saint-Laurent, autour des îles Saint-Pierre-et-Miquelon. J'ai attaqué en demandant au premier ministre si nous nous dirigions vers une nouvelle guerre des Malouines. Une façon de savoir jusqu'où la France était prête à aller pour protéger ses pêcheurs de morue.

Chirac a éclaté de rire et m'a assuré qu'il n'y aurait pas de guerre. Puis il s'est lancé dans un discours diplomatique interminable. J'étais surpris, il ne m'avait pas habitué à ce genre de réponse. J'ai essayé de l'interrompre, mais il a continué sur sa lancée. Je lui ai posé d'autres questions. En vain, il continuait de répondre dans le même style verbeux et creux. Je me suis résigné : encore une entrevue qui ne passerait pas à l'Histoire. Nous avons fait les dix minutes demandées par *Le Point* et remballé notre matériel.

L'entrevue devait être diffusée le soir même. Une demi-heure après que nous l'eûmes expédiée par satellite, Jean-Luc Paquette et moi recevions un coup de fil de Marcel Desjardins.

Au lieu de compliments, c'était une sentence qu'il voulait nous annoncer. Chirac ne disait rien d'intéressant et l'entrevue aurait un effet soporifique sur les fidèles du *Point*: notre travail prenait donc le chemin du panier, aller seulement.

J'étais furieux, mais notre patron avait bien sûr le dernier mot. Le public québécois n'a jamais vu cette entrevue.

Avec le recul, je dois admettre qu'il n'a sans doute rien manqué. Marcel, je l'avoue maintenant : Chirac était tellement «platte» que j'ai eu de la difficulté à garder ma concentration pendant l'enregistrement. Il m'a même plongé dans une brève narcolepsie : pendant un moment, j'ai cessé de l'écouter et j'ai admiré plutôt ses deux chiens, dont Maskou, un labrador offert par des amis québécois, qui jouaient dans le parc derrière l'hôtel Matignon...

■ ■ ■

Tout en animant *Le Point*, je continuais à faire fonctionner le Sagittaire, ma boîte de production. C'est une période où j'ai travaillé fort. J'étais au *Point* du matin jusqu'au soir, et développais des projets de documentaire le soir et les week-ends.

Dans l'année qui a précédé les présidentielles américaines de 1988, j'ai eu une idée de reportage sur les États-Unis, que j'ai proposé à Radio-Canada de même qu'à la télévision française.

Au cours des années, j'avais constaté que les Français n'achetaient pas volontiers de reportages produits chez nous, peu importe le pays où ils avaient été tournés. Leur public ne voulait apparemment pas d'un regard québécois sur le monde. Mais il y a un pays, me suis-je dit, qu'ils ne peuvent pas prétendre connaître mieux que nous : les États-Unis. Pour montrer et analyser la société américaine, notre statut de voisins immédiats nous donnait une longueur d'avance.

Mon idée était la suivante : tourner une série de cinq documents d'une heure, sur autant de grands enjeux auxquels ferait face le futur vainqueur des présidentielles. *Cinq défis pour le président* serait tournée pendant l'été 1988 et diffusée après l'assermentation du nouveau président — qui sera en l'occurrence George Bush père.

Le Sagittaire n'avait encore rien produit d'aussi important. Pour m'assurer d'avoir suffisamment de capitaux pour tourner, je devais réunir un certain nombre de partenaires. Je pouvais déjà compter sur Radio-Canada, où Pierre O'Neil m'encourageait autant qu'il le pouvait, mais ce n'était pas assez.

Comme je voulais vendre la série aux Français, il me fallait l'engagement d'une grande chaîne. Il se trouvait que le journal *Le Monde* venait de rouvrir une antenne audiovisuelle et cherchait à s'associer à de grands projets qui lui permettraient de prendre place sur les écrans français et étrangers. Mon projet les séduisit, ce qui me permit ensuite d'arracher la participation de TF1 et de sa patronne, Michèle Cotta.

Singulièrement, le financement canadien fut le plus difficile à réunir. Téléfilm, dont la participation était indispensable, ne voulait pas se commettre : ses statuts lui interdisaient en effet d'investir dans une série d'information, même si je m'acharnais à leur dire qu'il s'agissait d'un documentaire d'auteur. Pour les convaincre, j'ai eu l'idée de m'associer à Daniel Bertolino, dont la réputation comme producteur de documentaires de qualité n'était plus à faire. Daniel a fait école, non seulement chez nous, mais un peu partout dans le monde. Les séries qu'il a produites avec son associé de l'époque, François Floquet, se sont vendues dans plusieurs pays.

La présence de Daniel et de sa collaboratrice Catherine Viau allait permettre d'assurer le financement de la série. Leur contribution fut aussi très utile en cours de tournage, chaque fois que des décisions devaient être prises dans le feu de l'action.

Parmi les défis qui attendaient le prochain président des États-Unis, nous en avons choisi cinq : la lutte contre la pauvreté, la criminalité, l'immigration, la lutte contre le sida et les rapports avec les médias. Nos réalisateurs devraient tourner des tranches de vie qui plongeraient le public au cœur des sujets de la façon la plus saisissante possible.

Trois réalisateurs ont été engagés : Kristina Von Hlatky, de Montréal, David Langer, de Toronto, et Martyn Burke, de Los

Angeles. Leur travail a été magnifique, du véritable grand reportage. Remarquablement, leurs styles respectifs, autant dans la réalisation qu'au montage, étaient similaires. C'en était au point que la réalisation semblait l'œuvre d'une seule et même personne.

Pour illustrer la crise du sida, David Langer avait tourné chez des homosexuels de San Francisco, dont certains venaient de voir leur vie bouleversée par l'annonce qu'ils étaient séropositifs. Kristina Von Hlatky avait passé plusieurs jours dans les *slums* de Chicago, pour nous faire vivre le quotidien d'une Noire monoparentale, résidante d'un HLM où la drogue et la violence régnaient. Martin Burke, lui, avait filmé les gangs de rue de Los Angeles, les Crisps et les Bloods.

Nos partenaires français furent impressionnés, et il y avait de quoi. Nous avions tenu notre pari : produire une série qui allait être vue dans plusieurs pays. Le succès de *Cinq défis* allait être souligné par plusieurs prix, des Gémeaux notamment, mais surtout le Prix spécial du jury au festival de Banff, où nous avons été préférés à des séries documentaires de la ABC et de la BBC…

Après cette expérience, j'avais envie de m'engager de plus en plus en production. Une proposition m'était faite qui me permettrait d'aller plus loin dans ce domaine.

Ce désir de changement coïncidait avec un nouveau départ dans ma vie personnelle : je venais de rencontrer Clarence, la femme que j'allais par la suite épouser.

Née à Chamonix, issue d'une famille de grands skieurs — son oncle a fait partie de l'équipe de France et sa mère servait de doublure aux vedettes de cinéma dans les scènes de ski tournées dans les Alpes — Clarence Loth, quand je l'ai connue, était veuve et maman d'une adorable petite fille. Candice avait douze ans à l'époque ; elle a grandi entre nous et je la considère aujourd'hui comme ma fille.

Clarence, spécialiste des relations publiques — elle a été vice-présidente de l'agence Burston-Marsteller — n'a pas été d'emblée conquise par Pierre Nadeau « le grand reporter ». Dame, n'était-elle pas la nièce de Dunoyer de Segonzac, le célèbre peintre, chef de l'École contemporaine ? De toute façon, ainsi qu'elle me l'a un jour avoué, jusqu'à notre rencontre elle me confondait avec Jacques Fauteux.

Ce n'est donc pas d'une admiratrice que je suis tombé amoureux. Cela ne l'a pas empêchée de devenir mon meilleur critique.

Chapitre 34

Nadeau au Canal 10 ?

Radio-Québec, on peut comprendre : une grosse télévision communautaire, OK, mais sérieuse quand même. Éducative, c'est son mandat. Mais le Canal 10 ?... Nadeau au Canal 10 ?

Au printemps de 1988, je venais de passer quatre années au *Point*: une de plus que mon cycle habituel. La lassitude m'avait gagné. J'étais en train de me demander comment ne pas m'engager dans une cinquième saison quand j'ai reçu une invitation inattendue.

Elle émanait de la directrice de la programmation à Télé-Métropole, Sylvie Lalande. Nous nous sommes retrouvés à l'Express, le premier des restaurants branchés à s'établir rue Saint-Denis. Sylvie était accompagnée du directeur de l'information, Gilles Deschesnes, journaliste chevronné. La conversation a été plus que brève. Télé-Métropole désirait ajouter à sa programmation une émission d'affaires publiques. Si je le voulais bien, j'en serais l'animateur, et le Sagittaire en serait le producteur. Télé-Métropole entendait aussi diffuser des documentaires, dont ceux que ma boîte pourrait produire.

J'ai accepté l'offre dès le lendemain. Mon contrat était de trois ans. Dans les faits, je serai à l'antenne de TVA pendant cinq ans.

Ce nouveau déménagement en a étonné plus d'un. Télé-Métropole trônait peut-être en haut des cotes d'écoute, mais son image était résolument populaire, dans le mauvais sens du terme. Pour le milieu où j'évoluais, le mot « quétaine » semblait avoir été inventé pour la décrire. On lui reprochait sa programmation où prédominaient les jeux-questionnaires faciles et les télé-séries américaines achetées au rabais. L'information, n'en parlons pas : l'information, c'était à Radio-Canada que ça se passait.

J'ai quand même accepté l'offre de Sylvie Lalande sans un soupçon d'hésitation. Elle tombait à point nommé, car elle répondait parfaitement à mes deux souhaits du moment : pouvoir quitter *Le Point* et m'impliquer davantage en production.

Il s'est trouvé que mon passage à Télé-Métropole a coïncidé avec le renouveau de la station. Après avoir signé mon contrat, je n'ai plus revu Sylvie Lalande et Gilles Deschesnes, partis poursuivre leur carrière sous d'autres cieux. Une toute nouvelle équipe prenait le contrôle de TM pour en faire le TVA que nous connaissons maintenant. Les jeunes loups comme Guy Crevier et Michel Chamberland n'avaient pas quarante ans. Leur arrivée dénotait une volonté de changer et de rajeunir l'image de la chaîne.

Michel Chamberland, le nouveau vice-président à la programmation, arrivait de Radio-Canada par la station de Cogeco à Sherbrooke. Michel est une dynamo. Les choses doivent aller vite avec lui. Son objectif était de faire de la télévision de divertissement qu'était Télé-Métropole une télévision « de service ». Les nouveaux propriétaires de la chaîne, notamment André Chagnon, PDG de Vidéotron, endossaient totalement cette politique nouvelle.

Quant à Guy Crevier, il avait fait sa marque à Power Corporation en redonnant vie à *La Voix de l'Est*, le quotidien de Granby. Guy et moi nous ressemblons en cela que nous n'arrêtons pas de déménager d'un poste à l'autre. Ses quelques années comme vice-président à l'information ont suffi à donner à TVA la crédibilité qui lui manquait. Pendant la crise d'Oka, au cours de l'été 1990, ses jeunes journalistes comme Alain Gravel et Gaétan Girouard ont complètement damé le pion à Radio-Canada.

« D'une télévision populiste, nous avons fait une télévision populaire avec du contenu », a souvent dit Michel Chamberland avec fierté. C'est sous son règne qu'on a lancé *Salut bonjour*, l'émission du matin qui a complètement phagocyté ses concurrentes, que Claude Charron a pris la barre du *Match de la vie*, que *Chambre en ville* est devenu une émission-culte pour les jeunes...

Même si j'avais été engagé par l'équipe sortante, je me trouvais à faire partie de la nouvelle image de TM. Je ne sais pas si Guy Crevier aurait eu l'idée d'aller me chercher à Radio-Canada — il ne m'a jamais répondu quand je lui ai posé la question — mais, quoi qu'il en soit, nos rapports ont toujours été des plus cordiaux durant ces quelques années où nous avons travaillé ensemble. Une fois seulement avons-nous eu un échange un peu vif : c'était en décembre 1988, quand il m'a demandé d'être plus près de l'actualité brûlante, moins radio-canadien, moins élitiste dans le choix de mes sujets.

Ma nouvelle émission s'appelait *Sept-jours*, un nom qui portait à confusion. Combien d'appels avons-nous reçus, au Sagittaire, de braves dames qui voulaient renouveler leur abonnement au magazine *7-jours*! J'entends encore mon assistant de l'époque, Dominique Semery : « Non, madame, ici c'est l'émission d'informations de Pierre Nadeau, pas la revue. Non, madame, nous ne prenons pas de messages pour Mitsou. »

Sept-jours était une émission d'une heure diffusée le dimanche soir. Honnêtement, elle ne renouvelait pas le genre. Nous y traitions des grandes questions d'actualité de la semaine sous la forme d'interviews que je menais en studio la plupart du temps. Il y avait aussi des reportages produits par l'équipe du Sagittaire, et les commentaires et éditoriaux du journaliste Michel Roy, qui était aussi un conteur à la riche mémoire. Un plaisir que de faire équipe avec cet homme !

La particularité de l'émission venait de ce que nous avions en studio un groupe de personnes, les mêmes d'une semaine à l'autre, qui venaient sporadiquement donner leur avis sur les sujets traités et poser des questions à mes invités. Ce groupe était sous la supervision maternelle d'Iléana Doclin, qui fut ma secrétaire avant de devenir recherchiste puis auteure à succès avec *L'autruche céleste*.

Pour la première saison, mon recherchiste était Jules Nadeau, qui était cette année-là entre deux séjours en Chine. Jules est le seul sinologue que je connaisse parmi les journalistes canadiens, et l'auteur d'un livre sur Taiwan intitulé *20 millions de Chinois*. La deuxième année, Jean-Pierre Gosselin a pris le relais.

À la réalisation, mon vieux pote Claude H. Roy, qui revenait à ses premières amours après avoir occupé différentes fonctions politiques et paragouvernementales quand le PQ était au pouvoir au début des années quatre-vingt. Pendant près de cinq ans, Claude va réaliser plusieurs séries pour le Sagittaire, nous faisant bénéficier de son expérience comme spécialiste des émissions politiques en studio mais aussi comme organisateur et collaborateur au développement de différentes séries…

Pendant les deux saisons de *Sept-jours*, j'ai fait toutes les grandes interviews politiques à l'antenne de TVA. Dans le cadre de la campagne électorale pendant l'automne 1988, j'ai ainsi reçu successivement le premier ministre Brian Mulroney et le chef de l'opposition, John Turner. Cette deuxième rencontre fut l'occasion d'une de ces gaffes qu'on appelle en télévision des « bloopers », quand j'ai commencé l'entrevue sur un cordial : « Bonsoir, monsieur Mulroney ». Je revois encore Turner, les yeux rieurs, me répondre : « Je crois qu'il y a erreur sur la personne… » L'entrevue était heureusement enregistrée et nous avons repris l'intro tout de suite.

Les gaffes d'un journaliste ou d'un animateur de télé sont généralement assez embarrassantes, surtout quand l'auditoire est vaste. Et parfois, même sans auditoire, on arrive à se mettre les pieds dans les plats de façon spectaculaire. Comme cette fois où nous terminions un tournage de trois jours chez les Montagnais de la région de Sept-Îles. Nous étions au bord du fleuve, dans un décor magnifique, l'équipe avait remballé son matériel, et nous étions sur le point de partir. Presque tout le village était là. Au moment de monter dans la camionnette, je me suis rendu compte que j'avais oublié de saluer le chef de bande, Daniel Vachon, un homme affable et chaleureux. Je me suis dirigé vers lui, la main tendue : « Excusez-moi, chef Vachon, j'allais partir en sauvage… ».

Un grand silence s'est fait. Un silence lourd de reproches, dont certains devaient être vieux de quelques siècles. Tout le monde me regardait d'un air tendu. Seul Daniel Vachon semblait se retenir pour ne pas éclater de rire.

Pourquoi avais-je dit cela ? « Partir en sauvage » est une expression que je n'avais jamais employée avant ce matin-là. Depuis lors, en tout cas, je l'ai évitée comme la peste...

■ ■ ■

Comme si je n'avais pas assez étonné en quittant Radio-Canada pour Télé-Métropole, j'en ai carrément assommé plusieurs en acceptant de coanimer une nouvelle émission au cours de l'été 1989, une émission qui annonçait ce fléau que les purs et durs dénoncent avec rage aujourd'hui : le mélange variétés-informations.

L'idée venait de mon vieil ami Jean-Pierre Ferland : réunir nos talents respectifs pour créer une émission qui mélangerait l'actualité, des sujets plus légers et la chanson. Ce fut *Ferland-Nadeau en vacances*, une émission qui sera finalement à l'antenne deux étés de suite.

Jean-Pierre n'est pas seulement le grand auteur-compositeur-interprète que tout le monde connaît. C'est aussi un délicieux compagnon, un conteur d'une drôlerie irrésistible, qui manifeste dans le privé les mêmes qualités de séducteur qu'à la scène et à l'écran. Travailler avec lui était une idée épatante, je ne pouvais tout simplement pas lui dire non.

Et tant pis pour les moralisateurs qui trouvaient que je m'encanaillais un peu trop. À ce stade de ma carrière, j'avais envie de faire des choses qui me plaisaient. Avec *Ferland-Nadeau en vacances*, je fus servi : ces deux étés furent une rigolade géante.

Il faut dire que l'équipe regroupait une fameuse bande de joyeux drilles ; François Cousineau, chef d'orchestre qui s'y entend à faire rire, Jacques Payette et André Provencher, des producteurs délégués jamais à court d'anecdotes, et Pierre Ste-Marie, un jeune vieux de la vieille du 10, un vrai pro, qui était réalisateur-coordonnateur.

La formule était simple : *Ferland-Nadeau* était un talk-show entrecoupé de chansons. La moitié des entrevues portaient sur des sujets d'actualité, et celles-là, je les menais en général seul, tout comme Jean-Pierre faisait le gros des entrevues avec les artistes. Pour les sujets plus légers — le nudisme au Québec, par exemple — nous nous partagions la tâche. À tour de rôle, nous faisions office de « straight man », de naïf se chargeant des questions que le spécialiste oubliait de poser.

Même si mes invités venaient causer de sujets sérieux — et Dieu sait s'il y en a eu, surtout pendant l'été 1990 avec la crise de Meech, la crise d'Oka et l'invasion du Koweït —, mes entrevues étaient plus « relax ». Il n'était pas question de pratiquer le *hot seat* même si l'envie pouvait m'en prendre avec un Paul Martin ou un Robert Bourassa.

Le mélange des genres n'était pas toujours facile. À la toute première émission, par exemple, il a été question du massacre de la place Tian'anmen, qui venait juste d'avoir lieu. Pour en parler, nous avions en studio Jules Nadeau ainsi qu'une jeune Chinoise étudiante à Montréal. Elle était au bord des larmes pendant qu'elle nous décrivait ce qu'elle avait pu apprendre des événements par des amis joints au téléphone à Pékin. Après cela, le spectateur avait droit à une jolie chanson de Martine Chevrier, en duo amoureux avec le claviériste Scott Price, son mari.

Au cours de l'été 1990, nous avons reçu Lucien Bouchard, qui venait de quitter le cabinet Mulroney pour les raisons que l'on sait. Le lendemain de mon interview, Jeffrey Simpson, du *Globe and Mail*, écrivait que j'avais passé l'entrevue à lancer des *softballs*, autrement dit que j'avais été complaisant avec Bouchard. Mais il était surtout critique de l'attitude de Jean-Pierre qui, au terme de l'interview, avait applaudi Bouchard.

Je ne pouvais pas entièrement donner tort à Simpson. J'avais été moi-même plutôt stupéfait du geste de Jean-Pierre. Il est vrai que nous étions en pleine crise de Meech, et que le Québec francophone se sentait rejeté par le Canada anglais. En cette époque de ferveur nationaliste intense, Lucien Bouchard semblait être l'incarnation des sentiments profonds des Québécois.

Rien ne l'illustre mieux que cette scène incroyable que les caméras n'ont pas captée, cette fois-là à *Ferland-Nadeau en vacances*. L'entrevue était terminée, Bouchard se levait et s'apprêtait à partir... quand toutes les personnes présentes, techniciens, musiciens, artistes invités, se sont mises à applaudir elles aussi. Je n'avais jamais vu pareille chose.

Quoi qu'il en soit de ces réserves, le public, lui, semblait apprécier le mélange informations-divertissement. Les cotes d'écoute étaient bonnes et, au terme de l'été 1990, Michel Chamberland a eu l'idée d'étendre la formule à une saison entière.

C'est ainsi qu'est né *Ferland-Nadeau en direct*, diffusé le dimanche soir à compter de septembre 1990. *Sept-jours* disparaissait.

De gros moyens financiers avaient été prévus. Le décor, en particulier, était monumental : depuis *Ben Hur*, on n'avait rien fait de plus impressionnant. J'avais même un peu peur qu'il ne nous tombe sur la tête en cours d'émission.

À la première émission, l'invité de Jean-Pierre était Léo Ferré, rien de moins, qui a interprété un *Avec le temps* à arracher des larmes à la province entière. Je recevais quant à moi le sénateur Jacques Hébert. J'étais en mode *hot seat* et Hébert pétait le feu : il y est même allé d'une méchante saillie sur la reine d'Angleterre, reprise dans tous les journaux le lendemain matin.

Les premières réactions à l'émission ont été excellentes. Nous pensions que c'était dans le sac, que nous avions trouvé une formule gagnante qui nous permettrait de garder l'antenne quelques années.

C'était compter sans Saddam Hussein. Son invasion du Koweït, en août 1990, avait fait lever la « Tempête du désert ». Le 16 janvier 1991, les Américains commençaient à bombarder l'Irak.

Cette guerre a littéralement torpillé l'émission. Je ne m'imaginais pas recevoir des spécialistes avec qui parler de la guerre, puis les interrompre au bout de dix minutes pour laisser la place à Martine St-Clair ou Breen Lebœuf. On ne pouvait jumeler information et musique quand une crise de cette envergure éclatait.

C'est ce que j'ai fait valoir à Jean-Pierre et à Michel Chamberland, en demandant que l'heure entière de *Ferland-Nadeau*, le dimanche suivant le début de la guerre, soit consacrée au sujet. Ils y ont consenti. Nous avons donc fait une émission spéciale où je me suis entretenu notamment avec Pierre Salinger, correspondant du réseau ABC à Londres, et Charles David, professeur en études stratégiques.

L'émission a eu huit cent mille de cote d'écoute. Son plus beau succès jusque-là... et un succès qu'elle n'a jamais renouvelé par la suite. Pour TVA comme pour moi, cette émission atypique montrait les limites de la formule. Le mélange variétés-informations fonctionnait peut-être bien durant l'été, quand l'humeur était à la détente, quand des sujets plus légers permettaient de faire le pont entre les sujets brûlants et la partie variétés. À *Ferland-Nadeau en direct*, il n'y avait pas de ces sujets « transitionnels », et le saut était parfois abrupt.

Il faut dire aussi que l'émission n'a jamais répondu aux attentes de TVA. Au bout de quelques mois, notre présence a cessé d'être hebdomadaire. Ainsi, pendant les sondages BBM, l'émission a été remplacée par des films grand public. À la fin de mai, elle disparaissait pour de bon.

Je le regrette. Je regrette surtout de ne plus avoir fait équipe avec Jean-Pierre Ferland. Mais en adaptant à l'automne une formule d'été, nous avions tué la poule aux œufs d'or.

Au cours de l'automne 1991, nous démarrions *L'Événement*, diffusée en direct le dimanche soir. Une émission qui me ressemblait plus : avec l'aide de la salle des nouvelles de TVA, elle combinait nouvelles du jour, retour sur l'actualité de la semaine, reportages, entrevues, tout cela dans une formule éclatée et dynamique. J'y allais même d'un petit billet de fin d'émission, qui se voulait un regard ironique sur un événement ou l'autre.

La deuxième année de *L'Événement*, j'ai doublé ma présence à l'écran en présentant la série *Les Héros de l'hiver*.

L'idée de me faire faire des entrevues avec des joueurs de hockey était de Jean Savard, ancien réalisateur au *Point* devenu cadre supérieur au Réseau des sports. Sa proposition a touché le vrai gars en moi. Interviewer les idoles de mon enfance, les Jean Béliveau, Émile Bouchard, Bernard Geoffrion ? Mais je ne demandais que cela ! Tant pis pour les puristes qui allaient penser que Nadeau faisait vraiment n'importe quoi.

Présentée à RDS et à TVA, cette série à petit budget a duré deux ans. Elle m'a fait rencontrer à peu près tous les joueurs des Canadiens de Montréal à la retraite ou encore en uniforme, plus quelques autres qui avaient joué ailleurs, les Rod Gilbert, Richard Martin, Guy Chouinard, etc.

Au Sagittaire, mon chez-moi de la rue Sainte-Catherine — au cœur de ce qu'on surnomme la Cité des ondes — les années TVA ont été d'une grande intensité. En plus de fournir la recherche pour les émissions que je présentais comme animateur, nous produisions une foule de documentaires sur toutes sortes de sujets. C'est ainsi qu'à partir de son excellent livre *Dans l'œil de l'aigle*, qui portait sur la perception qu'ont les Américains du nationalisme québécois, Jean-François Lisée et le réalisateur Daniel Creusot ont tourné un documentaire d'une heure diffusé à TVA en version française et à CBC en version anglaise.

Daniel Creusot devait aussi signer un documentaire sur la sécurité aérienne, dont le conseiller au tournage était un de mes vieux amis, l'ex-commandant de bord Jean Milette. À peu près à la même époque, le réalisateur Robert Verge tournait une série de trois heures sur Montréal, Toronto et Vancouver.

Au printemps de 1993, mon cycle TVA s'est terminé. En ces années de vache maigre et de compressions budgétaires, ma présence était considérée comme un luxe que certains décideurs ne voulaient plus s'offrir, d'autant que *L'Événement* ne rapportait pas suffisamment en termes d'écoute. J'ai donc quitté *L'Événement*, dont la barre a été reprise par un jeune homme que certains appelaient gentiment mon dauphin, Stéphan Bureau.

Où aller? Radio-Québec m'a fait signe et j'ai répondu à l'offre de ma vieille complice de *Télémag*, Micheline Di Marco, devenue réalisatrice-coordonnatrice de *Nord-Sud*, et de Jacques Véronneau, producteur.

Mais je ne quittais pas complètement TVA. Comme producteur et présentateur, j'allais être associé à une belle série, *Les Grands Procès*, qui connaîtrait un grand succès.

Chapitre 35

« Coupable, Votre Honneur. »

J'avais beau connaître le fin mot de l'histoire, je ne pouvais m'empêcher de frissonner chaque fois que j'entendais le porte-parole du jury prononcer les mots fatidiques. Même s'il s'agissait en réalité d'un acteur, qu'il disait la phrase pour la quatrième fois de suite et qu'il ne s'adressait pas vraiment au juge mais au cameraman.

Telle est la puissance de la télé. Telle était la force de la série *Les Grands Procès*, des reconstitutions dramatiques comme la télévision québécoise n'en a pas souvent produit en cinquante ans d'histoire.

Derrière la série *Les Grands Procès*, il y avait au départ deux personnes, Daniel Proulx et Vincent Gabriele. Proulx signait chaque dimanche dans *La Presse* une chronique sur les grandes affaires criminelles du Québec, et l'idée lui est un jour venue d'une série basée sur ces histoires. Il lui fallait un producteur, et c'est ainsi qu'il a approché Vincent Gabriele, ancien vice-président de Télé-Métropole qui venait de fonder sa propre maison de production, Sovimage.

Leur idée était de présenter les procès sous forme de dramatiques, en y incorporant les présentations d'un animateur chargé d'établir le lien entre le procès et les téléspectateurs. Vincent voulait confier cette tâche à un journaliste, et c'est pourquoi, tout en me proposant de coproduire la série avec lui, il me demanda d'en être le présentateur. J'interviendrais épisodiquement pour résumer certains témoignages et péripéties des travaux de la cour.

Proulx et Gabriele ignoraient que l'idée d'une série sur les grands procès de notre histoire criminelle n'était pas neuve.

Mon père l'avait eue bien avant eux, de concert avec son bon ami Jean-Jacques Lefèvre, archiviste en chef au palais de justice de Montréal. Il m'en avait parlé à l'époque où j'entreprenais ma carrière, mais j'avais écarté l'idée sans même y réfléchir. Je ne voulais surtout pas m'engager dans une voie qu'il aurait choisie pour moi ! En 1992, de telles réserves n'existaient plus : j'étais ravi de répondre à son souhait, même avec trente ans de retard.

J'aimais aussi la perspective d'une nouvelle aventure. Travailler à une production impliquant des dizaines de comédiens, figurants et techniciens, c'était bien autre chose qu'envoyer une équipe de reportage à l'étranger, fût-ce à l'autre bout du monde. Je collaborais à la production l'équivalent d'un tiers, mais j'étais quand même partie prenante à toutes les décisions importantes.

Participer aux séances de travail menant à l'élaboration des scénarios était aussi très excitant. Quand les textes arrivaient, chacun y allait de ses suggestions. Il fallait maximiser l'intérêt dramatique de chaque procès, tout en veillant à rester fidèles aux faits. Maintenir cet équilibre entre dramatisation et authenticité n'était pas toujours facile. Pour nous assurer de rester crédibles, nous nous étions adjoint une avocate spécialiste des affaires criminelles.

Les réalisateurs Mark Blandford, Johanne Prégent et Alain Chartrand ont eu beaucoup à voir dans le succès de la série. Mark Blandford, en particulier, a exercé un leadership qui ne s'est jamais démenti durant les trois années de la diffusion. Mark est un intellectuel mais aussi un homme d'émotion. Sa culture et ses intérêts sont universels. Parmi ses réussites, il y a eu la très grande série *Duplessis*, tournée à la fin des années soixante-dix.

La contribution de Daniel Proulx ne s'est pas limitée à l'idée de départ. Sa connaissance des affaires criminelles nous a permis de choisir les bonnes histoires à raconter. Il nous le répétait fréquemment : il y a eu bien des crimes spectaculaires dans l'histoire du Québec, mais ils n'ont pas tous donné lieu à des procès transposables en dramatique télé.

Plusieurs scénaristes prêtèrent leur plume à l'écriture des scénarios, parmi lesquels Dominic Champagne, René-Richard Cyr, Anne Boyer, Michel D'Astous, Dominique Drouin et Bernard Montas.

Vincent Gabriele, que j'ai appris à connaître pendant ces trois années, n'est pas de cette race de producteurs qui cherchent d'abord à maximiser leurs profits, fût-ce aux dépens du produit final. Pour *Les Grands Procès*, Vincent ne regardait pas à la dépense. Un de ses leitmotivs était : « Mettons-en de la *production value.* » Et c'est ainsi que les plans étaient repris quatre, cinq fois. La première prise pouvait me sembler parfaite, on reprenait quand même la scène encore et encore. Cela agaçait parfois le journaliste en moi, habitué à tourner l'événement au moment où il se produisait.

Sur le plateau de tournage, j'observais avec fascination Mark Blandford, que les comédiens adoraient, diriger avec doigté les Marina Orsini, Gildor Roy, Renée-Marie Patry, Guy Nadon, René-Richard Cyr, Sophie Lorain, Gilbert Sicotte… je n'aurais pas dû m'engager dans cette énumération, car je ne peux décemment les nommer tous.

Je veux quand même écrire à quel point je fus impressionné par Guy Nadon dans le rôle de l'abbé Delorme, ce prêtre accusé et acquitté du meurtre de son frère dans les années vingt. Avec un mélange de rouerie et de mégalomanie, il rendait parfaitement bien la personnalité trouble d'un personnage hors du commun.

Et Renée-Marie Patry m'a franchement séduit dans le rôle de Marguerite Pitre, la « femme Pitre », accusée de complicité dans l'attentat à la bombe contre un avion, qui fit vingt-trois morts en 1949. Renée-Marie n'était pas très connue, ce rôle l'a révélée aux Québécois comme la comédienne de génie qu'elle peut être. Il le fallait pour rendre justice à ce personnage de femme se battant pour échapper à la potence — et échouant finalement : Marguerite Pitre fut la dernière Canadienne à être pendue.

Les tournages avaient lieu durant l'été, dans l'ancien palais de justice de Montréal, rue Notre-Dame. La chaleur pouvait être suffocante, et travailler dans ces conditions relevait de la performance physique de haut niveau. Pour une scène du procès de l'abbé Delorme, nous avons un jour regroupé une centaine de figurants habillés de vêtements d'hiver, pelisses de fourrure, manteaux de chat sauvage, etc. À l'intérieur de la salle, la température devait atteindre les quarante degrés. Les figurants tombaient comme des mouches, il fallait chaque fois appeler Urgences-Santé. C'était l'hécatombe. Le jour même, nous avons commandé un gigantesque système de climatisation. Ça n'avait peut-être rien à voir avec la *production value*, mais ce n'était pas du luxe !

Nous tournions dix heures par jour, mais la journée ne se terminait pas là. Vers les vingt ou vingt et une heures, nous nous faisions projeter les *rushes*, les séquences tournées la veille, question de nous assurer que tout était à notre satisfaction, qu'il n'y avait pas de pépins, et nous nous donnions rendez-vous le lendemain matin aux aurores.

J'ai aussi beaucoup aimé la postproduction de la série, la période de montage tout particulièrement. En compagnie de Mark Blandford, de Vincent Gabriele et des monteurs Vidal Béique et François Gill, nous visionnions les montages pour donner notre avis. Ce furent de stimulantes sessions de discussion. « Mettons-y de l'émotion », disait constamment Vincent.

Et de l'émotion, nous pouvions en mettre, grâce aux formidables prestations des comédiens, à la force des scénarios et à la direction des Blandford et Chartrand.

Il y avait un état de grâce dans cette série des *Grands Procès*. Pendant trois ans, tout a baigné dans l'huile… J'étais de plus en plus passionné par la production, ce genre de production, encore que je continuasse de m'intéresser à l'information et au documentaire.

...

Ce qui me motivait moins, par contre, c'était le travail de journaliste-animateur. J'avais encore le goût du reportage, notamment en actualité internationale. Mais je commençais à en avoir assez du travail en studio.

Quand on m'a proposé l'animation de *Nord-Sud*, j'ai accepté parce que j'étais intéressé par le propos de cette émission, une de celles qui ont le mieux contribué à donner une image distincte à Radio-Québec. Mais c'était aussi qu'on ne me demandait pas trop de mon temps, ce qui me permettrait de continuer à travailler aux *Grands Procès*.

Avec le recul, je me dis que j'aurais peut-être dû m'abstenir de présenter *Nord-Sud*, tout comme *Enjeux* deux ans plus tard, à mon retour de Boston. Animer une émission d'informations n'est pas que la présenter. La fonction requiert une présence constante au sein des équipes de production. Pour avoir occupé ces fonctions au *60*, puis plus tard à *Télémag* et au *Point*, je sais que l'animation est encore plus importante à l'intérieur des équipes qu'à l'antenne. Mais à *Nord-Sud*, comme à *Enjeux* ensuite, je n'étais présent que la moitié du temps et ne pouvais fournir qu'un demi-rendement. Il en allait d'ailleurs de même pour mon travail de producteur. On ne peut pas être producteur si on n'est pas tous les jours engagé à cent pour cent...

À *Nord-Sud*, je passais une demi-journée en studio par semaine et une autre journée maximum à visionner des reportages et à discuter avec les journalistes et réalisateurs. Je suis aussi allé tourner en Afrique à deux reprises. J'aurais dû m'engager davantage, car *Nord-Sud* était une émission que je tenais pour essentielle, la seule de toute la télévision québécoise à traiter exclusivement du monde extérieur, et dans une perspective qui n'était pas seulement événementielle. On y parlait d'un monde en changement, pas seulement d'un monde en crise.

Le hasard a voulu que ma première saison à *Nord-Sud* fût aussi son avant-dernière. En 1994, elle passait d'hebdomadaire à mensuelle, avant de disparaître pour de bon au printemps de 1995. Je ne suis bien sûr pas le seul responsable de cette disparition. L'émission était menacée depuis plusieurs années, elle avait même échappé de justesse au couperet grâce à une campagne acharnée de ses artisans et du milieu de la coopération.

Si j'avais été plus présent, si j'avais usé du prestige de mon nom pour relancer l'émission, les choses auraient-elles été différentes ? On ne le saura jamais...

Quoi qu'il en soit, je me sentais plutôt démotivé, à la fin de 1994. À Radio-Québec, j'en étais réduit à présenter *Nord-Sud* une fois par mois, ainsi qu'une émission hebdomadaire qui offrait des séries documentaires achetées à l'étranger. Une fois par semaine, je me rendais aussi à TVA enregistrer une petite revue de la presse québécoise destinée à TV5. Ce n'était pas encore la retraite, mais cela commençait à y ressembler, à ma grande horreur.

Après avoir si souvent changé de chaîne et d'émission, j'avais l'impression d'avoir vraiment fait le tour du jardin. Je l'avais ratissé en long et en large, j'avais goûté à tous ses fruits.

Malgré cela, malgré la cinquantaine avancée, il n'était aucunement question de prendre ma retraite. J'avais seulement besoin d'un nouveau défi auquel faire face.

Ce défi s'est présenté quand le Parti québécois est revenu au pouvoir en septembre 1994 et que Bernard Landry a été nommé ministre des Affaires intergouvernementales...

Chapitre 36

« Je me demande bien ce qu'il va faire là. »

Il est sept heures vingt, le 26 octobre 1994 : à *CBF-Bonjour*, je constitue une des têtes de chapitre de la revue de presse de Marc Laurendeau. Il est tellement étonné qu'il en est sorti de cette réserve toute britannique qui va si bien avec sa moustache poivre et sel.

L'objet de son étonnement est cette manchette qui m'a moi-même saisi quand je l'ai vue en première page de *La Presse* tout à l'heure : « C'est Nadeau qui ira à Boston. » Le texte du correspondant parlementaire Denis Lessard révèle que, dans les prochaines heures, je serai confirmé dans mes nouvelles fonctions de délégué du Québec en Nouvelle-Angleterre. Je remplacerai Claude Dauphin, ancien député libéral en poste depuis à peine six mois.

Ce qui m'étonne, c'est que Lessard soit au courant de ma nomination alors qu'elle ne m'a pas encore été confirmée officiellement à moi. L'annonce est prématurée. Cela m'embête d'avoir été « scoopé » par un collègue. Pas encore en fonction, et déjà victime d'une fuite. Bienvenue en politique !

Ce que j'ignore à ce moment-là, c'est que la décision vient d'être sanctionnée par le bureau du premier ministre Parizeau. À compter de maintenant, ça va aller vite. Le téléphone se met à sonner. Un journaliste veut me parler, puis un autre, et un autre. Toute la journée, je vais devoir répondre à leurs questions. Mon statut de (toujours) journaliste ne me préserve de rien : c'est à mon tour de passer sur le *hot seat*.

La teneur des questions est presque toujours identique : que vais-je faire dans cette galère, moi, un des plus éminents membres de la corporation ? Pourquoi Boston, et surtout pourquoi maintenant, en cette époque préréférendaire ? Serais-je... osons le mot... un séparatiste ? Ai-je caché mon jeu toutes ces années ?

Parmi les animateurs radio qui sont stupéfaits de cette bifurcation professionnelle, il y a André Arthur. Mais lui qui a la dent si dure en général, il est plutôt aimable et m'interroge sans agressivité. Ce n'est pas le cas de Robert Libman, de CJAD, qui essaie de me coincer. L'ex-chef du Equality Party est sûr que je suis un crypto-séparatiste et insiste pour me le faire avouer. Mais si je suis nouveau en politique, j'ai une longue pratique du journalisme et je connais tous les trucs. Cause toujours, mon Robert...

Et ça continue le soir avec mes camarades Simon Durivage et Jean-François Lépine... Tous, ils veulent me faire dire que je suis devenu indépendantiste. Je ne peux pas leur en vouloir, j'aurais posé la même question à leur place. Et j'aurais peut-être même été plus agressif.

Indépendantiste, je ne le suis pas, et je ne l'ai jamais été — au contraire de plusieurs collègues dont les convictions se sont étiolées avec le temps. Je suis donc très à l'aise pour répondre. J'ai voté oui en 1980, mais pas parce que je voulais l'indépendance. J'étais un de ces Québécois nationalistes qui désiraient que les choses changent. Et à l'élection de septembre, je n'ai PAS voté PQ.

Alors ? Fédéraliste mou ? Nationaliste mou ? L'un ou l'autre, selon le jour, selon les circonstances...

« Oui, mais il y aura bientôt un référendum. Les Américains seront intéressés par le Québec. Vous apparaîtrez comme le porte-parole du gouvernement indépendantiste. Comment allez-vous concilier vos convictions personnelles et celles du PQ ? »

Je ne compte pas être un Rambo de la souveraineté, fleur de lys au béret. Je n'irai pas jouer les matamores sur les tribunes américaines. Le gouvernement Parizeau ne m'a pas demandé de profession de foi et ne s'attend pas à ce que je défende la doctrine sacrée aux États-Unis. Me l'aurait-il demandé que j'aurais refusé le poste.

Boston sera comme une continuation de ma carrière de journaliste. J'ai passé une grande partie de ces années à expliquer différentes situations politiques au public québécois, je vais désormais expliquer le Québec aux gens de la Nouvelle-Angleterre. Quand il y aura un référendum, je ne prendrai parti pour aucun camp. Ma tâche sera d'expliquer que ce référendum n'est pas la fin du monde : Québécois et Canadiens sont des gens civilisés et il n'y aura pas de guerre civile. Quel que soit le résultat du référendum, le Saint-Laurent continuera de couler et de servir de voie de transit aux marchandises américaines. Nous allons demeurer un marché de producteurs et de consommateurs intéressant pour nos voisins.

En allant à Boston, je vais d'abord défendre les intérêts économiques du Québec. Après tout, des milliers d'emplois chez nous dépendaient et dépendent encore des relations que nous entretenons et continuons de développer avec une région qui, du point de vue économique, est pour le Québec un partenaire presque aussi important que l'Ontario.

Voilà en substance le discours que j'ai ressassé au téléphone et devant tous les micros cette journée-là. Ce que je n'ai pas révélé, c'est que ce poste à Boston m'intéressait depuis quelques années.

Du temps où Robert Bourassa était premier ministre, je dînais un jour avec Jean-Claude Rivet, ex-conseiller et grand ami de Robert, devenu ensuite sénateur. Un esprit fin, formidablement informé, à qui on s'ouvre facilement. À un moment, il a été question de mon avenir, et j'ai mentionné mon intérêt pour le poste de délégué à Boston, sans trop savoir moi-même si j'étais sérieux.

Pourquoi délégué ? Parce qu'il s'agissait d'un travail parapolitique auquel il me semblait être bien préparé et où je pourrais mettre à contribution mes talents de communicateur. Quant à Boston, c'est une ville qui rappelle Montréal par la taille et une certaine douceur de vivre. J'ai toujours été séduit par l'esprit Nouvelle-Angleterre, mélange idéal de vitalité américaine et de vernis européen.

Quelque temps plus tard, Bourassa lui-même me téléphonait pour me dire qu'il allait nommer un de ses députés qui souhaitait avoir le poste. Je n'ai été ni déçu ni offusqué, parce que Robert ne me devait rien. J'ai ensuite oublié cette idée évoquée en passant au cours d'un agréable repas.

En octobre 1994, le PQ vient de prendre le pouvoir. Mon ami Claude H. Roy, qui continuait de réaliser des émissions pour le Sagittaire, m'annonce qu'il va retourner au gouvernement — il avait déjà servi auprès de Bernard Landry. Il devient cette fois responsable des services de presse à la Délégation du Québec à Paris.

Le nouveau gouvernement, comme cela se passe fréquemment, va installer des personnes de confiance dans son réseau de délégations à l'étranger, des personnes qui seront là pour véhiculer son message. Les postes aux États-Unis sont considérés comme particulièrement stratégiques, pour des raisons évidentes. Claude H. me parle de Boston.

Je ne saute pas sur l'occasion comme mon copain l'espérait peut-être. « Boston, peut-être, mais véhiculer le message...? » Claude H. connaît mes idées : je me suis fréquemment opposé à lui, qui est un nationaliste fervent. « C'est vrai, je suis encore furieux et déçu de l'échec de Meech. Mais ce n'est pas pour ça que je vais monter aux barricades. Je ne veux pas de l'indépendance du Québec, et vous ne vous imaginez tout de même pas que je vais aller la vendre aux Américains ! »

« Laisse-moi faire, répond Claude. Je parle à Bernard et je te reviens. »

Il me revient effectivement... deux heures plus tard. « Pierre veut aller à Boston ? *Anytime* », lui a répondu Bernard Landry. En tant que ministre des Affaires intergouvernementales, c'est lui qui choisit les délégués, dont la nomination doit cependant être sanctionnée par le premier ministre.

À partir de là, tout se passe très vite, et j'ai l'impression de ne plus rien contrôler. Le lendemain soir, Claude H. et Bernard Landry viennent dîner à la maison. Bernard rencontre pour la première fois ma nouvelle femme, Clarence, que je viens d'épouser. Clarence m'a déjà fait savoir qu'elle accepte volontiers de me suivre à Boston, même si cela signifie en pratique qu'elle devra saborder sa boîte de relations publiques. Au terme de cette soirée, enthousiasmé par l'idée, euphorique à la perspective d'un changement de vie, je dis oui à Landry.

Au lendemain de ce dîner avec Bernard Landry, Clarence et moi rencontrons deux fonctionnaires, puis Robert Normand, le sous-ministre de Landry. Ils nous expliquent le pourquoi et le comment de mes nouvelles fonctions. Ils insistent sur le statut du bureau de Boston, délégation et non pas délégation générale. Au statut de délégué général sont rattachées diverses prérogatives : voiture de fonction, chauffeur, cuisinier, etc. Pour le poste de Boston, rien de tout cela. Je devrai me servir de ma Jeep pour mes déplacements en Nouvelle-Angleterre, et Clarence fera office de cuisinière et de maîtresse de maison. Pour ce travail, elle touchera des « honoraires » annuels de cinq cents dollars, comme toutes les femmes de délégués. Quand nous recevrons des invités officiels à la maison, nous aurons le droit de dépenser douze dollars par tête de pipe pour le repas.

En apprenant ma nomination, mes amis Jean Cournoyer et Jean Lapierre ne manquent pas de me taquiner au cours de leur émission à CKAC : j'aurai fière allure dans ma limousine avec chauffeur dans les belles rues pavées de Boston, disent-ils. Lapierre, qui n'a été ministre que quelques semaines, rêve peut-être encore de ce genre de privilège.

Le chef de l'opposition libérale est plus caustique : Daniel Johnson affirme que je veux transformer Boston en délégation générale, de manière à obtenir voiture, chauffeur et personnel domestique.

Je connais Daniel depuis longtemps, car il est un cousin de mon ex-femme. Cette saillie me semble gratuite, de la petite politique. Je lui réponds par la voie des journaux que je n'ai aucune intention de changer le statut de la délégation de Boston, et que Clarence et moi prendrons plaisir à le recevoir dans notre modeste demeure, si d'aventure il passe par Boston. Je n'entendrai plus parler de lui par la suite.

Quel contraste avec l'attitude élégante de son ex-collègue libéral, Claude Dauphin. Quand ma femme et moi nous rendons à Boston pour préparer notre déménagement, il est toujours en poste à la délégation. Il aurait pu inventer un prétexte pour être absent, il aurait toutes les raisons du monde de me faire la gueule : au lieu de quoi, il nous accueille lui-même, et avec une grande chaleur. Quelques jours plus tard, il dira à un parterre de gens d'affaires américains qu'il sera relevé par « quelqu'un de qualité, Pierre Nadeau, un journaliste célèbre dont je dois vous dire que je rêvais d'être interviewé par lui quand j'ai fait mes débuts en politique... »

Claude Dauphin, je te salue encore pour la noblesse montrée dans une période qui a pourtant dû être bien difficile.

Au début de janvier, je tombe dans le piège d'un bien-cuit surprise au Club Saint-Denis, rue Sherbrooke. Il y a là, outre Bernard Landry, quelques dizaines d'amis et ex-collègues, venus saluer ma retraite officielle du journalisme. Simon Durivage est maître de cérémonie. Parmi ceux qui me passent au gril, il y a Yvon Turcot, Gilles Loiselle et Pierre Paquette. Ils sont tous franchement drôles. J'ignorais être une telle source d'anecdotes comiques.

■ ■ ■

En janvier 1995, je commence donc ma nouvelle vie de diplomate. La délégation du Québec loge en plein centre-ville, dans le quartier des affaires. Je serai à deux pas de Faneuil Hall, marché central du Boston historique, où Samuel Adams prononçait des discours patriotiques enflammés dans les années d'avant la révolution. Parizeau et Landry espèrent peut-être que ce voisinage m'inspirera.

Mon bureau offre une vue spectaculaire sur le port et sur les pistes de l'aéroport Logan. L'hiver est particulièrement clément, la ville est belle, et ma vie aussi. Ce nouveau départ est encore plus nouveau que tous les autres que j'ai connus depuis trente ans. Je brûle de me mettre au travail sur les deux ou trois dossiers qui me semblent prioritaires.

Il y a quatorze employés à la délégation du Québec, qui compte trois secteurs d'activité. Guy Leblanc, cadre supérieur, dirige le secteur économique, de loin le plus important. Le tourisme relève de Gabriel Biron, lui aussi cadre du gouvernement. Et je supervise moi-même le secteur information et relations avec les gouverneurs des États et les communautés franco-américaines. Chantal Marinier est administratrice, employée de la délégation depuis plusieurs années.

Pour m'aider dans la poursuite de mes objectifs, je peux compter sur trois collaborateurs très compétents : Laura Dyer, mon adjointe, Joan Coffey Dietrich, une Américaine en poste depuis quelques années, et Pierre Laliberté, un jeune Québécois qui connaît bien Boston pour y avoir étudié.

Le premier mandat de la délégation est l'aide aux entreprises québécoises. Cette aide peut prendre la forme d'un cocktail organisé, par exemple, à l'occasion du passage à Boston de la direction de Bombardier Transport. L'entreprise veut mettre le main sur le juteux contrat de fabrication de matériel roulant pour le futur train à haute vitesse reliant Boston, New York et Washington. Et à Boston se trouvent plusieurs décideurs qui pèseront lourd dans l'attribution du contrat.

La réception au Ritz-Carlton de Boston, à laquelle assistent aussi Bernard Landry et Pierre Bourque, est un grand succès. Bombardier obtiendra finalement le contrat devant ses compétiteurs suédois et allemand. Notre cocktail n'a certainement pas été l'élément décisif, mais ce genre de coup de pouce est quand même apprécié des entreprises.

Mon objectif personnel est de faire parler du Québec le plus possible. Très rapidement, je me heurte à une implacable réalité : celle du budget de la délégation. La compétence est là, l'enthousiasme aussi, mais il n'y a pas d'argent. La délégation est une Ferrari qui roule avec un réservoir presque vide.

Les salaires des employés et les dépenses du bureau sont payés directement par Québec, pas de problème de ce côté. Mais pour tout le reste, réceptions, petits octrois aux Franco-Américains, missions diverses en Nouvelle-Angleterre, je n'ai que dix mille dollars à dépenser pour l'année. Le consulat canadien, lui, dispose d'un budget de dix à quinze fois supérieur.

Il nous faudra être non seulement frugal... mais imaginatif.

La meilleure publicité gratuite est celle que peut offrir un bon article de journal. Au moment de mon entrée en fonction, le *Boston Globe*, un des meilleurs quotidiens américains, vient de nommer pour la première fois un correspondant au Canada, qui s'installera à Montréal. À la fin de janvier, Colin Nickerson prend contact avec moi pour m'interroger sur les intentions du gouvernement et sur mes objectifs comme représentant du Québec.

L'article paraît en première page du *Globe* le 2 février, sous une manchette éloquente : *Quebec separatists seek international support*. Nickerson y affirme qu'il n'y a pas de sympathie pour l'idée d'un Québec indépendant en Nouvelle-Angleterre. Selon lui, j'aurai de la difficulté à convaincre les milieux financiers et politiques que, advenant l'indépendance, nos relations avec le Canada demeureront sereines (*business as usual*).

Il me présente comme un choix bizarre (*odd choice*) pour le poste de représentant du Québec. « Nadeau n'est ni membre du Parti québécois ni séparatiste. Il ne se cache pas pour dire qu'il préférerait de loin voir le Canada et le Québec négocier une nouvelle fédération plutôt que de se séparer. »

Il me cite : « Québec doit être maître de sa destinée. Nous sommes différents des autres Canadiens. Je ne dis pas que nous sommes plus intelligents ou plus importants. Mais nous sommes liés par une langue et une culture qui sont menacées. Nous cherchons à protéger cette culture. »

Nickerson a bien résumé ma pensée. Peut-être trop bien ? Je m'attends à recevoir un coup de fil de Robert Normand ou de Bernard Landry lui-même. On va sûrement m'inviter à être un peu plus fringant dans mes interventions publiques, à me montrer plus enthousiaste à l'égard de l'indépendance.

Mais cet appel ne viendra pas, ni cette fois ni par la suite. Au cours de mon séjour à Boston, jamais on ne me donnera la moindre directive de ce genre. Il est certain que je ne l'aurais pas accepté. Mais il est tout à l'honneur de mes supérieurs de m'avoir laissé m'exprimer sans contrainte…

Le *Boston Globe* va reparler du Québec, dans un long article publié en page couverture de sa section magazine du dimanche, en mai 1995. Un excellent papier, très objectif, lui aussi signé par Colin Nickerson. Un article comme celui-là vaut des milliers de dollars de pub, une somme dont nous ne disposons pas, alors ça tombe bien.

Peu de temps après mon arrivée, je commence à prendre contact avec les chefs de cabinet des différents gouverneurs des

États de la Nouvelle-Angleterre. Des subalternes, peut-être, mais utiles à connaître quand il s'agit de faire débloquer un dossier.

J'entreprends aussi la tournée des gouverneurs eux-mêmes. Je les rencontrerai tous à tour de rôle, sauf John Rowland, du Connecticut. Je verrai donc Angus King du Maine, à l'époque le seul gouverneur indépendant aux États-Unis, Stephen Merrill du New Hampshire, un homme formidablement chaleureux, Howard Dean du Vermont, Lincoln Almond du Rhode Island et William Weld du Massachusetts. On dit de ce dernier que ses ancêtres sont arrivés à l'époque du *Mayflower*, avec une seule chemise mais, sur les épaules, un sac plein de pièces d'or...

À tous, je tiens les mêmes propos : nous voulons développer les relations commerciales avec leur État, et la délégation est à leur disposition pour toute collaboration en ce sens. Sur ce sujet, on me reçoit cinq sur cinq. Les gouverneurs, qui sont l'équivalent des premiers ministres provinciaux chez nous, sont très conscients de l'importance du commerce avec le Québec. Pour le Vermont, le Québec est d'ailleurs le premier partenaire.

Quand le sujet du prochain référendum arrive sur la table, je sens que je perds un peu mon interlocuteur. Ou bien celui-ci est très mal à l'aise, ou bien il m'écoute poliment mais sans plus : la question ne l'intéresse pas.

Aux États-Unis, je le comprends vite, l'idée d'un Québec indépendant est aussi crédible que l'innocence d'O.J. Simpson. Toujours, on me sert un discours dont je pourrais jurer qu'il a été écrit dans une officine de l'ambassade canadienne. « Depuis trente ans, les premiers ministres fédéraux viennent tous du Québec. Comment le Canada pourrait-il être anti-québécois ? » Chaque fois, il me faut reparler de société distincte, d'affirmation culturelle, de langue à protéger...

Je ne suis pas, il est vrai, un défenseur de la Cause, et j'ai d'autant plus de difficulté à l'expliquer à mes interlocuteurs.

Je fais quand même mon travail avec conviction et ardeur. Il n'y a cependant pas que les contraintes budgétaires pour me frustrer. Parfois, c'est le gouvernement que je représente qui me met des bâtons dans les roues.

En février, je reçois le mandat d'organiser des rencontres entre le premier ministre Parizeau et les gouverneurs de la Nouvelle-Angleterre. Soixante-douze heures plus tard, j'ai déjà l'accord des gouverneurs du New Hampshire, du Massachusetts et du Connecticut. Dans ce dernier cas, la proposition est alléchante : John Rowland recevra M. Parizeau à déjeuner à la Government House, en compagnie de directeurs de compagnies d'assurance — Hartford est la capitale de l'assurance — que M. Parizeau n'aura qu'à désigner pour les faire inviter. On nous laisse même le choix de deux dates différentes.

Je suis particulièrement fier de mon coup, d'autant que j'ai établi d'excellents contacts au secrétariat permanent de la conférence des gouverneurs et premiers ministres des provinces de l'Est du Canada et du Québec ; c'est grâce à eux que j'ai pu obtenir tous ces rendez-vous.

J'annonce la bonne nouvelle au bureau du premier ministre à Québec. Silence gêné de quelques secondes. Embarras. Les plans sont changés. M. Parizeau ne sera pas libre aux dates où les rendez-vous ont été pris, parce qu'il doit participer aux séances de la commission sur la souveraineté. Je suis malheureusement allé un peu vite en affaire.

Je n'en reviens pas. Il me faut tout décommander. Je fulmine...

Un peu plus tard : pour contrer les campagnes anti-Québec orchestrées par les Cris et leurs alliés américains, nous avons l'idée d'organiser une conférence à l'université Harvard. Les orateurs seront une vieille connaissance à moi, Konrad Sioui, chef huron à l'Assemblée des Premières Nations, et David Cliche, député gouvernemental chargé des affaires indiennes. Nous voulons montrer que les Cris ne représentent pas l'ensemble des autochtones québécois. Certaines nations entretiennent de bonnes relations avec le gouvernement, nonobstant leurs revendications légitimes.

Sioui et Cliche acceptent. Mais au moment où les invitations vont être imprimées, je reçois un coup de fil de Québec, du secrétariat de l'organisation d'une conférence des parlementaires des Amériques. Compte tenu de ses responsabilités dans l'organisation de la rencontre, on préfère que M. Cliche reste à

Québec. On ne voudrait pas qu'il gaspille ses munitions dans un débat dont on ne voit de toute façon pas l'importance. Il me faut annuler ma conférence à Harvard.

Au fil des mois, deux ou trois autres initiatives du genre connaîtront le même sort. Calme-toi, me dit-on, ne sois pas si impatient. Laisse venir les choses. Ne fais pas de zèle...

Parfois, serais-je devenu parano ? j'ai le sentiment que c'est à Ottawa que l'on sabote mon travail. Quand Bernard Landry annonce sa visite à Boston, je cherche à lui faire rencontrer le gouverneur Weld. Impossible, agenda trop chargé, me répond-on. Même topo chez Paul Celucci, le lieutenant-gouverneur — qui deviendra par la suite gouverneur de l'État, puis ambassadeur des États-Unis à Ottawa...

Il y a du consulat canadien là-dessous. Après l'annulation des rencontres que j'avais organisées pour Parizeau, les conseillers politiques du consulat ont rappliqué. Dans toutes les capitales de la Nouvelle-Angleterre, on a invité les gouverneurs à nous tenir à distance. En cette période préréférendaire, ce serait dommage, n'est-ce pas, de paraître appuyer le gouvernement séparatiste, ne fût-ce qu'en serrant la main à son représentant.

L'argument a porté. Jacques Parizeau ne pourra rencontrer ses collègues gouverneurs qu'en une seule occasion, une occasion incontournable il est vrai, celle de la conférence qui réunit les gouverneurs des États de la Nouvelle-Angleterre et les premiers ministres du Québec et des provinces maritimes. M. Parizeau aura alors des rencontres à huis clos avec les gouverneurs du Massachusetts, du Maine et du Vermont, des rencontres dont je peux témoigner du caractère chaleureux puisque j'étais chaque fois présent.

...

Le temps passe. Je participe à des conférences économiques et à des réunions à caractère institutionnel, qui me passionnent rarement. Je fais des grâces, des ronds de jambe, du charme, alouette. Moi qui déteste les mondanités, je suis servi !

Je passe aussi des heures au bureau avec mes collaborateurs, à essayer de concocter des projets qui donneraient de la visibilité au Québec tout en ne coûtant rien au Trésor public. Nos maigres coffres sont à sec.

Au bout de quelques mois, je réalise que je m'ennuie sérieusement. Je n'ai tout simplement pas assez à faire. Je pourrais profiter plus de la vie à Boston, faire de longs séjours dans la maison que Clarence et moi avons à Nantucket depuis quelques années. Mais ma nature fébrile demande autre chose. Je ne voulais pas d'une sinécure: je voulais être utile, faire avancer des dossiers, changer l'image du Québec à moi tout seul ou presque.

À la fin de mai, je commençais à me résigner à prendre les choses du bon côté quand je reçois un coup de fil de Lina Allard, de Radio-Canada. On me propose de devenir animateur d'*Enjeux* à compter de septembre. Il faut croire que mes adieux au journalisme n'ont pas été pris au sérieux...

Je relis le contrat me liant au gouvernement. Il comporte une clause permettant à l'une ou l'autre partie d'y mettre un terme moyennant un préavis de trois mois. *Enjeux* me proposant d'entrer en fonction le premier septembre, j'ai jusqu'au début de juin pour résilier mon contrat. Je n'attendrai pas jusque-là. Le lendemain, je rappelle Lina pour lui dire que j'accepte sa proposition.

Bernard Landry est la première personne que j'appelle pour lui annoncer mon départ. Il semble à peine surpris, même s'il est déçu. « Visiblement, l'appel du métier est plus fort que tout. Je suppose que ta décision est irrémédiable ? » Elle l'est.

Par la suite, j'ai appris qu'il m'en a voulu un temps. Sa réaction était sans doute normale. Je sais qu'il a maintenant tourné la page.

Je tiens à réaffirmer que je n'ai pas laissé mon poste par incompatibilité avec le gouvernement. Je ne partageais pas ses objectifs politiques, mais malgré cela on m'a toujours laissé la liberté de dire ce que je voulais, comme je le voulais.

Je croyais avoir fait le tour du jardin dans mon métier de journaliste. Disons que le jardin dont j'avais à m'occuper à Boston me semblait plus petit encore. Je me suis vite lassé de l'arpenter, d'autant qu'il ne poussait pas grand-chose de ce que j'avais semé.

J'ai accepté ce poste de délégué un peu sur un coup de tête, impulsivement, comme bien des décisions que j'ai prises dans ma vie. Au bout de quelques mois, j'ai réalisé que je m'étais trompé. Plutôt que de me faner sur pied, j'ai préféré démissionner et revenir à mes premières amours.

À la fin d'août 1995, nous rentrions à Montréal.

Chapitre 37

L'Académie des Gémeaux m'a remis cette année son grand prix. J'ai appris la nouvelle le printemps dernier, au moment où, coïncidence, j'entamais la rédaction du dernier chapitre de ce livre.

J'avais donc deux bonnes raisons de faire un bilan, de réfléchir à ce qu'a été ma carrière, et d'essayer de répondre à la question que mon coauteur, Jean-Pierre Gosselin, m'a posée : « Que crois-tu avoir apporté à la télévision et au journalisme ? »

Difficile de répondre à une telle question sans avoir l'air d'ériger sa propre statue. Sans vouloir me prendre au sérieux, je dis que je laisserai ce soin aux exégètes de mon œuvre, s'il s'en trouve un jour.

Je peux quand même essayer de définir ce que j'ai VOULU apporter à mon métier, les qualités que j'ai essayé de montrer en toute circonstance.

Il y avait l'enthousiasme et la passion. La passion de comprendre et son corollaire, la passion de faire comprendre. Des qualités que tous les journalistes possèdent au moins au début de leur carrière mais qui peuvent s'étioler rapidement si on n'y prend garde. Ce qui m'a aidé à les préserver, c'est cette fébrilité permanente en moi, qui m'imposait de chercher un nouveau défi à relever quand ma position devenait trop confortable.

Il y avait cette qualité que m'ont transmise mes mentors René Lévesque et Judith Jasmin, malgré eux, rien qu'en me laissant les côtoyer : la simplicité. À la télévision, particulièrement, cette qualité est essentielle pour un journaliste. Elle demande deux choses : de regarder le spectateur dans les yeux et de lui parler sans littérature, en restant sincère et honnête.

Ce qui m'a aidé à rester sincère, c'est peut-être mon côté impulsif et soupe au lait. Je ne suis pas l'homme le plus expansif dans le privé, mais en même temps j'ai de la difficulté à contenir mes émotions. Cela m'a parfois valu de rater des entrevues, d'être inutilement acerbe et même blessant. Mais je crois que les spectateurs ont toujours vu en moi un homme honnête, qui ne cherchait pas à leur conter des histoires.

Parmi les qualités que je n'ai pas eu à développer mais que je possédais au départ, il y avait l'instinct, c'est-à-dire la capacité à deviner ce qui risquait de se passer et ce qui serait intéressant pour le spectateur chez lui. L'instinct m'a souvent permis d'être là où il fallait être et de le décrire en me mettant dans la peau de ceux qui regardaient mes émissions.

J'ai aussi eu la chance d'être doué pour la communication. Paradoxe fréquent chez les acteurs ou les gens de télévision : j'ai encore le trac à la pensée de devoir parler en public devant plus d'une dizaine de personnes... mais je n'ai jamais eu peur de la caméra. Je me suis toujours senti à l'aise dans un studio, je n'ai jamais paniqué à l'idée que je m'adressais à un million de téléspectateurs.

Ces quelques qualités ont été les fondements de la carrière que j'ai menée. Mais il faut dire aussi que j'ai eu la chance d'arriver à une époque où la télévision en était à ses débuts. Tout était à faire, tout restait à créer, et nous étions tous, techniciens, artistes journalistes et annonceurs, enthousiastes et énergiques. Cet enthousiasme et cette énergie ont été bien canalisés par Radio-Canada et les responsables de l'information, Marc Thibault en tête, qui, dans mon cas particulier, m'ont fait confiance et m'ont laissé exploiter mes idées et mon style.

Presque en même temps s'est amorcée la Révolution tranquille, une période libératrice, un véritable bouillon de créativité pour le Québec tout entier. Le ton direct que j'ai développé au fil des ans, un peu frondeur et impertinent, passait mieux dans ce contexte nouveau où il était permis et même souhaitable de s'exprimer sans détour.

À regarder la télévision telle qu'elle se fait maintenant, il m'arrive de me demander si je pourrais y trouver ma place. Je pense à cette interview de Christiane Charette avec Bernard Landry, peu avant qu'il ne devienne officiellement premier ministre. À l'évidence, Landry n'est pas l'idole de Charette, qui a le droit de ne pas aimer qui elle veut. Mais que cela ait transparu un peu trop dans l'entrevue, le petit milieu média-politique ne l'a pas supporté. Christiane posait-elle des questions hors de propos ? Ce n'est pas de cela qu'on a discuté, mais du fait qu'elle osait être agressive avec un homme public. Pour qui se prenait-elle, celle-là ? La pauvre fille de feu mon collègue Raymond a échappé de peu à la curée.

L'impertinence, il est vrai, n'existe plus guère dans le domaine de l'entrevue. Ou, alors, il s'agit d'une impertinence de surface, rigolote, à laquelle les hommes politiques aiment bien se prêter quand ils vont faire leur tour chez Julie ou Marc : c'est bon pour la cote, la leur, et celle de l'émission.

Je pense aussi à la place que l'on accorde maintenant à la nouvelle internationale. Je suis venu au journalisme en grande partie parce que je voulais voir le monde et faire partager ce que j'y verrais. Toutes les émissions auxquelles j'ai collaboré m'ont permis de réaliser ce rêve. Et, apparemment, elles répondaient en même temps au besoin des Québécois de voir et de comprendre ce qui se passait ailleurs. Les cotes d'écoute du *60*, de *Télémag* et du *Point* — dans les années quatre-vingt du moins — sont là pour le prouver.

Aujourd'hui, le discours dominant veut que l'international n'intéresse pas les gens. Ce qu'ils veulent, c'est de la nouvelle « de proximité ». Qu'on leur parle d'eux-mêmes, en somme. D'où la portion congrue réservée à l'actualité étrangère, devenue une parente pauvre de l'information. Pour prendre l'exemple de Radio-Canada, l'international est effleuré à l'heure du souper, survolé en fin de soirée et généralement confiné à une ou deux cases comme *Zone libre*. RDI fait ce qu'elle peut avec ses maigres moyens, et les autres réseaux, n'en parlons pas.

Je m'élève en faux contre ce discours qui sous-estime l'intelligence du téléspectateur québécois. Et qui est d'ailleurs en contradiction avec l'évolution de notre société, de plus en plus ouverte sur le monde, paraît-il.

Une autre tendance en information m'attriste quelque peu : la mise à l'écart ou en veilleuse de plusieurs grands noms à qui on n'avait qu'une chose à reprocher, leur âge. Je pense à Jean Cournoyer, Danielle Bombardier, Madeleine Poulin, Suzanne

Laberge, Michèle Viroly et Bernard Derome (que l'on continue quand même à voir de façon irrégulière).

Aux États-Unis, où le changement et la nouveauté sont pour ainsi dire inscrits dans la Constitution, l'émission d'affaires publiques la plus populaire depuis plus de trente ans est *CBS 60 minutes*. Parmi ses journalistes, Ed Bradley et Lesley Stahl ont soixante ans, Morley Safer soixante-dix ans, et Mike Wallace, la vedette incontestée, a quatre-vingt-deux ans bien sonnés, ce qui ne l'empêche pas de continuer à parcourir le monde pour ses reportages. Et que dire de la reine de l'interview, Barbara Walters, encore au sommet des cotes d'écoute malgré ses soixante-dix ans ?

Au Québec, on a jeté l'aîné avec l'eau du bain. Cela s'est-il traduit par une amélioration de nos émissions d'informations ? J'en doute...

Mais il n'y a pas que l'information. En général, je suis frappé de voir à quel point la programmation des chaînes conventionnelles a tendance à se ressembler. Avec le temps, formules et animateurs se sont homogénéisés à un point tel que souvent, à force de zapper, on en arrive à ne plus savoir où on se trouve.

C'est du côté de Radio-Canada que l'évolution a été la plus évidente. Ce n'est pas être passéiste que de constater que sa programmation colle de moins en moins à son statut de diffuseur public.

J'ai eu la chance — une autre — de faire mes débuts à l'époque où il n'y avait qu'une station à Montréal, Radio-Canada. Combien de personnes elle touchait, on ne s'en préoccupait pas. Notre mandat était de produire des émissions de qualité. Qu'elles fussent élitistes, qu'elles plussent ou qu'elles ne plussent pas, peu importait : de toute façon il n'y avait pas de concurrence.

La compétition devait se manifester au début des années soixante, avec l'arrivée en ondes du Canal 10. Tout à coup, il y avait deux convives à table, et il fallait partager le gâteau publicitaire. Les sondeurs ont fait leur apparition. On a commencé à juger les émissions en fonction non pas de leur contenu mais de leur succès populaire. Même au *60,* nous avons vu des spécialistes de la cote d'écoute assister occasionnellement à nos réunions de production.

C'est ainsi que Radio-Canada a repoussé hors des heures de grande écoute toutes ces émissions de prestige qui étaient sa marque et au bout du compte les a fait disparaître. Finies les *Heure du concert* en plein milieu de la soirée. Même chose pour les téléthéâtres. *La Mouette* de Tchekov ? Trop chère à nourrir ! *Moïra* de Julien Green ? Son destin était de disparaître, qu'elle disparaisse donc ! *Le Dialogue des carmélites* ? Les histoires de bonnes sœurs, ça n'intéresse plus personne !

La préoccupation pour la cote d'écoute a graduellement effacé tout ce qui distinguait Radio-Canada de la concurrence. Les émissions qui devraient justifier son existence sont aujourd'hui reléguées dans des chaînes spécialisées, comme ARTV ou RDI. Même en information, on emprunte à la concurrence. *JE* cartonne fort à TVA ? On crée *La Facture*. *Le Match de la vie* défonce la cote ? On repêche Claude Charron. Montgrain écrase tout sur son passage ? Allez voir ce que Radio-Canada va inventer pour attirer son public...

À la décharge des autorités de Radio-Canada, il faut dire qu'elles sont dans une situation inconfortable : pour justifier les subventions gouvernementales, la télévision d'État se doit de faire de la cote d'écoute. Et pour cela, elle doit lutter avec les mêmes armes que ses compétiteurs... C'est ainsi que sa programmation se conforme de plus en plus au goût du jour.

En général, c'est la programmation de TOUTES les télés conventionnelles qui est devenue prévisible. On a perdu le sens de la « spéciale », de l'événement qui se déroule sous nos yeux, de la télévision qui émeut, surprend, désarçonne, captive. Ce qu'il y a eu de vraiment neuf, au cours des quinze dernières années, ce furent certaines séries télévisées, comme *Lance et compte*, *Omerta* et, soyons chauvins, *Les Grands Procès*. Et puis, quelques éléments détonnants, quelques électrons libres, comme Julie Snyder ou Marc Labrèche.

J'ai le sentiment que nous n'osons plus beaucoup, au Québec. Par contre, moi qui suis un fidèle de TV5, je suis toujours étonné de voir comme la télévision française, et en particulier France 2, réseau public, sait changer sa programmation d'une saison à l'autre. On ne craint pas de diffuser en milieu de soirée, à une heure de grande écoute, des émissions qu'on ne présenterait ici qu'après vingt-trois heures. On n'a pas peur non plus de donner aux sujets d'émission le temps qu'il faut pour qu'ils se développent.

Des exemples ? Je pense à *Union libre* et, plus encore, à *Tout le monde en parle*, avec Thierry Ardisson, une émission hebdomadaire qui dure deux bonnes heures. Ardisson a de la culture et de l'esprit, et ses invités, de tous genres et spécialités, disent des choses intéressantes sur un ton parfaitement irrévérencieux. Voilà une télévision qui sait instruire sans pour autant ressembler à un cours du soir.

Mais ici, où est l'audace ? Dans ce pipi-caca qui est la veine principale de trop d'humoristes ?

■ ■ ■

Relisant les paragraphes qui précèdent, j'ai peur qu'ils ne suintent l'amertume, celle d'un quasi-retraité qui ne retrouve plus la télévision telle qu'il l'a connue et faite.

Mais j'ai beau m'ausculter, me tirer la langue, non, je ne me sens décidément pas amer. Ma complainte n'est pas celle du tabletté, du tassé-sur-une-voie-de-garage. Je suis celui qui a beaucoup couru, qui s'est agité dans tous les sens, et qui maintenant a le temps de regarder et de constater.

Je voudrais certes accomplir encore plus, contribuer davantage. Si je ne le fais pas, c'est finalement par ma faute. J'ai passé ma vie à déménager d'un poste à l'autre, à aller voir ailleurs si j'y étais. Peu de gens du métier ont eu la bougeotte comme moi. J'ai été le lièvre qui voulait aller plus vite que la tortue, la cigale qui voulait chanter un éternel été. Je ne me suis donc jamais enraciné nulle part.

Je suis un être impulsif et fougueux. Cela m'a souvent aidé, mais la médaille a quand même eu son revers. Quand je suis parti à Boston, par exemple, je me suis employé à proclamer sur toutes les tribunes que le métier de journaliste et d'animateur, c'était fini, que j'en avais tiré tout ce qu'il était possible d'en tirer.

Aujourd'hui, je travaille moins. Comme producteur principalement. Comme présentateur de la série *Biographies* au Canal D. J'ai le temps de réfléchir, de jeter des regards en arrière, comme celui qu'a constitué l'écriture de ce livre.

La retraite est là, qui profile son ombre que j'ai toujours vue menaçante. Je pense à ce collègue avec qui j'ai fait beaucoup de reportages et qui aspirait tellement à retrouver sa maison et son jardin. La dernière fois que je l'ai vu, il y était enfin... et il semblait avoir vieilli de dix ans. « C'est infernal, m'a-t-il dit. Ma femme en a marre de me voir tourner en rond dans la maison. Je réalise comme j'étais bien quand j'enregistrais le son aux quatre coins de la planète. »

Mais il y a aussi l'exemple de mon ami Pierre Paquette, qui ne s'est pas ennuyé une minute depuis qu'il a quitté le métier. C'est que Pierre, à l'instar de Pénélope avec sa tapisserie, a passé sa vie à construire, à défaire et à refaire des rallonges à sa maison. « Ne pas vieillir, c'est avoir des projets », me disait-il un jour où je lui confiais mon inquiétude de devoir laisser le studio et les reportages pour de bon.

Mon projet, cette année, était ce livre que vous m'avez fait l'honneur de lire.

Mon projet, c'est aussi d'être un bon grand-père avec les cinq petits-enfants magnifiques que m'ont donnés Pascale et Sylvain.

Alexandra et Julien, les enfants de Pascale, habitent Montréal. Très souvent, à la faveur de congés pédagogiques, je les prends avec moi, ensemble ou séparément, pour les amener au restaurant, au cinéma ou au théâtre. Et ma première motivation pour aller à Paris, une ou deux fois par année, est le temps que je vais passer avec Arthur, Pénélope et Théodore, les enfants de Sylvain et de sa femme Florence.

Chaque été, je prends les quatre plus âgés avec moi pour les amener à la mer. Clarence est de la partie et scénarise ces vacances à la perfection, au grand bonheur des enfants. Il existe entre eux et moi une belle complicité, rien à voir avec les rapports sévères que j'avais avec mon grand-père paternel, Rodolphe.

Rien à voir non plus avec les rapports que j'ai eus avec mes propres enfants. Je l'avoue, je n'ai pas été un père formidable. J'étais trop pris par ma carrière, trop ambitieux.

Mais même s'ils ont eu un père absent, mes enfants ont bien réussi leur vie. Sylvain aurait aimé exercer le même métier que moi, et je crois qu'il y aurait été bon. Avec son père dans le décor, c'était cependant impossible. Il a donc fait son droit, a passé l'examen du Barreau, puis est allé faire deux diplômes à Paris. Il y est toujours, a épousé une Française, Florence, et pratique le droit international. Il a ainsi ajouté son nom à la longue liste d'avocats que compte ma famille élargie. D'une certaine manière, il a suivi la voie que mon père voulait que j'emprunte.

Je me souviens encore de ma fierté quand j'ai vu dans la vitrine d'une librairie du Quartier latin, à Paris, un traité sur le droit du pétrole dont Sylvain est l'un des deux auteurs. J'étais impressionné...

Quant à Pascale, elle a fait des études d'orthopédagogie, avant de bifurquer vers le même métier que moi. Je ne l'y ai pas poussée, et j'ai veillé à ne pas faire indûment sa promotion. Une seule fois, au début de sa carrière, ai-je accepté de me faire photographier en sa compagnie pour un article de magazine.

J'ai veillé aussi à ne pas trop l'abreuver de conseils et de recommandations. Je l'ai laissée faire son chemin et elle s'est très bien débrouillée toute seule, même si cela a été plus difficile pour elle que pour moi à cause de ses deux maternités. Qu'elle ait dû chaque fois repartir à zéro m'a donné à réfléchir sur la condition des femmes, moi qu'on a souvent accusé d'être macho.

Ma femme, Clarence, m'a fait changer elle aussi. Je lui dois en réalité beaucoup.

Est-ce d'avoir connu le succès très jeune, d'avoir eu la vie somme toute facile ? Aujourd'hui, je réalise à quel point j'étais égocentrique durant ces premières décennies de ma carrière, entre vingt et cinquante ans. Pas égoïste mais bien égocentrique. Je voulais devenir le meilleur, le plus populaire... et je l'ai été. On me l'a dit, on m'a couvert d'honneurs, j'ai même été sacré le plus bel homme du Canada. Dans mon petit village du Québec, j'étais roi, et le monde tournait autour de moi. Je décrochais le téléphone et disais seulement « Nadeau, ici »: tout le monde savait de qui il s'agissait.

À cause de cela, j'ai raté bien des choses, notamment dans mes rapports avec mes enfants, avec mes amis aussi. Je n'avais pas le temps, pas l'envie, il me fallait être ailleurs, faire plus et mieux...

Clarence m'a changé favorablement. Elle est fière et indépendante et ne s'en est jamais laissé imposer par Pierre Nadeau. Son intelligence et son bon jugement m'ont ouvert les yeux à des réalités que je ne voyais tout simplement pas. Grâce à elle, j'ai découvert des valeurs oubliées, ensevelies...

Quant à sa fille, Candice, qui est devenue la mienne, nous sommes très proches et je la vois avec orgueil devenir une authentique compétence dans le domaine de la production télévisuelle. Nous avons développé une belle complicité. J'étais fort heureux, le jour de mon mariage avec Clarence, quand Pascale a dit joliment que Candice serait désormais la petite sœur qu'elle aurait aimé avoir.

Je ne veux pas terminer ce livre sans redire le bonheur que j'ai eu à pratiquer mon métier de journaliste. Ce bonheur était d'autant plus grand que j'ai eu la chance de commencer à une époque qui a sans doute été la plus belle de toutes : celle où l'information télévisée a été créée de toutes pièces par une génération de jeunes enthousiastes.

Je suis parfois sollicité pour aller parler de mon métier aux étudiants en communication et journalisme. J'ai toujours trouvé ces rencontres stimulantes. À ces jeunes qui entrent dans le métier ou qui rêvent de le faire, je souhaite que ce témoignage soit tout aussi stimulant pour eux. Nous partageons eux et moi la même conviction : le journalisme est le plus beau métier du monde.

Et j'ajouterai que je suis en désaccord profond avec le dicton selon lequel le journalisme mène à tout à condition qu'on en sorte. Quand on a eu comme moi la chance de si souvent *aller voir ailleurs* ce qui s'y passe, il ne peut être question de se présenter autrement que comme journaliste...

Remerciements

Je tiens à remercier ma femme, Clarence, de l'encouragement qu'elle m'a manifesté tout au long de l'écriture de ce livre. Remerciements aussi à Jean-Pierre Gosselin, mon vieux complice : pendant six mois, nos ordinateurs ont été quotidiennement en surchauffe.

Merci à Louise Loiselle, mon éditrice, et au docteur Jacques Bourgie, à Lucie Poulin et à Marc Saintonge qui n'ont cessé au cours des années de m'inciter à rédiger ces mémoires. Enfin, ma reconnaissance est acquise au personnel des archives de Radio-Canada.

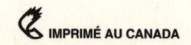

Transcontinental
IMPRESSION
IMPRIMERIE GAGNÉ

IMPRIMÉ AU CANADA